개정판

연구논문

어떻게 작성할 것인가?

강상조 박재현 황규자 김혜진 이준우 최창환

개정판

연구논문

어떻게 작성할 것인가?

강상조 박재현 황규자 김혜진 이준우 최창환

도서출판 디자인21

서문

체육연구방법을 출간한 지 꽤 오랜 시간이 흘렀다. 그동안 많은 독자들로부터 질책과 격려를 받았음은 물론이다. 새로운 지식을 생산해 내고 과거의 지식을 수정하는 노력이 끊임없이 지속되고 있음에도 불구하고 정작 이를 위해 필연적으로 요구되는 '연구방법'은 어느 학문분야를 막론하고 독자들로부터 고운 눈빛을 받지 못하고 있다. 소화해 내기가 쉽지 않고 책 두께도 만만치가 않기 때문이라는 것이다. 적지 않은 독자들은 연구방법 책을 읽으면 연구와 관련된 지식은 모아지는데 그러한 지식이 실제 논문을 작성할 때는 크게 쓰임이 안 된다는 불평을 내려놓고 있다. 읽는데 부담스럽지 않고 논문을 실제 작성하는 데 도움을 줄 수 있는 내용이 담긴 책이 하나쯤 소개된다면 좋을 듯 싶다는 생각을 했다.

그동안 인접 분야의 몇몇 교수들과 연구방법에 관한 세미나를 위해 적지 않은 시간을 보냈다. 세미나 과정에서도 그 필요성에 대한 주문은 한결같았다. 어느 날 Pyrczak과 Bruce (2005)가 쓴 Writing Empirical Research Report를 접할 기회를 가졌다. 이 책에 대한 인상은 이랬다. 누구든 쉽게 읽을 수 있겠다고 생각했다. '연구방법 교과에 고통을 느끼는 학생들과 논문작성을 코앞에 두고 있는 학생들에게 한 번쯤은 읽힐만한 책이다.'라는 생각이 들었다. 그리고 적절한 예가 제시됨으로써 실제 논문작성에 경험이 부족한 연구자들에게 필요한 정보를 줄 수 있다는 확신을 갖게 했다.

이 책은 한 번에 한 장씩만 읽기를 권한다. 그러나 다음 장이 궁금하다면 읽어도 될 일이다. 이 책의 전체 14개 장중 7개 장이 연구논문의 서론에 해당한다. 그만큼 논문작성에서 서론에 대한 이해가 중요하다는 뜻이다. 2008년 2월, 황규자, 박재현 교수와 이 책을 참고한 연구논문 작성방법을 펴냈다. 이 책을 정독하면서 발견된 설명이 부족하거나 함축된 내용에 대해서는 적지 않은 보완과 가필하는 과정을 거쳤다. 그래도 부족하다면 독자들은 '체육연구방법(2006)'을 참고하면 된다는 생각과 함께.... 그 동안 몇 번의 수정과 보완과정을 거쳤으나 미흡한 부분이 발견됨으로써 새롭게 참여한 김혜진, 이준우, 최창환 교수의 해박한 지식과 이를 간결하게 정리, 기술하는 필력으로 수정, 보완되는 기회를 갖게 되었다.

항상 부족하여 출판이 부끄럽기만 한 책들을 그동안 수 차례 세상에 나올 수 있도록 허락해 주신 디자인21 관계자분들께 편저자들을 대표하여 또 한 차례 믿음에 대한 고마움을 전하고 싶다.

2023년 8월
명일동 연구실, 여름
강상조

차례

5 연구목적, 연구문제 ● 69

6 정의 ● 77

7 가정, 범위, 제한점 ● 91

8 연구방법 ● 99

11 요약 ● 157

12 질적 연구결과의 보고 ● 173

13 참고문헌 ● 197

14 연구윤리 ● 211

1 연구논문의 구조

연구는 연구문제를 찾는 것으로부터 시작한다. 연구논문을 처음 접하는 학생들이 가지는 공통적인 질문은 "무엇을 연구해야 하는가?"이다. 그러나 이 질문에 뾰족한 답을 얻는 학생은 거의 없으며 흔히 "학생의 관심분야는 무엇인가?" 혹은 "학생이 규명해보고 싶은 것은 어떤 문제인가?"라는 질문으로 이어지는 것이 보통이다. 지도교수를 포함한 다른 사람들의 조언은 연구문제를 찾는데 큰 도움이 될 수 있으나 기본적으로 연구자는 자신의 관심영역에서 연구문제를 찾는 것이 최선의 방법이라는 점을 새겨둘 필요가 있다.

또한 "논문을 어떠한 형식에 맞추어 작성할 것인가?"도 연구논문 작성에 앞서 알아두어야 할 중요한 문제 중 하나이다. 일반적으로 논문의 형식은 연구문제를 해결해가는 과정을 과학적 접근방법에 근거해 단계적으로 제시하는 형식을 취하는 것이 일반적이다. 이 장에서는 연구문제를 발견하고 이를 구체화하는 방법과 선정된 연구문제를 해결해가는 과정을 기술하고 논문작성에서 가장 일반적으로 사용하고 있는 형식을 간단하게 개관하고자 한다.

1.1 연구문제의 발견과 선정: "왜(why)"와 "어떻게(how)"라는 의문을 가져라.

연구문제를 발견 혹은 선정하기 위하여 "왜(why)"와 "어떻게(how)"라는 질문의 사용 예를 제시하면 다음과 같다.

- 왜 A팀은 B팀보다 테니스 경기력이 우수할까?
- 왜 A팀은 전반에 크게 리드하다 후반에 큰 점수 차이로 빈번히 패배하는가?
- 왜 김군은 특히 빠른 볼을 칠 때 실수가 많을까?
- 왜 이군은 단거리는 잘 달리는데 장거리는 잘 달리지 못할까?
- 왜 K팀은 상대팀 지역에서 시합할 때 주의집중력이 떨어질까?
- 어떠한 방법으로 훈련을 하면 테니스 기술이 현재보다 더 빨리 향상될까?
- 어떻게 하면 학생들을 더 열심히 연습하도록 동기화시킬 수 있을까?
- 어떻게 훈련하면 심폐지구력을 증강시킬 수 있을까?

1.2 연구분야가 선정되면 실제 연구가 가능하도록 연구문제를 구체화해야 한다.

연구문제는 연구의 범위가 분명하게 나타날 수 있도록 구체화하여야 한다. 앞에 제시된 "왜 A팀은 B팀보다 테니스 경기력이 우수할까?"라는 질문을 예로 생각해보자. 이 질문에 대한 답을 구하기 위해서는 먼저 A팀과 B팀 간의 경기력 차이를 유발시킬 수 있는 원인을 알아야 한다. A팀과 B팀의 경기력이 다른 이유가 무엇일까? 두 팀 간의 경기력에 차이를 나타나게 할 수 있는 가능한 이유를 열거해 보면 다음과 같다.

- 운동경력
- 운동환경
- 훈련방법
- 연습량
- 코치의 지도능력

- 선수의 체력, 운동기능 수준
- 선수의 지각능력(perceptual ability) 수준
- 코치의 지시량(amount of instruction)
- 사용 장비

위에 제시된 가능한 이유 각각을 실제 상황에 비추어 평가해보면 다음과 같다.

- 동일한 시기에 운동시작
- 동일한 조건의 코트에서 연습
- 상이한 훈련방법
- 동일한 연습량
- 코치의 상이한 지도능력
- 선수의 유사한 체력, 운동기술 수준
- 선수의 유사한 지각능력 수준
- 코치의 유사한 지시량(amount of instruction)
- 동일한 사용 장비

연구자는 위에 제시된 것과 같은 가능한 이유를 하나하나 검토해가는 과정에서 두 팀 간에 차이가 있다고 판단되는 무엇인가를 발견하게 될 것이다. 연구자는 차이가 있다고 판단되는 변인 중에서 자신의 관심분야에 속하는 것을 연구문제로 선정할 수 있을 것이다.

예를 들어 위의 가능한 이유 중에서 훈련방법을 연구문제로 선정하였다면, 연구자는 두 팀의 훈련방법 간에 특징적인 차이가 무엇인가를 기술해야 한다. 연구자가 발견한 두 팀 간의 훈련방법 차이가 다음과 같다고 가정해 보자.

- **A팀 훈련방법:**

코치는 훈련을 시작하면서 네트 가까이에서 플레이 하는 선수와 Short game을 실시한 후, 점차 선수를 네트에서 뒤로 물러가게 하면서 Back-hand stroke에 중점을 둔 훈련을 실시한다.

- **B팀 훈련방법:**

코치는 훈련을 시작하면서 Fore-hand stroke, Back-hand stroke, 서브 연습 등의 Long game으로부터 시작하여 연습게임을 실시하는 전통적 훈련방법을 사용한다. Short game은 연습이 끝날 때까지 거의 시키지 않는다.

1.3 연구문제(즉, 훈련방법의 차이에 따라 테니스 경기력에 차이가 있는가?)가 선정되면 이를 확인하는데 필요한 계획을 세워야 한다.

선정된 연구문제를 해결하기 위해서는 실험조건(독립변인)과 실험조건에 따른 검사변인(종속변인)을 결정해야 한다. 즉, 훈련방법의 효과(실험조건에 따른 차이)를 확인하기 위하여 어떤 변인을 대상으로 검사를 실시해야 할까? 등을 정하는 절차이다. 위의 연구문제가 상이한 훈련방법에 의해 테니스 경기력에 차이가 있는지의 여부를 규명하는 것이므로 독립변인은 훈련방법, 종속변인은 테니스 경기력이 될 것이다.

이때 연구자가 유념해야 할 사항은 종속변인인 테니스 경기력을 가장 타당하고(valid), 신뢰롭고(reliable), 그리고 객관적(objective)으로 측정할 수 있는 검사를 제작하거나 선정하는 일이다. 이 검사는 특히 **훈련을 통해 학습한(향상된) 테니스 경기력**을 잘 반영할 수 있어야 한다. 만일 이미 발표된 표준화된 검사(standardized test)를 사용하려 한다면 그 검사의 출처와 양호도(타당도, 신뢰도, 객관도)를 밝혀야 한다. 연구자가 직접 검사를 개발하여 사용하려 한다면 연구자가 개발한 검사를 사용하기 전에 양호도를 반드시 검증한 후 받아들일 수 있는 수준일 때 사용할 수 있다.

1.4 형식을 갖추어 연구문제를 진술한 후, 어떠한 조건에서 실험을 실시할 것인지와 측정하려는 변인은 무엇인지를 구체적(조작적)으로 정의하여야 한다.

앞에서 훈련방법에 따라 테니스 경기력에 차이가 있는가? 라는 연구문제는 형식을 갖추어 "훈련방법은 테니스 경기력에 영향을 미치는가?"로 진술하는 것도 가능하다. 또한 실험조건(독립변인)과 실험결과(종속변인)를 어떤 방법으로 측정할 것인가를 구체적으로 정의하는 절차가 요구된다. 즉, 실험변인을 조작적으로 정의(operationally define)하는 절차이다.

- 새로운 훈련방법 : 실제 어떻게 지도하는가를 구체적으로 기술
- 전통적 훈련방법 : 실제 어떻게 지도하는가를 구체적으로 기술
- 테니스 경기력 : 선정된(혹은 개발된) 테니스 경기력 검사의 내용을 구체적으로 기술

1.5 조작적 정의가 끝나면 가설(hypothesis)을 진술해야 한다. 가설은 독립변인과 종속변인의 관계를 검증할 수 있는 형태로 진술해야 한다.

앞에 제시된 연구문제는 다음과 같은 두 가지 형태의 연구가설로 진술할 수 있다.

- **새로운 훈련방법에 의해 학습한 집단은 전통적 훈련방법에 의해 학습한 집단보다 테니스 경기력이 우수할 것이다.**

- **새로운 훈련방법과 전통적 훈련방법에 의해 학습한 집단 간의 테니스 경기력은 차이가 있을 것이다.**

동일한 연구문제에 대해 위와 같은 두 가지의 상이한 가설의 진술방법은 가설을 통계적으로 검증하는 방법과 관계가 있다. 가설을 진술하는 방법은 양방검증과 일방검증으로 구분할 수 있는데, 양방검증과 일방검증의 차이는 가설을 진술할 때 가설의 근거를 뒷받침하는 선행연구 결과가 있는지의 여부와 관계가 있다. 양방검증과 일방검증에 해당하는 가설의 진술방법은 4장(가설)에 구체적으로 기술하였다.

1.6 진술된 연구가설을 검증하기 위한 구체적인 연구실행 계획을 수립해야 한다.

가설을 검증하기 위해서는 다음과 같은 문제들에 대하여 구체적이며 분명한 연구실행 계획이 수립되어야 한다.

- 누구를 대상으로 연구할 것인가?
- 연구대상을 어떻게 선정할 것인가?
- 선정된 연구대상을 어떤 방법으로 집단(예: 새로운 방법과 전통적 방법)을 나누어 배정할 것인가?
- 연구대상에게 어떠한 지시사항(주의사항)을 전달할 것인가?
- 검사(측정)는 어떻게 실시할 것인가?
- 어느 기간 동안 검사(측정)를 실시할 것인가?
- 어느 장소에서 검사(측정)를 실시할 것인가?
- 연구대상에게 연습기회를 어느 정도 허용할 것인가?
- 연습은 어떻게 실시할 것인가?
- 자료는 어떻게 수집하고 어떤 방법으로 분석할 것인가?

1.7 수립된 연구계획을 기초로 자료를 수집하여 분석한 후, 테니스 경기력을 향상시키기 위해 어떤 방법이 더 효과적인지에 대한 결론을 내려야 한다.

앞에서 기술된 대략적인 연구과정을 통하여 연구결과를 얻게 되면 연구결과를 어떤 형식으로 어떤 학술지에 보고할 것인지를 결정하여야 한다. 학술지마다 상이한 편집양식을 요구하며 학계에 미치는 영향력도 각기 다르기 때문에 연구자는 연구내용에 적합한 학술지를 선택하고 해당 학술지에서 요구하는 편집양식으로 작성하여야 한다. 다음에 제시된 형식은 연구논문을 개괄적으로 이해하는데 도움을 줄 수 있을 것이다.

1.8 연구논문의 제목은 간결하게 작성하는 것이 일반적이다.

출판된 연구논문의 제목은 일반적으로 간결하다. 연구제목은 과거에 비해 점차 짧아지고 있다. 과거에 출판된 논문들 중에는 제목에 너무 많은 정보를 포함하는 경우가 적지 않았다. 연구제목은 일반적으로 연구변인과 관심 집단을 고려하여 작성되어야 한다. 아래에 예로 제시한 연구제목은 최근 학술지에 출판된 논문 중 연구제목의 길이가 평균수준에 해당하는 것이다. 이 연구에서 연구변인은 자아개념과 고용상태이며 운동선수를 대상으로 연구가 수행되었음을 알 수 있다.

예

- 운동선수들의 자아개념과 고용상태

1.9 요약은 제목 다음에 기술한다.

요약은 연구내용과 연구결과(결론)를 간단하게 축약한 것이다. 요약은 논문전체를 읽지 않더라도 연구의 윤곽을 파악할 수 있도록 간결하고 포괄적으로 기술하는 것이 좋다. 요약에는 연구의 목적, 가설, 연구방법, 그리고 결과(결론)를 포함하여야 하는데, 특히 결과(결론)에 중점을 두고 기술한다. 문헌분석의 내용은 아주 짧게 기술하거나 생략할 수도 있다. 요약의 길이는 학문영역과 학술지, 그리고 대학에 따라 요구하는 단어수가 다르다. 학술대회에서 요구하는 요약은 500단어 이하, 그리고 학술지에서 요구하는 요약은 200단어 이하의 짧은 요약을 요구하는 경우도 있다. 또한 미국심리학회(APA)에서 출판하는 학술지들은 요약의 길이를 최대 120단어로 제한을 두는 경우가 대부분이다. 간결한 요약을 요구하는 데에는 그럴만한 이유가 있다. 요약은 특정한 관심분야의 연구논문을 찾고자 하는 연구자들에게 제목보다 풍부한 정보를 제공하는 역할을 하기 때문이다. 일반적으로 요약은 논문의 내용이 완성된 후에 작성한다.

1.10 학술 연구논문의 체제(format)는 관련문헌 분석을 포함한 서론과 연구방법, 결과, 논의의 장으로 구성된다.

연구는 연구문제를 발견하는 것으로 시작하여 결론에 이르기까지 일정한 과정을 거치게 된다. 이러한 과정은 연구의 유형에 따라 약간의 차이는 있으나 전체적으로 조사연구, 실험연구 등에서 대부분 유사한 절차를 밟고 있다. 일반적인 형태로 기술한 연구과정은 다음과 같다.

- 연구문제의 발견
- 관련문헌의 분석
- 연구문제 혹은 가설의 진술
- 연구설계
- 자료의 수집 및 분석
- 결과의 해석
- 결론

위의 연구과정을 일정한 형식으로 정리하면 서론, 연구방법, 결과 그리고 논의로 요약할 수 있다. 연구논문에서는 서론, 연구방법, 결과 그리고 논의의 부분들을 각각 하나의 장으로 구성하여 순서대로 기술한다.

1.11 연구방법 장은 연구대상, 도구, 절차, 자료분석 방법 등 최소한 4개의 하위 절로 구성된다.

연구방법 장에서는 어떠한 방법으로 연구대상을 선정하였는지를 기술한 후 어떠한 측정도구를 이용하여 어떠한 절차를 밟아 자료를 수집하였으며 수집된 자료를 어떠한 방법으로 분석하였는지를 설명해야 한다. 연구방법 장은 원칙적으로 독자(혹은 후속연구자)가 원한다면 동일한 연구방법을 적용하여 반복연구를 수행할 수 있을 정도로 상세하고 명료하게 기술하여야 한다.

- 연구논문에 따라서는 '연구대상'을 참여자(participants), 피험자(subject), 혹은 표본(sample)으로, 또한 '도구'를 검사(measures)로 다양하게 기술하고 있다.
- '절차(procedure)'는 '도구'의 절에 포함시키기도 한다. 절차에서는 언제, 어디서, 누가, 어느 기간 동안, 어떠한 실험처치를 하였는지 등과 같은 실험설계와 실험처치에 대한 구체적인 사항을 기술한다.
- '자료분석 방법(statistical analysis)'에서는 이미 잘 알려진 통계적 방법일 경우 구체적으로 기술하지 않는다. 그러나 새로운 통계적 방법이거나 잘 알려져 있지 않은 방법일 경우에는 구체적으로 기술할 필요가 있다. 일부 논문에서는 '결과'의 장에서 '결과(Results)' 대신에 '분석결과(Analysis and Results)'라는 명칭을 사용하여 선정된 방법을 기술하기도 한다.

다음은 한국체육학회지와 *'Research Quar Exercise and Sport'*의 논문 체제를 예로 제시한 것이다.

- **한국체육학회지**

논제(국문)

저자 (소속) (국문)

논제 (영문)

저자 (소속) (영문)

ABSTRACT

I. 서론

II. 연구방법

III. 결과 (결과 및 논의)

IV. 논의

V. 결론 (결론 및 제언)

참고문헌

- *Research Quarterly for Exercise and Sport*

Title
Author (소속-각주형식으로 처리)
ABSTRACT (명칭 없이 제시)
I. Introduction (명칭 없이 제시)
II. Method
III. Results
IV. Discussion
References

1.12 각 장의 하위제목을 정할 때 지나치게 제한을 둘 필요는 없다.

하위제목(절)은 독자들이 연구논문의 구조를 이해하는 데 도움을 준다. 또한, 연구자는 연구논문의 장을 몇 개의 상호 구분되는 하위제목으로 나눔으로써 논문을 보다 쉽게 작성하고 독자들에게 논문내용을 이해시키는 데 도움을 줄 수 있다. 다음은 장별로 적지 않은 하위제목들이 제시된 두 가지 논문을 예로 제시한 것이다.

예 1

Title [1)]

Abstract

Introduction(제목 없이 시작. 다음과 같은 하위제목으로 관련문헌 분석)
Basic Tenets of the IZOF Model
Emotion-Performance Link
Individual Differences
Emotions, Bodily Symptoms, and Hedonic Tone
Purposes and Hypotheses of the Study

Method

Participants

Measures

Idiosyncratic Descriptors

Borg Category Ratio(CR-10) scale

Procedure

Results

Preliminary Analysis

Emotions, Performance, Bodily Symptoms, and Hedonic Tone

Individual Patterns

Interindividual Variability

Group Patterns

Discussion

Emotion and Functional Impact

Emotion and Bodily Symptoms

Emotion and Hedonic Tone

Applied Implications

1) Robazza, C., Bortoli, L., & Hanin, Y. (2006). Perceived effects of emotion intensity on athletic performance: A contingency-based individualized approach. *Research Quarterly for Exercise and Sport, 77,* 372-385.

예2

Title

Abstract

Introduction(제목 없이 시작. 다음과 같은 하위제목으로 관련문헌 분석)

Pervasiveness of the Problem [1)]

Conflicts in the Literature

Gaps in the Literature

Theoretical Perspectives

Rationale for Hypothesis 1

Rationale for Hypothesis 2

Method

Participants

Identifying the Population

Selecting the Sample

Demographics of the Sample

Instrumentation

The Achievement Test

The Attitude Scale

Procedure

Assignment to the Treatments

Administration of the Treatments

Results

Results for Hypothesis 1

Descriptive Statistics

Significance Tests

Results for Hypothesis 2

Descriptive Statistics

Significance Tests

Discussion

Summary

Implications

Implications for Clinical Psychologists

Theoretical Implications

Limitations of the Current Research

Suggestions for Future Research

Conclusions

1) 논문의 서론에 기술된 하위제목이다. 이 하위제목은 몇 개의 문단으로 구성되어 있다.

하위제목의 수와 명칭은 연구주제와 사용한 연구방법에 따라 차이가 있을 수 있다. 그리고 연구가설, 연구문제 혹은 연구목적은 위의 예(예: Rationale for Hypothesis 1)에 제시된 바와 같이 일반적으로 연구방법 장 바로 앞에 기술한다.

1.13 학위논문에서 서론과 이론적 배경(혹은 관련문헌 분석)은 보통 별개의 장으로 구분하여 기술하고 있다.

학술지에 게재하는 논문은 보통 이론적 배경을 별개의 장으로 구분하지 않고 그 내용을 서론에 포함시킨다. 왜냐하면 '관련문헌의 분석'결과는 연구주제와 관련된 선행연구를 검토한 '서론'의 내용과 서로 중복되기 때문이다. 따라서 논문의 양(페이지 수)을 제한하는 학술지에서는 이러한 중복을 피하기 위해 '관련문헌의 분석'을 '서론'에 포함시키는 것이 일반적이다.

논문의 양에 제한을 받지 않는 학위논문은 기본적으로 제목, 요약, 서론, 이론적 배경(관련문헌 분석), 연구방법, 연구결과 그리고 논의(결론)를 별개의 장으로 구성하고 있다. 이외에 관련정보를 명확하게 제시하는데 도움이 된다면 추가적인 장(heading)을 부록의 형식으로 제시하기도 하며 하위제목을 구성하는 경우도 적지 않다. 연구자는 또한 학위논문에 용어의 정의뿐만 아니라 연구의 가정(assumption), 범위(delimitation)와 제한점(limitation) 등을 별도의 하위제목(절)으로 구분하여 기술할 수도 있다.

연습문제

㊀ 연구를 시작하는 첫 번째 단계는 무엇인가?

㊁ "왜(why)"와 "어떻게(how)"를 이용하여 관심분야의 5개 질문을 만들어 보라.

㊂ "출판된 연구논문의 제목은 일반적으로 길다."라는 진술은 사실인가?

㊃ 요약은 보통 연구제목 이전에 기술하는가 아니면 이후에 기술하는가?

㊄ 요약은 연구의 내용과 결과를 간결하게 기술한 것인가? 광범위하게 기술한 것인가?

㊅ 연구방법의 장에서 반드시 포함되어야 하는 두 가지 하위제목은 무엇인가?

㊆ 하위제목을 구성하는 것은 가능한 관대한 것이 좋은가 인색한 것이 좋은가?

㊇ 서론과 관련문헌의 분석은 항상 하나로 묶어 제시해야 하는가? 그 이유를 설명하라.

2 연구제목

연구를 계획하고 연구를 수행해가는 과정에서 논리적으로 보면 가장 먼저 연구제목(研究題目: title)을 결정하는 것이 순서에 맞다. 그러나 연구제목은 논문이 거의 완성되어가는 순간까지도 확정하지 못하는 경우가 적지 않다. 연구진행 과정에서의 실수를 줄이기 위해서는 본 연구를 수행하기 전에 연구계획서를 작성하여 검토하는 단계를 가질 필요가 있다. 연구계획서를 작성하는 단계에서 연구제목은 잠정적이나마 결정해야 한다. 그렇다면 연구제목은 어떻게 결정하는 것이 효과적인가? 이 장에서는 연구제목의 결정과 관련하여 고려해야 할 몇 가지 사항을 제시하고자 한다.

2.1 연구변인 수가 적을 경우, 제목에는 해당변인을 포함시켜야 한다.

다음은 두 개의 변인('자기 존중감'과 '공격성')으로 구성된 연구제목의 예이다. 제목은 완성된 문장이 아닌 개조식 형태로 기술해야 하며 원칙적으로 마침표를 사용하지 않는다.

- 자기 존중감과 공격성 간의 관계

2.2 연구변인 수가 많을 경우 제목에는 변인의 유형(type)을 제시해야 한다.

어떤 연구자가 학생들의 운동에 대한 태도가 지역별, 성별, 사회경제적 지위 등에 따라 차이가 있는지를 구명하려고 한다고 가정하자. 이와 같이 연구변인이 너무 많아 이들 변인을 모두 제목에 포함시키는 것이 적절하지 않은 경우 주 변인(종속변인 혹은 준거변인)을 제시하고 나머지 변인들은 그 변인들을 공통적인 개념으로 묶을 수 있는 상위개념 즉, 유형으로 제시하는 것이 바람직하다. 아래 제시한 연구제목의 예는 '운동에 대한 태도'를 주 변인으로 하고 지역, 성, 사회경제적 지위 등 배경변인들을 '인구통계학적 특성'이라는 변인의 유형으로 제시한 것이다.

- 학생들의 인구통계학적 특성과 운동에 대한 태도의 관계

2.3 학술지의 논문제목은 간결해야 하며 학위논문 제목의 길이는 제한을 둘 필요가 없다.

- 연구제목은 연구목적과 연구내용을 정확하게 전달할 수 있어야 한다. 이는 연구제목에 제시하는 연구범위가 개념적으로 연구목적 및 연구내용의 범위를 벗어나지 않아야 한다는 것을 뜻한다.
- 일반적으로 연구제목은 연구결과 혹은 결론을 진술하기 보다는 무엇이 조사되었는가를 기술하는 것이 바람직하다.
- 연구제목은 독자가 이해할 수 있도록 쉽게 기술해야 한다. 사투리나 은어, 두문자 어(acronyms)를 포함시켜서는 안 된다. 중요한 한 부분을 강조하는 것은 (예: …에 대한 학과장의 태도) 좋은 연구제목이 될 수 있지만 "…에 관한 연구" 혹은 "...에 관한 조사"와 같이 구체성이 없는 문구를 연구제목에 사용하는 것은 좋지 않다.

학술지 게재논문의 제목은 과거와 비교할 때 간결해지는 경향이 있다. 2006년 한국체육학회지에 게재된 253편 논문의 연구제목 글자 수는 인문과학논문의 경우 평균 24자 그리고 자연과학논문의 경우 평균 31자로 나타났다. 아래에 제시된 연구제목은 2006년 한국체육학회지에 게재된 논문들 중 가장 짧은 제목의 예이다. 이 연구제목들은 지나치게 축약되어 있기 때문에 실제 무엇을 구명하려는 지가 분명치 않은 경우에 해당된다. 따라서 이 제목은 관련 연구변인을 참고하여 개선할 필요가 있다.

예

- 운동과 항산화제
- 태껸의 현대사적 탐색
- 프로 축구단 수지개선 방안
- 울산 학춤 고

Descriptive Statistics

	N	Minimum	Maximum	Mean	Std. Deviation
자연	97	7	62	31.09	9.500
인문	253	5	45	24.00	7.540
Valid N (listwise)	97				

다음에 제시된 연구제목은 학회지에 게재된 논문들 중 연구제목이 불필요하게 길게 기술된 논문의 예이다. 이 연구제목은 단순히 특정한 국가 명을 열거하고 있기 때문에 연구제목이 불필요하게 길어진 경우에 해당한다. 따라서 각 국가 명을 단순히 열거하는 대신 '여러 국가'로 대체한다면 보다 간결한 제목이 될 것이다. 만일 이 논문을 한국 학술지에 발표하고자 한다면 '한국과 외국'으로 대체할 수 있을 것이다.

예

- 한국, 중국, 일본, 미국, 영국 중학생들의 기초체력 수준

수정된 제목

- 여러 국가 중학생들의 기초체력 수준
- 한국과 몇몇 국가 중학생들의 기초체력 수준

아래에 제시된 제목은 학위논문에서 발견된 것이다. 이 논문들의 제목을 간결하게 수정해 보면 다음과 같다.

예

- Elastic band training을 활용한 운동프로그램의 개발 및 적용이 고령자들의 체력요인과 정신건강에 미치는 영향

수정된 제목

- Elastic band training이 고령자들의 체력요인과 정신건강에 미치는 영향

예

- 70년대 후기, 80년대 초기와 후기, 90년대 전기와 후기 중, 고등학교 체육교과서에 나타난 신체활동 유형에 관한 기술연구

수정된 제목

- 70년~90년대 중, 고등학교 체육교과서에 나타난 신체활동 유형

2.4 논문제목에는 연구의 결과 혹은 결론이 아닌 연구내용을 나타낼 수 있도록 작성해야 한다.

아래에 제시된 논문제목은 연구내용이 아닌 연구의 결과 혹은 결론으로 작성된 예와 이를 적절하게 수정한 제목이다. 이 예에 의하면 HIV 감염 여성의 가장 일반적인 증상(연구내용)에 대해 연구한 결과 그 증상은 심한 우울증과 근육통(연구

결과)이라는 것을 제시하고 있다. 여기에서 '가장 일반적인 증상을 참고하여 개선할 필요가 있다'는 것은 결론에 해당한다는 점에 유의할 필요가 있다.

예

- HIV 감염 여성들의 가장 일반적인 증상들은 삶의 질을 감소시키는 심한 우울증과 근육통이다.

수정된 제목

- 제 증상이 HIV 감염 여성들의 삶의 질에 미치는 영향

2.5 특정유형의 전집을 연구대상으로 한정하였다면 논문제목에 해당 대상을 제시하여야 한다.

다음 예는 연구대상을 특수목적 고등학교 학생들로 한정한 연구의 제목이다.

예

- 특수목적 고등학교 학생들의 수업태도와 학업성적

다음 예는 인종이 다양한 중학교 학생들로 한정한 연구이다. 이러한 정보는 독자들로 하여금 이 연구논문을 계속 읽을 것인가의 여부를 결정하는데 도움을 줄 수 있다.

예

- 다 인종 중학교 학생들의 운동유인 예언변인으로서 성과 성 정체성

흔히 연구대상을 쉽게 구할 수 있다는 이유만으로 특정유형의 피험자 집단을 연구대상으로 선정하는 경우가 있다. 예를 들면, 일반 학생들을 대상으로 어떤 이론을 검증하는 연구에서 피험자를 쉽게 구할 수 있다는 이유 때문에 자신이 가르치

는 강좌에 수강한 학생들에게 특정 학습이론의 효과를 검증하는 연구를 수행하는 경우가 종종 있다. 이와 같이 연구자가 특정한 목적을 가지고 자신의 강좌에 등록한 학생들을 피험자로 선정한 것이 아니라면 제목에 대상집단의 유형을 기술하는 것은 중요하지 않다. 그러나 피험자 집단이 대표성을 가진 표본집단이라면 논문제목에 피험자의 특성을 제시할 필요가 있다.

2.6 연구의 목적 혹은 방법을 부연 설명하고자 한다면 부 제목을 사용할 수 있다.

예

- 기능장애 가정에서 알코올 중독의 역할: 예비연구
- 초등학교 체육교사의 신체활동에 대한 지각: 경험교사를 중심으로
- 역동적 치료가 부상선수의 재활에 미치는 효과: 현장실험

2.7 연구가 특정한 모형 혹은 이론을 검증하는 것과 관련이 있다면 이를 제목에 기술할 수 있다.

예

- 고등학교 여학생의 운동흥미도와 남자 형제의 역할: 사회학습 이론적 접근
- 자기통제와 알코올 억제: 자기통제 강도모형의 적용

2.8 질문형 제목도 사용할 수 있다. 그러나 사용할 때에는 주의가 요구된다.

질문형 제목은 보편적으로 사용되는 연구제목은 아니다. 만일 연구자가 질문형 제목을 사용하려 한다면 단순히 '예' 혹은 '아니요'로 답할 수 있는 질문은 삼가야 한다.

예

- 사립대학들은 신체장애인들을 수용하고 있는가?

수정된 예1

- 사립대학들은 신체장애인들을 어느 정도 수용하고 있는가?

수정된 예2

- 사립대학들의 신체장애인 수용도

2.9 제목에 '효과' 또는 '영향'이라는 용어는 인과관계를 구명한 연구에만 사용할 수 있다.

'효과' 혹은 '영향'이라는 용어는 인과관계(因果關係)를 구명한 연구논문에서 흔히 사용된다. 인과관계를 구명하기 위해서는 진형 실험설계(true experimental design) 혹은 준 실험설계(quasi-experimental design) 방법을 사용해야 한다. 이러한 방법을 사용했을 경우에만 '효과' 혹은 '영향'이라는 용어 사용이 가능하다. 위의 진형 혹은 준 실험설계 방법에 대한 이해를 원하는 독자는 실험설계 문헌을 참고하기 바란다.

기술방법:

독립변인(처치, 자극)이 종속변인(결과, 반응)에 미치는 효과

예

- 상이한 피드백 방법이 운동기술 수행에 미치는 효과

2.10 연구제목은 연구가설, 목적, 혹은 연구문제와 일관성이 있게 작성해야 한다.

아래에 제시된 연구제목은 연구목적과 어떠한 관계가 있는가를 확인해 보라.

예: 연구목적

이 연구는 운동참여자들의 휴식 시 심박수를 근거로 구분한 집단 간의 자기효능감에 차이가 있는지의 여부를 검증하는데 목적이 있다.

예: 연구목적

자기 효능감과 휴식 시 심박수 간의 심리생리학적 비교

2.11 수행하는 연구에 특징이 있다면 이를 제목에 기술 하라.

연구자가 운동의 효과에 대한 장기적인 추수연구(long-term follow-up study)를 하였다면 연구제목에 자신의 연구가 장기 추수연구라는 것을 밝힐 필요가 있을 것이다.

예

운동이 근육비대에 미치는 장기적 효과

연 습 문 제

一 어느 경우에 변인의 유형을 제목에 제시하는 것이 좋은가?

二 학술지 논문과 학위논문 중 어느 것에 긴 제목을 허용하고 있는가?

三 실험연구 논문의 제목에 연구결과를 진술해서는 안 될 이유는 무엇인가?

四 제목은 질문형과 진술형 중 어느 것이 보다 보편적인 형식인가?

五 다음 제목의 문제점을 지적하고 수정해 보라

- 인터벌트레이닝과 점프운동의 복합운동이 고등학교 여자 축구선수의 민첩성과 지구력 향상에 미치는 영향
- Elastic band training을 활용한 운동프로그램의 개발 및 적용이 고령자들의 체력요인과 정신건강에 미치는 영향
- 태껸의 현대사적 탐색
- 창작무용교육에서 경험을 바탕으로 한 즉흥표현의 필요성에 관한 연구
- 무용가와 무용교사의 무용활동 실태가 직무 및 생활 만족도에 미치는 영향

3 서론

연구제목에 흥미를 가지고 있는 독자가 다음으로 관심을 보이는 곳이 바로 연구논문의 첫 장에 기술하는 서론(緖論: introduction)이다. 서론은 연구하고자 하는 문제를 독자들이 이해할 수 있도록 진술하는 것이 가장 중요하다. 연구자는 서론에서 연구문제가 왜 중요한지를 논리적으로 설득할 수 있어야 한다. 흔히 연구자들은 논문 작성과정에서 서론을 기술하는 것이 가장 어렵다는 점을 호소하고 있다. 서론을 잘 썼다고 생각하는 연구자들도 자신이 기술한 내용을 논리적으로 설득하는 데는 어려움을 느끼고 있다.

구체적으로 서론에 무엇을 기술해야 할 것인가에 대하여는 여러 가지 의견이 있다. 왜냐하면 연구유형에 따라서 서론을 기술하는 형식에는 다양한 방법이 있을 수 있기 때문이다. 그러나 연구유형이 다르다고 해서 기본적으로 서론에 기술해야 하는 내용에 차이가 있는 것은 아니다. 이 장에서는 서론의 기술과 관련하여 고려해야 할 사항을 제시하였다.

3.1 서론을 기술할 때는 연구하려는 문제가 수행할 만한 가치가 있다는 점을 입증할 수 있어야 한다.

만일 독자나 심사자가 서론에 제시되어 있는 연구문제에 대해 중요하게 생각하지 않는다면 어떤 일이 벌어질까? 그 논문에 더 이상 관심을 보이는 사람은 거의 없을 것이다. 대부분의 경우 논문을 읽는 독자는 서론에 기술된 연구문제에 일차적인 관심을 가지게 된다. 따라서 연구를 수행하는 절차와 방법에 문제가 없더라도 연구문제를 끌어내는 서론의 논리가 명료하지 못하다면 해당 논문은 독자의 관심을 끌지 못할 것이다. 그동안 출판된 연구논문들 중에는 서론으로 기술하기에 적절하지 못한 사례가 적지 않게 발견되고 있다.

예를 들면 구명하고자 하는 연구문제가 '선행연구에서 이미 충분히 밝혀져 있고', 연구문제에 대한 예상되는 답이 '상식적'이거나, 연구의 필요성으로 제시한 근거가 불충분한 사례를 들 수 있다. 특히 서론에 기술하기에 적절하지 못한 내용으로 가장 흔한 것은 **"이 연구와 관련된 선행연구는 전무하다"**는 진술이다. 해당주제와 관련된 선행연구가 이전까지 한 번도 수행된 적이 없다는 기술은 사실여부를 확인하는 것이 불가능하기 때문에 연구의 필요성으로는 매우 부적절한 표현이다.

연구경험이 부족한 사람들은 보통 어떤 생각을 갖고 논문을 작성할까? 안타까운 사실은 연구논문을 처음 경험하는 연구자들 중 논문작성의 과정에 대한 이해 없이 연구를 시작하는 사례가 적지 않다는 것이다. 연구과정에 대한 이해가 부족한 초보 연구자들이 논문작성 과정에서 관행적으로 범하는 행동을 열거하면 다음과 같다.

- 연구주제와 관련된 분야의 사전지식을 얻기 위해 단행본만을 참고한다.
- 단행본(혹은 학술지)에 기술된 내용의 일부를 통째로 잘라 붙인다.
- 무엇을 어떻게 기술해야 할지에 대한 계획 없이 글쓰기를 시작한다.
- 글을 쓰고 난 후에도 무엇을 썼는지 설명하지 못한다.
- 학술지보다는 단행본을 주로 참고한다.

- 선행연구를 인용하는 이유를 명확히 알지 못한다.
- 참고문헌은 많이 제시하면 좋은 연구논문이라 생각한다.
- 참고문헌의 서지사항을 왜 정확하게 제시하여야 하는지 이유를 모른다.
- 결론적으로 본인이 수행하는 연구를 왜 해야 하는지를 모르고 논문을 쓴다.

3.2 서론은 크게 네 부분(연구의 중요성, 연구의 이론적 기초가 되는 관련문헌의 분석결과, 연구문제의 유도, 연구목적)으로 구분하여 기술한다.

- **연구의 중요성 : "왜, 무엇이 중요해서 이 연구를 수행하는가?"**

자신의 연구가 왜 중요하며 어떠한 문제를 해결하기 위해 연구를 수행하여야 하는지에 대한 근거를 제시해야 한다. 이때 연구주제에 대한 중요성은 연구자가 제시한 내용을 읽고 독자가 판단하는 것이며 연구자가 "중요하다"고 강조한다고 해서 중요한 연구가 되는 것은 아니다. 연구자가 기술한 연구의 중요성이 독자를 설득한다면 독자는 "이렇게 중요한 연구가 그 동안 수행된 적이 없겠는가?"라는 문제에 관심을 갖게 될 것이다. 따라서 연구자는 이 질문에 대한 답으로 연구의 이론적 기초가 되는 관련문헌(선행연구)의 분석결과를 기술하여야 한다.

- **관련문헌의 분석결과 : "이 연구와 관련하여 그동안 어떤 연구들이 무엇을 밝혀냈는가?"**

관련문헌의 분석결과 부분에서 연구자는 연구문제와 관련된 이론적 근거를 제시하고 그동안 어떤 연구들이 어떤 방법을 이용하여 무엇을 밝혀냈는가를 기술해야 한다. 이때 유의해야 할 점은 "언제, 누가 어떤 연구를 누구를 대상으로 어떤 목적 때문에 수행하여 얻은 결과를 단순히 '제시(present)' 하는 것이 아니라 관련문헌들을 종합하여 그 공통점과 차이점을 '분석(analysis)'한 결과를 기술해야 한다."는 것이다. 연구자가 기술한 관련문헌의 분석결과가 충분히 의미가 있다면 독자는 "그동안 이미 이런 선행연구들이 수행되어 이러이러한 사실들을 밝혀냈는데 어떤 이유 때문에 이 연구를 또 하려고 하는가?"하는 문제에 관심을 갖게 될 것이다.

• **연구문제의 유도 : "이 연구와 선행연구들은 어떤 점에서 차이가 있는가?"**

연구주제와 관련된 선행연구들이 이미 있음에도 불구하고 연구를 수행해야하는 이유로 연구자는 자신의 연구가 어떠한 점에서 선행연구와 차이가 있는지를 기술해야 한다. 흔히 연구자는 자신이 수행한 연구의 독창성을 강조하기 위해서 "……의 주제와 관련된 선행연구는 전무하다."라고 기술하는 경우를 흔히 발견할 수 있다. 물론 선정된 변인과 관련하여 그동안 단 한편의 연구논문도 발표된 적이 없는 독창적인 연구라면 그 이유는 설득력이 있다. 그러나 단 한편의 선행연구도 없다는 사실을 입증하는 것은 불가능하다. 즉 연구자는 자신이 검색한 범위 속에서 연구주제와 관련된 선행연구를 발견하지 못하였을 뿐, 세상의 모든 연구물들을 검색한 결과로 선행연구가 '전무'한 것은 아니기 때문이다. 따라서 연구를 수행하는 주된 이유로 선행연구가 없다는 것은 타당하지 못한 진술이다.

연구수행과 관련하여 연구자들이 흔히 제시하고 있는 또 다른 이유를 예로 들면 그동안 수행된 연구가 "성인을 대상으로 한 연구는 있으나 청소년을 대상으로 한 연구가 없기 때문"에 혹은 "축구선수를 대상으로 한 연구는 있으나 농구선수를 대상으로 한 연구는 없기 때문"이라는 것이다. 여기에서 연구자가 유념해야 할 점은 축구선수를 대상으로 한 선행연구가 있음에도 불구하고 다 같은 운동선수인 농구선수를 대상으로 또 다시 유사한 연구를 수행하려 할 경우 "다 같은 운동선수인 축구선수를 대상으로 한 연구결과를 농구선수에게 그대로 적용하면 되지 뭐 하러 또 다시 농구선수를 대상으로 동일한 연구를 하려고 하는가?"하는 질문에 답해야 한다. 즉, 연구자는 해당 연구변인과 관련하여 축구선수를 대상으로 한 연구결과를 농구선수에게 그대로 적용할 수 없는 이유를 관련이론 혹은 문헌을 근거로 제시하여야 한다. 이에 대한 논거가 설득력을 갖지 못한다면 농구선수를 대상으로 계획한 연구는 의미가 없다. 이 부분의 기술결과가 충분히 의미가 있다면 독자는 연구자가 연구를 통해서 구명하고자 하는 것이 무엇인가를 이해할 수 있을 것이다.

- **연구목적 : "이 연구에서 구명(究明)하고자 하는 것이 무엇인가?"**

이상에 기술된 내용을 기초로 이 연구에서는 "누구를 대상으로 어떤 방법을 사용하여 무엇을 구명하려고 하는지"를 구체적으로 제시해야 한다. 이 부분이 바로 연구의 목적에 해당한다. 이와 같이 서론을 쓰는 데는 일정한 원칙이 있으며 이러한 원칙을 기억해 두면 논문을 작성할 때 크게 도움을 받을 수 있다. 다음은 서론의 기술방법에 따라 작성된 논문을 예시한 것이다.

❶ 연구의 중요성

> •수직점프능력을 향상시키는 것이 왜 중요한가?

수직점프 능력은 많은 운동종목의 경기력과 관련하여 매우 중요한 요인으로 간주되어 왔다. 특히 높이에 의해 경기력이 결정되는 일부 육상종목, 농구, 배구, 축구 등의 경기에서 수직 점프력이 경기력에 작용하는 비중은 50% 이상으로 보고되고 있다(Unknown, 2000).………

> •그렇다면 그 동안 이렇게 중요한 수직점프능력을 향상시키기 위해 어떠한 노력(연구)이 있었는가?

그 동안 체육교사 들은 수직점프 능력을 증강시키기 위해 다양한 훈련방법을 사용하여 왔다. 이중 등속성(isokinetic) 운동과 폴리오메트릭(plyometric) 운동은 가장 최근에 사용되고 있는 훈련방법 들이다.

❷ 관련문헌의 분석결과

> •선정된 훈련방법(등속성 운동)에 대한 선행연구 *Review*
> • 개괄적 review
> • 구체적 review

등속성 운동이 갖는 이점은 반복 시 마다 전체동작 범위를 통하여 최대 힘으로 근육이 작업을 할 수 있도록 함으로서 보다 큰 훈련자극을 제공하는데 있다. 수직점프능력을 향상시키는 것과 관련하여 등속성 운동의 효과는 지난 70년대에 적지 않은 연구자들에 의해 규명되었다(Hunter, 1976; Knight Gorge, 1972; Tanner, 1971; Testone, 1972; Van Oteghan, 1975).

이들 연구는 등속성 운동이 … 방법보다 효과적이라는 사실을 다양한 대상 즉, 운동선수(Hunter, 1976), 일반 성인(Clark, 1982)을 통하여 보고하고 있다. …………

•선정된 훈련방법 (plyometric 운동)에 대한 선행연구 *Review*
• 개괄적 review
• 구체적 review

폴리오메트릭 운동은 폭발적인 근 수축에 앞서 사전에 설정된 스트레칭 조건에 따라 특수성 원리를 적용한 새로운 개념의 훈련방법이다(Witt, 1975). 수직점프 능력을 향상시키는 것과 관련하여 폴리오메트릭 운동의 효과는 몇몇의 연구자들에 의해 규명되었다(Herman, 1976; Parcells, 1976; Scoles, 1978).

이들 연구는 폴리오메트릭 운동이 … 방법보다 효과적이라는 사실을 다양한 대상 즉, 운동선수(Herman, 1976), 일반 성인(Clark, 1992)을 통하여 보고하고 있다. …………

❸ 연구문제의 유도

•선행연구의 review 과정에서 선행연구에 어떤 문제가 있는가?

그러나 폴리오메트릭 운동과 등속성 운동은 … 측면(사용 근육의 강도, 운동형태, 운동지속 시간 등)에서 차이가 있는 것으로 보고되고 있다(Know, 1999). 이와 같은 사실은 수직점프능력 개발과 관련하여 이들 방법 간에 차이가 있을 가능성을 시사하고 있다.

•그렇다면 이 연구의 목적은 무엇인가?

❹ 연구목적

이 연구는 등속성 훈련과 폴리오메트릭 훈련이 남자 대학생의 수직점프 능력에 미치는 효과를 비교하는데 목적이 있다.

3.3 서론에 연구주제의 중요성을 명확하게 진술해야 한다.

- 연구주제가 중요한 이유를 제시할 때는 구체적이어야 한다.
- 서론의 첫 문단(*Paragraph*)에 기술해야 한다.

예

"아동기에 형성된 나쁜 식습관과 비활동적인 생활양식은 비만과 당뇨병, 심장병과 암 등을 포함한 다양한 건강문제를 일으킬 수 있다(U.S. Department of Health and Human Services, 1997). 성년 이후 암의 발생 가능성을 줄이기 위해 National Cancer Institute가 권장한 5가지 과일과 채소를 매일 섭취하고 있는 아동은 5명중 1명에 불과한 것으로 보고되고 있다(Krebs-Smith et al., 1996). ...."

3.4 주제의 중요성에 대한 진술은 해당연구 주제와 직접 관련이 있어야 한다.

연구주제의 중요성을 기술한 부분에서 발견되고 있는 공통적인 특징 중의 하나는 그 내용이 "너무 일반적"이라는 것이다. 즉, 연구주제의 중요성을 기술한 내용이 다른 연구주제에도 그대로 적용될 수 있을 만큼 광범위한 내용으로 포장되고 있다는 것이다. 특히 이러한 사례는 연구 초보자들의 글에서 흔히 발견되고 있다. 연구의 중요성을 기술한 아래의 예시 문단이 네 개의 주제 가운데에서 어떤 연구주제의 중요성으로 적합한지 판단해 보자.

예

"최근 여성들의 사회활동 참여율이 급증함에 따라 여성의 건강과 운동에 대한 인식도가 많이 개선되었다. 기계문명과 경제발달로 가사노동이 줄어들고 건강을 유지 및 증진시키기 위해 운동에 대한 관심이 높아지면서 각종 스포츠활동을 생활의 일부로서 운동 참여의 증가현상을 보이고 있다(여봉구, 1999). 여성은 남성에 비해 상대적으로 많은 지방을 가지며 근력, 근지구력 및 심폐지구력이 떨어지고, 유연성은 좋은 편이다. 또한 여성은 월경, 임신, 냉증, 변비 및 빈혈 등의 생리적으로 많은 변화과정을 거친다."

여성의 사회활동 참여
여성의 건강과 운동에 대한 인식도
여성의 운동참여
여성의 건강체력

3.5 주제의 중요성을 진술할 때 가능한 한 객관적 지표(예: 비율, 평균치 등의 통계치)를 사용할 필요가 있다.

- 각종 통계치들은 연구문제의 중요성을 확인시키는데 효과적이다. 서론에 제시하는 숫자나 %는 구체적이어야 한다.
- "많은 고등학교 학생들이 … 을 보고하고 있다" 혹은 "… 사람들이 점차 증가하고 있다"와 같이 개괄적으로 진술하는 것은 피해야 한다.
- 연구자는 연구의 중요성을 입증할 수 있는 근거를 제시함이 없이 단순히 "이러이러한 것을 구명하는 것이 중요하다"고 기술한다면 독자는 그 중요성을 믿지 않을 수도 있다.

예

"우울증은 아동의 9%가 경험 했을 정도로 청소년기에 가장 빈번하게 발견되고 있는 정신질환 중의 하나로 알려져 있다. Subsyndromal 우울증상의 이환율은 이 비율보다 높다. 우울증상 측정 자기보고검사 결과에 의하면 우울증상을 경험한 청소년은 20%-50% 정도이며 10%-30%의 청소년은 정상범위를 초과하는 것으로 나타났다(Hammen & Rudolph, 2003)."

3.6 문헌분석 결과를 기술할 때는 평론(essay) 형식으로 기술해야 한다. 관련연구들의 요약을 펴 올린 형식은 금물이다.

- 관련연구들을 요약해서 제시하는 형식(annotated list)은 주제에 관해 어떤 연구가 수행되었는가에 관한 정보는 제공해 줄 수 있지만 연구주제와 관련하여 1) **선행연구들로부터 찾아낸 정보가 무엇이며** 2) **인용된 각각의 연구가 서로 어떻게 관련되어 있는가**에 대한 정보를 제공하는 것은 불가능하다.
- 관련문헌은 주제와 관련된 내용을 진술하는 과정에서 인용해야 한다.
- 연구결과나 연구방법이 유사한 관련연구들은 함께 인용해야 한다.
  - 아래에 제시된 예 3.6.1의 첫 번째 관점은 두 가지 관련문헌이, 그리고 두 번째

관점은 세 가지 관련 문헌이 지지하고 있다.

- 예 3.6.2는 관련문헌의 인용이 개개 연구자의 연구결과 중심이 아니라 주제 중심으로 조직되어 있다. 또한 두 편의 참고문헌은 두 가지의 상이한 관점을 지지하기 위해 동일연구를 두 번씩 인용하고 있다.

예 3.6.1

"자신의 외모(physical appearance)에 만족하지 못하는 성인은 우울증을 보다 크게 호소하는 경향이 있다(Baron & Joly, 1988; Brooks-Gunn & Warren, 1989). 신체상과 우울증 간의 관계는 성별과 무관하게 유사한 것으로 지적되고 있으나 여성은 남성보다 신체상을 부정적으로 지각하고 있기 때문에 평균적으로 볼 때 여성의 우울증 수준이 남성보다는 높다(Allgood-Merten et al., 1990; Andrews et al., 1993; Mori & Morey, 1991)는 보고도 발견되고 있다."

예 3.6.2

"역학연구에 의하면 알코올 의존과 남용은 여자보다는 남자가 약 두 배 정도 큰 것으로 보고되고 있다(Chang, 1997; Weisner & Schmidt, 1992). 그러나 알코올 의존과 남용, 그리고 관련된 문제들에 대해 치료를 받은 여성이 실제 조사에 포함된 수는 상대적으로 적다(Beckman & Dawson, 1996). 여성의 알코올 치료 비율이 점차 증가하고는 있다 할지라도 남성보다는 1:4의 비율로 열세이다(Chang, 1997; Weisner & Schmidt, 1992). 알코올 치료를 받는 사람 중 여성의 비율은 1982년 22%로부터 1993년 29%로 증가하였다(U.S. Department of Health and Human Services [DHHS], 1997). 이러한 결과는 국가수준에서 여성을 위해 제공된 특별처치프로그램의 증가와 유사하게 일치하는 것으로 나타났다(DHHS)."

3.7 문헌분석을 위해서는 문헌별로 다음 사항들을 개조식으로 정리한 후 연구방법 측면에서 그 공통점과 차이점을 검토, 정리해야 한다.

- 연구목적 (구체적 목적)
- 연구문제 (가설)

- 독립변인과 종속변인
- 선행연구 논문의 질적 수준
- 피험자의 특성
- 사용된 검사 및 도구 (신뢰도, 타당도에 관한 정보)
- 자료수집 절차
- 연구설계와 통계적 분석방법
- 연구결과
- 후속연구를 위한 시사점
- 제한점과 특기할 만한 사항에 대한 연구자의 부언

예

공통적인 요소를 가진 사항부터 제시한 후 차이가 있는 요소들을 제시

"성인 운동선수의 자아개념에 관한 연구는 Smith(1988), Jones(1987)와 Smart(1987) 등에 의해 수행 되었다. 자아개념을 측정하기 위해 Smith(1988)와 Smart(1987)는 Lang (1980)이 개발한 Traitnames Checklist를 사용한 반면, Jones(1987)는 Short(1979)가 개발한 문장완성검사를 사용하였다."

3.8 하나의 이론 혹은 연구결과에 대한 관련문헌의 인용은 가능한 한 길지 않도록 해야 한다.

어떤 이론이나 연구결과는 다양한 문헌에서 광범위하게 보고되고 있는 것이 보통이다. 예를 들어 XYZ 이론을 지지하는 학술지 게재논문이 32편에 달한다고 가정해보자. 32편의 논문을 하나의 괄호 속에 모두 인용하는 것은 혼란스럽고 비생산적이다.

해결방법 1

아래의 예에 제시된 바와 같이 몇 개의 문헌만을 "e.g.,"로 제시한다.

예1

"학술지에 게재된 30편 이상의 논문이 보고하고 있는 실험결과는 XYZ 이론을 광범위하게 지지하고 있다(e.g., Doe, 2003; Smith & Smith, 2004; Jones, 2005)."

해결방법 2

어떤 이론 혹은 결과를 지지하는 연구들을 연대 혹은 방법론, 연구결과 등을 고려하여 제시한다. 즉, 서로 공통적인 몇몇 연구와 상이한 몇몇 연구만을 제시하는 것이다.

예2

"학술지에 게재된 30편 이상의 논문이 보고하고 있는 실험결과에 의하면 XYZ 이론은 50년 전에 수행된 연구(e.g., Black, 1949; Barnes, 1950)로부터 최근(e.g., Smith & Smith, 2004; Jones, 2005)에 수행된 연구에 이르기 까지 광범위하게 지지되고 있다."

예3

"학술지에 게재된 30편 이상의 논문이 보고하고 있는 실험결과에 의하면 XYZ 이론은 광범위하게 지지되고 있다. 이들 중 3편의 연구만이 진형 실험설계를 이용하여 피험자를 처치집단에 무선 배정한 실험을 실시한 것으로 나타났다(Tanner, 2001; Clive, 2003; Banner & Brown, 2005)."

예4

"학술지에 게재된 30편 이상의 논문이 보고하고 있는 실험결과에 의하면 XYZ 이론은 광범위하게 지지되고 있다. 이들 중 강력한 지지를 보이고 있는 연구는 약 반수 정도이며(e.g., White, 2001; Shoemaker, 2002), 나머지 반수는 그 지지 정도가 약한 것으로 나타났다(e.g., Green, 2004; Blake, 2005)."

3.9 문헌분석 결과를 제시할 때 선행연구의 목적이나 연구방법, 연구변인 보다는 선행연구의 결과에 중점을 두어야 한다.

예

"Kang(2003)은 양극배제평균방법을 적용한 경기에서 심판의 엄격성이 경기력 결정에 미치는 효과를 연구하였다. 이 연구는 선수들의 경기순위가 심판판정에 의해 영향을 받는다는 사실을 고려할 때 중요한 의미가 있다."

수정된 예

"Kang(2003)은 양극배제평균방법을 적용한 경기에서 심판의 엄격성 수준에 따라 선수들의 경기성적은 유의한 차이가 있음을 발견하였다. 이 연구는 선수들의 경기순위가 심판판정에 의해 영향을 받는다는 사실을 고려할 때 중요한 의미가 있다."

3.10 인용한 연구의 중요성(*importance*)과 질(*quality*)에 관한 견해는 자유스럽게 표현할 수 있다.

- 만일 하나의 연구가 방법론적으로 특히 강점이 있다면 3.9의 예 끝 문장에 제시한 바와 같이 이를 언급하는 것도 좋다.

  "이 연구는 선수들의 경기순위가 심판판정에 의해 영향을 받는다는 사실을 고려할 때 중요한 의미가 있다."
- 연구주제와 관련하여 선행연구 간에 상이한 결과가 발견된다면, 선행연구 결과의 일반화와 관련하여 허점이 많은 연구보다는 잘 계획된 연구에 비중을 두어야 한다.
- 독자는 연구자가 인용한 연구의 질적 수준에 대해 특별히 언급하지 않는 한 합리적인 연구로 가정하게 된다. 따라서 선행연구에 문제가 있다면 주요 약점을 지적하는 것이 바람직하다.

예

"심사자의 객관도에 적지 않은 문제가 있음이 보고된 지 10여 년이 지났음에도 불구하고 이 문제에 대한 학계의 관심은 제한적이다. 실기능력 평가와 관련하여 보고된 무용분야 연구는 극히 일부(강상조, 신범철 및 이미영, 1997; 황규자와 허경자, 1997; 최윤선, 2000; 최윤선과 강상조, 2003 등)가 발견되고 있을 뿐이다. 뿐만 아니라 '무용수들의 전공에 관계없이 이루어지는 심사자들의 실기능력 평가는 비교적 일관성이 있다'는 이들 연구결과는 개괄적 평가가 적절한 평가임을 시사하고 있다. 그러나 이러한 결과에는 무용경연대회와 대학입시 실기능력 평가 간에는 평가대상자의 수와 평가과정에서 요구되는 심사자의 주의집중 정도에서 서로 상이하다는 문제가 간과되었을 가능성이 있다."

앞에서 연구자가 인용한 연구의 질적 수준에 대해 특별히 언급하지 않는 한 독자는 합리적인 연구로 가정하기 때문에 연구자는 선행연구에 문제가 있다면 주요 약점을 지적하는 것이 바람직하다고 하였다. 그러나 선행연구의 약점을 구체적으로 논의하는 것이 반드시 필요한 것은 아니다. 때로는

"**강상조**(2003)**는 예비연구에서 … 한 사실을 발견하였다.**"
"Jones & Black(2005)**은 피험자들을 실험집단과 비교집단에 무선적으로 배정하지 않았음에도 불구하고 … 를 발견하였다.**
와 같이 짧은 문장으로 약점을 독자에게 전달하는 것만으로도 충분하다.

3.11 연구주제와 관련된 최근 연구동향을 밝혀야 한다.

예

"학술지에서 발견할 수 있는 최근의 연구경향은 흑인학생 중심의 학교에서 학생들을 가르치는 백인교사의 자기반성에 대한 문제이다. 교사들은 학생들이 수용 가능한 학업성취를 이루기 위해서는 그들의 교수 · 학습 태도를 변화시킬 필요가 있음을 인정하고 있다(Diller, 1999; Kottler, 1999; Weiner, 1999). 그러나 전통적인 교수방법은 이들 교사들이 가르치는 학급에서 학생들이 바람직한 학업수준에 도달하도록 하는데 거의 공헌하

지 못하였다. 이들 학급에서 백인교사들이 성공하기 위해서는 교수, 학습, 문화에 대한 그들의 태도를 변화시킨 후에만 가능하였다. 따라서 이들 백인교사의 태도변화에는 문화를 무시하기 보다는 가르치는 도구로 간주하는 것도 포함하고 있다."

Bakari (2003, p. 641).

3.12 이 연구가 선행연구와 어떤 점에서 차이가 있는지를 밝혀야 한다.

자신의 연구가 선행연구와 어떤 점에서 차이가 있는지 밝히기 위해서는 연구주제와 관련하여 선행연구들이 밝혀내지 못하고 있는 문제가 무엇인가를 제시해야 한다. 다음 예는 "피험자의 인구통계학적 특성 측면에서 선행연구가 가지고 있는 약점"을 제시한 것이다.

예

"비록 선행연구들이 이러한 문제[앞에 제시된 연구문제]에 대해 어느 정도 답을 제시하고는 있다 할지라도 이들 연구는 성인(예: 대학생)에 중점을 두고 있을 뿐 초기, 중기, 후기 청소년들을 대상으로 한 연구는 발견되지 않고 있다. 또한 이들 선행연구 결과들은 대부분 표본수가 적고 제한된 단일 지역으로부터 조사되었을 뿐이다."

Wallace, Forman, Caldwell, & Willis (2003, pp. 103-104).

이러한 문제는 다음 예와 같이 선행연구가 가지고 있는 제한점을 기술하는 형식으로도 해결할 수 있다.

예

"어머니의 어린이 지도와 관련하여 수행된 선행연구들의 또 다른 제한점은 어린이의 학습환경에 대한 영향을 무시하고 있다는 것이다. 부모의 지도에 관한 선행연구는 대부분 어머니는 가르치고 어린이는 배우는 것을 기본모형으로 설정하고 있다. 그러나 어린이 역시 어떤 아이디어에 대해 토론과 질문을 통하여 학습환경에 영향을 미치고 있다."

Eisenberg (2002, p. 210).

연구자는 선행연구와 완전히 동일한 반복연구를 수행하지 않는 한, 자신의 연구가 선행연구와 어떤 점에서 차이가 있는가를 제시해야 한다. 여기에서 차이란 변인의 선정, 변인의 개념화와 측정방법, 표본추출방법, 자료분석 방법 등에서의 차이를 의미한다.

예

"그러나 TV 프로그램에 포함된 선정 신이 해당 상업광고의 기억에 미치는 효과를 검증한 연구는 발견되지 않고 있다. 이 연구는 TV 프로그램의 선정 장면이 폭력 장면과 동일하게 상업광고의 기억에 영향을 미치는지의 여부를 검증하는데 목적이 있다."
Bushman & Bonacci (2002, p. 558).

3.13 관련문헌 검토결과를 기술할 때 직접 인용은 가능한 한 최소화하는 것이 좋다.

왜냐하면

- 전체 문맥의 흐름을 무시한 직접 인용(direct quotations)은 연구의 중요성을 효과적으로 전달하지 못할 수 있다.
- 너무 빈번한 인용은 선행연구자의 집필방법 차이 때문에 문헌분석(review)의 흐름을 흩트려 놓을 수 있다.
- 관련문헌을 개관하고자 하는 독자의 목적과는 다르게 분석내용을 너무 상세하게 인용하게 되면 오히려 독자들을 혼란스럽게 만들 수 있다.

3.14 직접 인용은 다음과 같은 경우에 적합하다.

- 연구자가 원저자의 집필 능력 혹은 부족한 필력(writing skill)을 예시하고자 할 때 적합하다.

- 원문에 사용된 어법 혹은 용어를 연구자가 부연 설명할 경우, 원문에 담겨있는 감정적 흐름을 독자가 놓칠 수 있다고 판단할 때 적합하다.
- 이러한 상황은 조사 혹은 실험연구 상황보다는 역사, 철학, 문학연구 등에서 더욱 빈번히 발생한다.

3.15 인용문헌의 연구내용을 지나치게 상세히 보고할 필요는 없다.

- 왜냐하면 인용한 문헌자료는 대부분 출판된 것들이기 때문에 독자는 원한다면 원본을 쉽게 구할 수 있다.
- 보통 학술지에 게재된 논문보다 학위논문에서 인용문헌을 상세하게 기술하는 경향이 있다. 그러나 인용문헌을 상세하게 보고하는 것은 선행연구의 질적 측면을 고려해서 선별적으로 이뤄져야 한다.
- 특별히 중요한 선행연구는 그렇지 않은 연구보다 더 상세하게 기술하는 것이 좋다.
- 어떤 연구가 선행연구를 기반으로 수행된 것이라면 독자들이 두 연구 간의 관계를 쉽게 이해할 수 있도록 상세하게 논의할 필요가 있다.

3.16 선행연구의 역사적 배경을 제시하는 것도 좋은 방법이다.

학위논문의 경우,

- 학생이 해당주제에 관한 선행연구를 폭넓게 고찰하여 잘 이해하고 있음을 증명할 수 있기 때문에 필요하다.

학술지 게재논문의 경우,

- 현재 수행하는 연구의 근거가 되는 원 제안자들의 이론이나 원리를 알리고자 할 때 효과적이다.

- 현재 수행하는 연구가 역사적으로 볼 때 선행연구와 논리적인 고리로 연결되어 있음을 보여줄 수 있다.

예

"오늘날 사용하고 있는 서명(필적학: graphology)의 분류방법은 Jean Crepieux-Jamin (1888)이 출판한 저서…… 에서 최초로 발견되고 있다. 문제 학생(e.g., Singer, 1986; Nezes, 1993)과 상거래(e.g., Branstson, 1995)를 주제로 출판된 필적학 서적의 저자들은 필적을 통하여 성격특성과 지적 능력을 구명할 수 있음을 주장한다. 그러나 과학적 방법을 적용하여 수행된 연구는 이를 입증할 만한 증거를 제시하지 못하고 있을 뿐만 아니라 제시된 증거 역시 극히 제한적이다(Klimoski & Rafaeli, 1983; Beyerstein, 1992; Klimoski, 1992). 지난 15년 동안 학술지에 보고된 많은 통제된 실험연구들은 필적의 특성과 성격간의 관계를 구명하는데 목적을 두고 있다…"
Lowis & Mooney (2001, pp. 367-368).

3.17 연구주제와 관련된 문헌검토 결과가 있다면 그 문헌을 인용할 필요가 있다.

- 연구주제와 관련된 선행연구를 분석한 믿을 수 있는 문헌결과가 있다면 그 문헌을 인용할 수도 있다.
- 일반적으로는 관련문헌을 분석한 선행연구자의 결론을 기술하고 자신이 내린 결론이 그와 유사한지의 여부를 밝혀야 한다. 만일 일치한다면 자신이 내린 결론을 지지하는 것이 되며, 그렇지 않다면 선행연구자와 자신의 연구가 상이한 결론에 도달하게 된 이유를 제시해야 한다.
- 선행연구의 문헌분석 결과를 인용할 때 연구자는 선행연구자가 인용한 문헌을 읽고 그 분석 결과를 자신의 언어로 기술해야 한다.
- 선행연구에서 인용한 연구 이후에 출판된 문헌에 대해 논의함으로써 독자들에게 새로운 정보를 제공해야 한다.

3.18 관련문헌을 인용하기 위해 Harvard 방법을 사용할 때 저자와 관련문헌의 내용 중 어느 것을 강조 할 것인가를 결정해야 한다.

Harvard 방법(APA에서 Author-date method로 알려진 인용방법)에 의한 참고문헌 인용은 저자의 성(Last Name)과 출판연도 만을 제시하게 된다. 아래 예의 저자 이름은 문장의 한 부분(예 1)으로 사용할 수 있으며 괄호 속에 포함(예 2)시킬 수도 있다. 예 1은 저자를 강조하는 반면, 예 2는 제시된 내용 혹은 아이디어를 강조하고 있다.

어느 형식을 따를 것인가는 어느 쪽을 강조할 것인가와 관계가 있다. 관련문헌을 분석하는 이유는 연구주제에 관한 선행연구의 내용을 종합, 평가하는 것이기 때문에 저자의 이름을 괄호 속에 제시하는 형식이 일반적이고 바람직하다.

예1

"Doe(2004)는 교사들이 직무에 만족하지 못하는 주요 원인은 그들 직업의 사회경제적 지위가 낮기 때문이라고 보고하고 있다."

예2

"교사들이 직무에 만족하지 못하는 주요원인은 교사직의 사회경제적 지위가 낮기 때문인 것으로 나타났다(Doe, 2004)."

3.19 인용된 문헌의 저자 소속과 직위는 제시하지 않는다.

- 신문 혹은 잡지 등에서 연구결과를 요약하여 제시할 때 연구내용과 함께 저자의 권위를 인정하는 수단으로 저자의 소속(예: 한국대학교)과 직위(예: 교수)를 제시하는 경우를 볼 수 있다.
  예: "Harvard 대학교 건강학부, Doe 교수가 *Journal of Study* 최근호에 발표한 연구결과에 의하면…"

- 연구결과를 보고할 때는 위의 예와 같이 기술하지 않는다. 왜냐하면 연구결과에 대한 신뢰는 연구자의 소속이나 직위보다는 제시된 증거가 얼마나 믿을 수 있느냐에 달려있기 때문이다.

이 장을 학습했음에도 불구하고 여전히 서론/관련문헌의 분석과 그 결과를 기술하는데 자신감이 부족하다면

- 서론 기술을 위한 연구주제의 개요를 반드시 작성할 것.
  주제와 관련하여 잘 정리된 개요는 지도교수 및 심사자들에게 자신의 연구를 쉽게 이해시키고 심사과정에서 도움을 받는데 효과적으로 이용할 수 있다.
- 가능한 한 다양한 관련문헌을 검토할 것.
  다른 관련문헌에서는 선행연구를 어떻게 분석하고 있고 선행 연구자들은 하나의 주제를 다른 주제와 어떻게 연계시키고 있는지를 유의하면서 정리하는 것이 좋다.
- 초안을 작성한 후 관련분야 동료 혹은 연구자에게 검토를 요청 할 것.
  내용전달이 명료하지 못한 부분 혹은 논리적으로 설명되지 않는 부분에 대한 관련분야 동료 연구자들의 지적은 논문의 질을 개선하는데 도움을 받을 수 있다.
- 초안을 수정 혹은 개정할 것.
  좋은 글은 여러 번에 걸쳐 반복된 수정과 개정과정을 통해 만들어진다는 점을 기억해두어야 한다.

연 습 문 제

一 서론에 연구가설/목적/연구문제를 진술해야 하는 이유는 무엇인가?

二 다음 문단은 어느 대학원 학생이 연구주제의 중요성을 기술한 것이다. 기술된 내용에 대하여 비평해보라.

"새 천 년의 시작과 함께 국민들은 모든 사람들의 심리적 안정의 중요성을 점차 인식하고 있다. 국민들의 이러한 인식을 고려할 때 곧 성인이 되는 청소년의 심리적 안녕에 도움을 줄 수 있는 많은 연구를 수행하는 것은 중요하다."

三 다음 문단은 관련문헌의 분석결과를 기술한 것이다. 기술된 내용에 대하여 비평해보라.

"Smith(2002)는 국가수준에서 남성들의 무용에 대한 태도를 알아보기 위한 조사를 실시하였다. 그 결과 그는 …… 확인하였다. Jones(2004) 역시 남성들이 무용에 대해 보다 긍정적인 태도를 가지고 있는가를 연구하였다. Doe(2005)는 남자 대학생들의 무용태도 변화 …… 실험을 실시하였다"

四 연구자가 본인이 인용한 문헌의 질적 수준에 대해 아무런 언급이 없다면 독자는 인용된 연구에 대해 어떤 생각을 가질까?

五 'X가 Y보다 크다'는 사실을 보고한 연구논문이 24편 발표되어 있다고 가정하자. 관련문헌을 인용하면서 'X가 Y보다 크다'는 사실을 보고한 24편 문헌을 모두 괄호 속에 기술해야 한다고 생각하는가? 그렇지 않다면 어떻게 하는 것이 효과적인가?

六 "관련문헌은 최근에 출판된 연구논문 만을 인용하는 것이 바람직하다."라는 진술에 대해 어떠한 생각을 가지고 있는가? 그 이유는 무엇인가?

七 석(박)사 학위논문 한편을 선정하여 서론을 읽고 600자 이내로 심사평을 기술해보라.

4 가설

과학적 연구는 가설(假說: hypothesis)을 설정하고 검증하는 것으로부터 출발한다. 가설이란 둘 혹은 그 이상의 변인들 간의 관계를 구명하려는 목적을 가진 연구에서 '**연구결과에 대한 연구자의 잠정적 진술**'이라고 정의할 수 있다. 이러한 맥락에서 본다면 가설이란 구체적으로 진술된 연구문제에 관한 잠정적 해답(연구자의 예상되는 결과)으로 간주할 수 있다. 가설은 연구문제를 발견하는 단계에서 설정하는 것보다는 연구문제를 완전히 정의한 후 설정하는 것이 일반적인 순서이다. 모든 연구에서 연구자가 설정한 가설은 세상에서 최초로 검증하는 것이기 때문에 결과를 정확하게 예측하여 진술할 수는 없다. 다만 연구자는 관련연구를 검토하면서 터득한 다양한 지식을 바탕으로 연구결과에 대한 답(가설에 대한 답)이 어떻게 될 것이라고 예측할 수 있을 뿐이다. 이와 같은 이유로 가설을 진술할 때 " … 일 것이다."라는 표현을 쓰게 된다. 가설을 진술할 때 고려해야 할 일반적인 사항들은 다음과 같다.

4.1 연구가설은 두 변인 간에 예상되는 관계로 진술해야 한다.

아래의 예에 제시된 '자아개념'과 '운동능력'은 각각 독립(준거)변인과 종속(결과)변인으로써 두 변인 간에 예상되는 관계를 나타내고 있다. 연구자는 '긍정적 자아개념을 가진 아동이 부정적 자아개념을 가진 아동보다 운동능력 수준이 높을 것'으로 기대하고 있다. 이때 연구자는 연구가설을 설정하면서 두 가지 유형(선언적 문장, 가정법 형태)중 하나를 선택하여 진술 할 수 있다.

예 1(선언적 문장)

"자아개념과 운동능력 간에는 정적 관계가 있을 것이다."

예 2(가정법 문장)

"자아개념이 긍정적이면 운동능력 수준이 높을 것이다."

예

❶ 쥐의 출생 후 빛에 노출된 시간량은 미로과제의 수행능력과 역 상관이 있을 것이다.

독립변인 (IV)　　　종속변인(DV)

❷ 학습부진아를 가르칠 때 실기교재로 가르치는 교사는 이론교재로 가르치는 교사보다 자신의 학급에 학습부진아를 받아들이려는 의지가 보다 클 것이다.

위의 가설에서 독립변인과 종속변인은 각각 무엇인가?

교사가 가르치는 실기교재
교사가 가르치는 교재유형
교사가 가르치는 이론교재
학습부진아를 받아들이려는 교사의 의지

❸ 신체활동을 활력 있게 규칙적으로 수행하는 중년남성은 그렇지 않은 중년남성보다 효과적일 것이다.

이 가설은 어떤 점에 문제가 있는가?

독립변인이 없음

종속변인이 없음

위의 가설은 어떻게 수정하면 좋겠는가?

"신체활동을 활력 있게 규칙적으로 수행하는 중년남성은 그렇지 않은 중년남성보다 혈압수치가 낮을 것이다."

✍ 실험연구의 목적은 독립변인이 종속변인에 미치는 효과(effects)를 검증하는 것이기 때문에, "종속변인에 단순히 **보다 효과적이다**"라고 기술하는 것은 구체적이지 못하다.

4.2 변인간의 관계가 단지 특정한 전집에서만 나타날 것으로 예상된다면 가설에는 그 전집을 밝혀야 한다.

예1

"아동의 협응력 수준과 자아존중 정도 간에는 정적 관계가 있을 것이다."

예2

"투약 량을 결정할 때 컴퓨터를 이용하여 훈련을 받은 간호원은 그렇지 않은 간호원보다 계산오류가 적을 것이다."

4.3 가설은 가능한 한 구체적이어야 하고 하나의 문장으로 제시해야 한다.

예

"경쟁불안은 중학교 운동선수의 경기력에 부정적인 영향을 미칠 것이다. 따라서 경쟁불안이 높은 선수는 경기력이 낮을 것이다."

수정된 예

"경쟁불안이 높은 중학교 운동선수는 낮은 운동선수보다 운동경기에서 낮은 경기력을 보일 것이다."

4.4 대부분의 가설은 집단의 행동을 다루기 때문에 단수형보다는 복수형을 사용해야 한다.

예

"은퇴 후 생활만족은 남편이나 부인이 결혼생활에 낮은 만족을 느낄 때 보다는 큰 만족을 느낄 때 클 것이다."

수정된 예

"결혼생활에 만족을 느끼는 기혼자들은 만족을 느끼지 못하는 기혼자들 보다 은퇴 후 생활에 크게 만족할 것이다."

4.5 가설은, 연구자의 가치판단이나 연구의 시사점이 아니라, 실제로 구명하고자 하는 것을 제시해야 한다.

예

"종교는 사회에 이로운 것이다."

위의 가설은 구명하고자 하는 두 변인간의 예상된 관계라기보다는 판단하고자 하는 가치를 가설로 제시하고 있기 때문에 검증(measure & test)이 쉽지 않다. 아래의 수정된 가설에는 "종교"를 어떻게 변인으로 정의(종교적 봉사활동에의 참여)하였는지 와 구명하고자 하는 구체적인 결과(종속변인: 부정행위)가 무엇인지를 검증 가능한 형태로 제시되어 있다.

수정된 예

"종교적 봉사활동에의 참여는 학교에서의 시험 부정행위와 부적 상관이 있을 것이다."

4.6 독립변인이 동일하고 문장이 논리적으로 간결하며 그 의미가 명확하다면, 진술된 가설에는 하나의 문장에 하나 이상의 가설을 포함시킬 수도 있다. 이 경우 각각에 일련번호를 붙여 하위가설로 설정할 수 있다.

예

"중학교 운동선수들의 운동기술 학습욕구는
1. 이성으로부터 보다는 동성으로부터
2. 운동을 못하는 선수들보다는 잘하는 선수들로부터
3. 동료선수들 보다는 선배선수들로부터
보다 큰 영향을 받을 것이다."

동일한 독립변인 혹은 종속변인 별로 여러 개의 하위가설이 있을 경우, 이와 같은 가설진술은 동일한 내용의 반복을 피할 수 있기 때문에 연구결과를 기술할 때도 도움이 된다. 즉 연구결과를 기술할 때 가설 전체를 다시 진술할 필요 없이 하나의 하위가설을 대상으로 결과를 간단, 명료하게 설명할 수 있다.

예1

"첫 번째 하위가설(이성과 동성이 운동기술 학습욕구 수준에 미치는 영향)의 검증 결과, 동성과 이성 간 운동기술 학습욕구 평균치는 p=.032 수준에서 통계적으로 유의한 차이가 있는 것으로 나타났다."

예2

"첫 번째 하위가설에서 이성과 동성이 운동기술 학습욕구 수준에 미치는 영향을 검증한 결과, 동성과 이성 간 운동기술 학습욕구 평균치는 p=.032 수준에서 통계적으로 유의한 차이가 있는 것으로 나타났다."

4.7 가설은 연구방법 앞에 기술해야 한다.

'연구방법(method)' 장은 연구자가 어떤 방법을 이용하여 연구가설을 검증하였는가를 기술하는 곳이다. 따라서 가설을 검증하기 위해 사용된 방법을 기술하기에 앞서 검증하려는 가설을 제시하는 것이 논리에 맞다. 학술지의 경우, 가설은 '연구방법'의 제목 바로 앞, 즉 서론의 마지막에 하나의 문단으로 제시하고 학위논문인 경우에는 제 2장 (관련문헌의 분석, literature review)의 끝에 제시하는 것이 일반적이다. 그러나 학위논문에서 가설을 어느 부분에 제시하느냐는 논문을 제출하는 기관의 편집양식에 따라 달라질 수 있기 때문에 논문작성에 앞서 대학 혹은 학과의 논문작성 지침을 참고할 필요가 있다.

4.8 '가설'이라는 용어 대신 다른 용어의 사용도 가능하다.

학술지를 읽는 독자는 논문의 제 2장 '연구방법' 앞 즉, 서론의 마지막 문단에 제시된 진술이 가설이라는 용어를 실제 사용하지는 않았더라도 그것이 가설을 진술한 것임을 알 수 있다. 아래의 예는 연구자가 두 가지 예상되는 결과(즉, 가설)를 기술한 것이다.

예

"선행연구 결과를 기초로 할 때 동료 선수들의 경기력 수준이 중학교 선수들의 운동기술 학습욕구에 미치는 영향은 성차의 효과를 통제할 경우에도 클 것으로 예상된다."

또 다른 예:

- "In light of the literature review, it was predicted that ……"
  "문헌분석 결과를 기초로 할 때 …… 가 예상된다, (…… 될 가능성이 크다.)"
- "We speculated that ……"
- "In light of the literature review, it was hypothesized that ……"
  "문헌분석 결과를 기초로 할 때 이 연구에서 검증하고자 하는 가설은 …… 이다."

4.9 가설이 제시된 바로 앞 문단은 진술된 가설의 근거가 된다.

연구자가 제시한 가설의 바로 앞 문단에는 왜 그러한 가설을 제시하게 되었는지에 대한 근거가 되는 내용을 기술해야 한다. 아래 예는 제시한 가설의 앞 문단에 기술할 수 있는 내용으로서 성인의 흡연율 증가와 광고에서 시각적 이미지 사용에 관한 선행연구, 그리고 흡연광고의 효율성뿐만 아니라 흡연광고의 긍정적 이미지가 미치는 영향에 관한 이론을 논의하고 있다.

예

"성인의 흡연을 조장하는 흡연광고의 효력과 흡연을 억제하는 반(反) 흡연광고의 비효율성을 근거로 할 때, 흡연광고 이미지는 반 흡연광고 이미지보다 긍정적으로 평가될 수 있을 것으로 예상된다. 이 가설이 지지될 경우, 흡연광고는 성인들로 하여금 보다 긍정적으로 지각될 수 있도록 재 개념화하고 재구성할 필요가 있음을 시사하게 될 것이다."

4.10 연구논문에서 가설은 영가설이 아닌 연구가설의 형태로 진술해야 한다.

앞에서 연구가설(research hypothesis)은 **'연구자가 관련연구를 검토하면서 터득한 다양한 근거를 바탕으로 진술된 연구결과에 대한 예상되는 답'**이라고 정의하였다. 따라서 연구가설을 검증한다는 것은 연구를 통해 수집된 자료가 연구자 자신이 예상한 답과 일치하는지의 여부를 검증한다는 뜻이다. 반면 영가설(null hypothesis)은 연구대상 집단 간에 발생하는 어떠한 차이도 무선오차(random error)에 기인한 것으로 진술하는 통계적 가설이다. 즉, 연구대상 집단 간에 진정한 차이는 없으며 만일 차이가 나타난다면 그것은 우연히 얻어진 것으로 간주한다. 수집된 자료에 대한 유의도를 통계적으로 검증한다는 것은 영가설을 검증한다는 뜻이다.

- 연구가설(research hypothesis): 예상결과(expected findings)로 진술
- 통계적 영가설(statistical null hypothesis): '집단 간에 차이가 없다.'라고 진술

- 통계적 상대가설(statistical alternative hypothesis): '집단 간에 차이가 있다.'라고 진술

학술지 논문에서는 보통 영가설을 제시하지 않는 것이 관례이다. 왜냐하면 어떠한 형식으로 영가설을 제시하든 그 내용은 항상 동일하기 때문이다. 그러나 학위 논문에서는 지도교수나 심사위원이 유의도 검증(statistical significance)의 목적을 연구자에게 이해시키기 위하여 가끔 영가설을 진술하도록 요구하기도 한다. 그러나 연구는 궁극적으로 연구가설을 검증하는 것이 목적이기 때문에 가설은 반드시 연구가설의 형태로 제시하여야 한다.

- 유의도 검증의 목적은 무엇인가?
  연구가설 검증
  영가설 검증
  상대가설 검증

4.11 연구가설은 두 가지 유형(양방검증 vs 일방검증)으로 진술 할 수 있다.

- 양방검증(non-directional: A≠B)의 예:
  "도시거주 운동선수들과 농촌거주 운동선수들의 심폐지구력은 차이가 있을 것이다."
- 일방검증(directional: A>B)의 예:
  "운동선수 중 흡연자들은 비 흡연자들보다 최대산소섭취량 수준이 낮을 것이다."

일반적으로 양방검증은 실험연구가 아니거나 선행연구의 뒷받침이 없을 때 진술하고 일방검증은 실험연구이거나 선행연구의 뒷받침이 있을 때 진술한다. 양방검증(A≠B)으로 진술된 가설은 일방검증(A>B)으로 진술된 가설보다 사용되는 빈도가 낮다. 양방검증보다 일방검증을 더 선호하는 이유는 연구자들은 보통 자신이 연구하고 있는 변인들에 관한 전문적 지식을 갖고 있으며 그러한 지식을 가설을 일방

검증으로 진술하는데 이용할 수 있기 때문이다. 또한 연구자가 변인간의 관계를 일방 혹은 양방관계로 진술하는 것을 원치 않을 경우에는 연구가설을 생략하고 대신 연구목적(research purpose) 혹은 연구문제(research question)를 구체적으로 진술할 수 있다.

반드시 기억해 두어야 할 사항

- 가설은 검증(measure & test)할 수 있는 형태로 진술해야 한다.
- 하나의 가설에는 하나의 변인 간 관계만을 검증하도록 진술해야 한다.
- 가설은 연구가설(research hypothesis)형태로 진술해야 한다.
- 가설은 측정 자료를 수집하여 분석하기 전에 설정해야 한다.

4.12 진술된 연구가설을 검증하기 위해서는 구체적인 연구실행 계획을 수립해야 한다.

다음 문제에 대한 구체적이고도 분명한 방안이 수립되어야 한다.

- 누구를 연구대상으로 할 것인가?
- 그들을 어떻게 선정할 것인가?
- 선정된 연구대상을 어떻게 두 집단(새로운 방법과 전통적 방법)에 배정할 것인가?
- 참여자에게 지시는 어떻게 할 것인가?
- 검사는 어떻게 실시할 것인가?
- 실험기간은 얼마 동안으로 할 것인가?
- 실험실시는 어느 장소에서 할 것인가?
- 참여자에게 연습의 기회는 어느 정도 허용할 것인가?
- 연습은 어떻게 할 것인가?
- 자료는 어떻게 수집하고 분석할 것인가?

연 습 문 제

一 두 개 이상의 변인 간 관계를 하나의 가설에 진술할 수 있는가?

二 동일한 독립변인 혹은 종속변인과 관련된 가설들을 진술할 때 번호를 부여하는 것이 좋은 이유는 무엇인가?

三 가설은 왜 연구방법 바로 앞에 진술해야 하는가?

四 다음 문장은 가설이라고 할 수 있는가?

"선행연구결과를 기초로 할 때 무용학과 진학자들은 체육학과 진학자들 보다 감성수준이 높을 것으로 예측할 수 있다."

五 양방검증과 일방검증 가설을 예로 들고 어느 경우에 이들 가설을 진술하는 것이 적절한가를 기술하라.

六 "무용수들은 불안수준과 친구들과의 협동심에 차이가 있을 것이다."라고 진술한 가설이 있다. 이 가설은 어떤 점에 문제가 있는가?

| 두 변인(독립변인, 종속변인)이 없음
| 두 변인간의 관계를 기술하지 않음

위의 가설은 어떻게 수정할 수 있는가?

"무용수들의 불안수준과 친구들과의 협동심간에는 역 상관이 있을 것이다."

七 "다양한 직업을 가진 초청인사들이 지원하는 직업 카운슬링은 초청인사 없이 행해지는 직업 카운슬링보다 효과적일 것이다." 이 가설은 어떤 점에 문제가 있는가?

독립변인이 없음
종속변인이 없음

위의 가설은 어떻게 수정할 수 있을까?

"다양한 직업을 가진 초청인사들이 지원하는 직업 카운슬링(career counseling)을 받은 참여자는 초청인사 없이 행해지는 직업 카운슬링을 받은 참여자 보다 직업선택의 기회가 많을 것이다."

八 아래 가설의 문제점을 지적하고 바르게 진술해 보라

— 지능과 동기수준이 높으면 경기력도 높을 것이다.
— 상류, 중류, 하류계층간의 스포츠 참여기회나 빈도는 차이가 있을 것이다.
— 상류계층과 하류계층간의 스포츠 참여기회는 같을 것이다.

九 관심분야의 연구가설을 진술해 보고 이를 영가설로 다시 기술해 보라.

十 가설이 진술된 학술지 논문과 학위논문 중에서 하나의 문장에 두 개 이상의 검증가설이 포함된 진술문을 복사한 후 토론해 보라.

5 연구목적, 연구문제

연구목적(目的: purpose), 연구문제(問題: problem)는 서론의 마지막 부분에 제시하게 된다. 서론을 잘 정리하다보면 연구목적과 연구문제는 자연스럽게 유도해 낼 수 있다. 연구가설을 진술할 때와 마찬가지로 연구목적과 연구문제 역시 두 개 혹은 그 이상의 변인 간의 관계를 확인할 수 있도록 진술하는 것이 보통이다. 학위논문을 작성해본 경험이 있는 사람은 연구목적과 연구문제, 연구가설이 매우 유사하다는 생각을 해 본적이 있을 것이다. 사실 이들 간에는 진술하는 방법에 차이가 있을 뿐 사실은 내용은 동일하다. 연구문제 혹은 연구가설이 여러 개일 경우 연구목적은 이들을 축약해서 기술한 것에 불과하다. 학위논문인 경우, 흔히 지도교수는 연구자에게 연구목적과 연구문제, 그리고 연구가설을 이해시킬 목적으로 이들을 모두 기술하게 하고 있으나 학술지의 경우에는 연구문제 혹은 연구가설이 여러 개인 경우를 제외하고는 이들 세 가지를 구분하지 않고 하나로 제시하는 경우가 대부분이다. 이 장에서는 연구목적과 연구문제를 기술할 때 고려해야 할 몇 가지 사항을 제시하고자 한다.

5.1 연구목적을 기술할 때는 두 개 혹은 그 이상의 변인간의 관계로 진술해야 한다.

연구목적은 연구에 따라 여러 가지 하위 목적(sub-purpose)을 가질 수 있기 때문에 연구하고자 하는 내용 중 요점만을 간결하게 정리하여 제시하기가 쉽지 않다. 연구목적과 문제를 효과적으로 진술하기 위해서는 연구에서 고려하고 있는 변인이 무엇인지 분명하게 밝혀야 한다. 일반적으로 실험연구에서는 독립변인, 종속변인, 통제변인, 중개변인, 외적변이 등으로 변인을 분류하여 사용하고 있다. 다음 표는 이들이 어떤 특성을 가진 변인인지를 이해하는데 도움을 줄 수 있을 것이다.

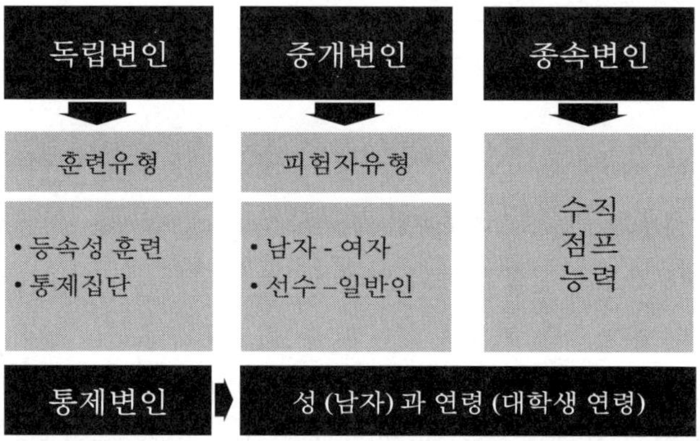

연구자는 서론을 기술할 때 독립변인과 종속변인이 무엇이라는 것을 명확히 밝히는 경우도 있지만 대부분은 서론에 진술된 내용으로부터 독자가 독립변인과 종속변인을 파악할 수 있도록 함축적으로 제시하는 것이 보통이다.

5.2 연구자가 질적 연구를 수행한다면 연구가설 대신 연구목적 혹은 연구문제를 제시할 수 있다.

대부분의 질적 연구자들은 이론 혹은 선행연구 결과에 근거하여 연구가설을 제시하지 않은 채 연구를 수행한다. 그러나 질적 연구에서 연구가설을 진술하지 않는 것이 일반적이라 할지라도 연구를 시작할 때 연구목적 혹은 연구문제는 진술하여야 한다. 또한 질적 연구를 수행하는 연구자들은 연구과정 및 절차를 사전에 확정하지 않고 연구를 수행하게 된다. 왜냐하면 연구를 수행하는 과정에서 수집된 자료를 기초로 연구의 과정과 절차를 변경할 수도 있기 때문이다.

예를 들면 일련의 면접(interview) 과정에서 초기 응답자들의 응답결과를 기초로 면접 시 질문문항을 변경할 수 있으며 이후에 선정되는 응답자들을 위해 질문의 성격까지 바꾸는 사례가 있다. 경우에 따라서는 원래 수행하고자 했던 연구문제 혹은 연구목적까지 수정하기도 한다. 반면, 양적 연구에서는 사전에 설정된 연구가설, 목적 혹은 연구문제를 포함한 구체적인 연구계획이 연구과정에서 수정되는 경우는 거의 없다.

5.3 연구의 목적이 변인 간의 관계를 구명하는 것보다 하나 혹은 그 이상의 변인을 기술하는 것이라면, 연구가설을 연구목적이나 연구문제로 대신하여 제시할 수 있다.

예 1: 목적

"이 연구는 체육시설 건축기금 확보와 관련하여 국체발행에 대한 주민들의 찬성수준을 조사하는데 목적이 있다."

이 연구에서는 단지 하나의 변인인 **'주민들의 찬성수준'**을 조사하고자 하는 것이기 때문에 이를 가설로 진술하는 것은 부적합하다.

예 2: 목적

"이 연구는 무용학과 졸업시험의 평가내용이 교육과정이수 자격 판정과 관련하여 타당한가를 확인하는데 목적이 있다."

이 연구에서도 **'졸업시험 평가내용의 타당도'**를 확인하는 것이기 때문에 이 역시 가설로 진술하는 것은 부적합하다.

예 1: 연구문제

"공공체육시설 건축기금 확보와 관련하여 국체발행에 대한 주민들의 찬성수준은 어느 정도인가?"

예 2: 연구문제

"무용학과 졸업시험의 평가내용은 교육과정이수 자격판정과 관련하여 타당한가?"

연구목적과 연구문제 중 실제 어느 것을 기술할 것인가는 선택의 문제이다. 연구자는 연구목적과 연구문제 중 어느 것이 연구주제를 보다 쉽게 이해시킬 수 있을 것인가를 고려하여 선택하면 될 일이다. 다만 대부분의 연구에서 연구목적을 관례적으로 기술하고 있기 때문에 연구목적과 연구가설 혹은 연구목적과 연구문제를 조합하여 보고할 것을 권한다.

5.4 변인간의 관계를 설명할 수 있는 증거 즉, 가설설정에 필요한 충분한 증거가 없다면 가설을 대신하여 연구목적 혹은 연구문제를 제시할 수 있다.

그동안 미국에서는 2001년 9.11테러와 같은 거대한 테러가 아동의 심리적 상태에 미치는 효과를 구명한 연구는 없었다. 이와 같이 선행연구가 발견되지 않은 경우, 연구가설 보다는 연구문제를 진술하는 것이 보다 적절하다.

예 1: 연구문제

"9.11 테러공격이 New York 중심지역에 거주하는 중학교 학생들에게 미치는 심리적 충격은 어느 정도인가?"

예 2: 연구목적

"이 연구는 9.11 테러공격이 New York 중심지역에 거주하는 중학교 학생들에게 미치는 심리적 충격 정도를 확인하는데 목적이 있다."

5.5 연구문제를 진술할 때 단순히 "예" 혹은 "아니요"의 답을 유도하는 진술문은 피해야 한다.

대부분의 연구는 변인 간의 복잡한 상호관계에 기초하고 있기 때문에 연구를 통하여 얻게 되는 결과 역시 단순하지 않다. 아래에 제시한 연구문제의 예는 연구자가 단순히 "예" 혹은 "아니요"의 답에만 관심을 보이고 있다. 이를 수정한 연구문제 예는 신약의 효과를 기존 약과 비교를 통해 검증하고 있다.

예 : 연구문제

" 약 'P' 혈압을 강하시키는가?"

예: 수정된 연구문제

"약 'P' 구약 'P' 다 혈압을 어느 정도 더 강하시키는가?"

5.6 연구목적 혹은 문제의 진술은 가능한 한 구체적이되 간결해야 (*specific, but concise*) 한다.

가설을 구체적으로 진술해야 하는 이유는 앞에서 언급하였다. 그러나 너무 구체적인 연구목적의 기술이 오히려 좋지 않은 경우가 있다. 아래에 제시된 연구목적은 두 가지 특정한 측정도구를 매우 구체적으로 기술하고 있다. 그러나 기술된 측정도구(예: 검사, 질문지, 척도 등)에 대해 친숙하지 않은 독자들에게 구체적으로 기술된 연구목적은 오히려 연구에 대한 이해를 어렵게 할 수 있다. 따라서 연구자는 제시하고자 하는 특정한 사항(이 경우 구체적인 척도)에 대해 독자들이 어느 정도 친숙한지를 판단하여 그 기술 범위를 결정할 필요가 있다.

예

"연구는 대학생들을 대상으로 Voloskovoy 자기존중척도 점수와 Smith-Doe의 문화적 포용척도 점수 간의 상관도를 확인하는데 목적이 있다."

특정한 척도(scale)와 검사, Checklist 등에 친숙하지 않은 독자들에게 아래의 수정된 예 1과 2는 연구목적을 진술하는 좋은 본보기가 될 수 있다. 수정된 예에는 '점수'와 '측정'에 관한 언급이 전혀 없음에도 불구하고 연구목적의 내용은 명확하게 전달되고 있다. 수정된 예 2는 예 1보다 상대적으로 단순하게 진술하고 있기 때문에 논의의 여지는 있으나 양호한 진술이라고 평가할 수 있다.

수정된 예 1

"연구는 대학생들의 자기존중척도 점수와 문화적 차이의 포용척도 점수 간에 상관도를 확인하는데 목적이 있다."

수정된 예 2

"연구는 대학생들의 자기존중감과 문화적 차이의 포용력 간에 상관도를 확인하는데 목적이 있다."

5.7 서로 관련된 연구목적 혹은 연구문제들을 진술할 때는 일련번호로 연계시켜 제시할 필요가 있다.

예

1. '친에 의한 가정교육' 대해 어머니가 지각한 장점과 결혼 전 여성이 지각한 장점 간에는 차이가 있는가?
2. 각 세대별 어머니들 반응의 특징적인 차이는 무엇인가?
3. 두 집단의 반응결과를 기초로 할 때 어머니들이 가장 중요하게 학습해야 할 것은 무엇인가?

이러한 형식에 의해 연구목적/문제를 제시하였다면 후속되는 연구결과를 기술할 때 다음과 같이 간결하게 정리할 수 있다.

"연구문제 1의 분석결과에 의하면……."

예

"이 연구는 다음과 같은 연구문제 즉, 지역사회거주 성인들은 은퇴 후의 생활계획에 관해 그들의 중요한 타인, 건강도우미들과 어떤 방법으로 의견교환을 하고 있는가를 구명하는 데 목적이 있다. 이 문제를 구명하기 위해 구체적으로 설정한 연구문제는 1) 그들은 은퇴 후의 생활계획을 누구와 의논하는가? 2) 생활계획에 대한 논의를 가능하게 하는 요인은 무엇인가? 3) 그들은 생활계획에 대한 논의 내용으로서 무엇을 포함시키고 있는가? 그리고 4) 그러한 논의를 어떻게 수행하고 있는가? 이다."

5.8 연구목적 혹은 연구문제들을 제시하기 위해서는 "왜 이러한 목적/문제를 구명해야하는가"를 논리적으로 설득할 수 있는 문장이 선행되어야 한다.

연구논문은 일반적으로 '서론/관련문헌 분석'에서부터 시작된다. 이 부분은 독자에게 연구의 목적/가설(혹은 문제)을 논리적으로 이끌어 내는 역할을 하게 된다. 아래의 예는 자기절단(self-mutilation)에 관한 관련문헌의 분석이 포함된 서론의 마지막 문단, 끝 두 문장을 제시한 것이다. 이 문단에 이어 연구문제가 자연스럽게 연계되고 있다.

예

"그럼에도 불구하고 홍콩에서는 성인들의 자기절단 행동, 특히 그러한 행동에 대한 부모의 영향과 반응에 대한 연구가 수행되지 않고 있다(Yip, 1998). …… 이 연구는 질적 연구방법을 적용하여 홍콩에서 성인의 자기절단에 대한 부모의 영향과 반응을 구명하는데 목적이 있다.

연구문제

이 연구에서는 다음과 같은 세 가지 연구문제를 설정하였다.

1. 부모들은 어떠한 방법으로 자녀의 자기절단 행동에 영향을 미치는가?
2. 부모들은 자녀의 자기절단 행동에 어떻게 반응하는가?
3. 부모와-자녀의 관계는 자기절단 행동에 어떠한 영향을 미치는가?"

Yip, Ngan, & Lam (2003, p. 406).

연 습 문 제

㊀ 질적 연구와 양적 연구 중 연구가설의 진술이 불필요한 것은 어느 것인가?

㊁ 다음에 제시한 연구문제는 어떠한 지침을 위배하고 있는가?
"Internet은 지리를 공부하는데 유용한가?"

㊂ 다음 연구목적은 어떠한 지침을 위배하고 있는가?

"이 연구는 Barnes의 Advocacy Teaching Method를 사용하면 Dobrowsky의 국제이해척도에서 높은 점수를 받는지의 여부를 확인하는데 목적이 있다."

㊃ 다음 중 어느 진술이 적절한가?

| 서론을 제시하고 연구목적 혹은 연구문제를 제시
| 연구목적 혹은 연구문제를 제시하고 서론을 제시

㊄ 관심 있는 주제에 관한 연구목적을 기술하고 이를 연구문제로 다시 정리해 보라. 여러분은 이중 어느 것을 선호하는가? 그리고 그 이유는 무엇인가?

6 정의

조사, 실험연구 논문에서 우리는 흔히 두 가지 유형의 정의(定義: 개념적 정의와 조작적 정의)를 발견하게 된다. 개념적 정의(conceptual definition)는 일반적 개념을 나타내는 사전적 정의와 유사한 것으로서 흔히 서론에 제시된다. 반면, 조작적 정의(operational definition)는 추상적인 개념을 측정 가능한 형태로 제시된 정의를 의미한다. 독자들 중에는 동일한 변인을 측정하는 검사/척도가 여러 개가 있다는 것과 그들 중 하나를 선정해야 할 경우, 어느 것이 자신의 연구에 적절한 것인가를 결정하는데 고심해본 적이 있을 것이다. 하나만 있으면 그러한 고민은 없을 텐데 말이다. 개념적 정의는 동일해도 실제 어떠한 관점에서 정의하느냐에 측정내용은 달라질 수 있는 것이다. 다시 말하면 조작적 정의를 통하여 개념의 의미가 구체화 된다. 조작적 정의는 보통 연구방법 장에 제시된다. 학위논문에서 개념적 정의는 서론에 독자적인 하나의 절로 구성된 '정의'에 제시하는 반면, 학술논문에서는 보통 서론에 포함 시킨다.

6.1 연구가설 혹은 연구문제와 목적에 제시된 변인은 모두 정의해야 한다.

다음 가설에서 '신문읽기 습관'과 '문화적 교양'은 연구논문에 그 정의를 제시해야 한다.

연구가설

'신문읽기 습관과 문화적 교양 간에는 정적 상관이 있을 것이다.'

'신문읽기 습관'은 다양한 방법으로 정의될 수 있다. 예를 들어 개념적 수준에서는 "다양한 정보 수집을 위해 신문을 규칙적으로 참고하는 습관"으로 정의할 수 있을 것이다. 그러나 조작적 수준에서는 "일일 평균 신문을 읽는데 소비하는 시간(분), 읽어보는 특정한 신문지면 수, 읽어보는 신문 이야기 수, 등"으로 정의할 수 있다. 따라서 '신문읽기 습관'을 조작적으로 어떻게 정의하느냐에 따라 연구결과는 차이가 있을 수 있다.

6.2 하나의 변인은 하나의 개념적 정의를 갖지만 조작적 정의는 여러 개 일 수 있다.

연구가설

"흡연은 근지구력을 저하시킬 것이다"라는 가설에서 '근지구력'에 대한 개념적 정의와 조작적 정의는 다음과 같이 기술 할 수 있다.

개념적 정의

"근육(군)에 부하가 주어진 상태에서 주어진 동작을 반복해서 피로할 때까지 수행해 낼 수 있는 신체적 능력"

조작적 정의

* "누운 자세에서 무릎을 90도로 굽히고 양손을 머리 뒤로 깍지 낀 자세에서 1분 동안

윗몸일으키기를 실시한 횟수"

- "양팔을 어깨 너비로 하여 철봉을 두 손을 교차해서 잡고 턱이 철봉 상단까지 올라가도록 팔을 굽혔다 펴는 동작을 되풀이한 횟수"

6.3 전집의 특성(소위 통제변인)을 기술하는 정의는 구체적이어야 한다.

아래의 가설에서 '성인교육 학습자'는 구체적으로 정의해야 한다.

연구가설

"성인교육 학습자 중 신문읽기 습관과 문화적 교양 간에는 정적 상관이 있을 것이다."

아래 예 1에 제시된 '성인교육 학습자'에 대한 정의는 구체적이지 못하다. 그러나 예 2는 전집의 특성을 이해하는데 도움을 줄 수 있을 정도로 상세하게 기술되고 있다.

예 1

'성인교육 학습자'란 공교육 프로그램에 등록한 성인이다.

예 2

'성인교육 학습자'란 서울시 교육청 산하 성인학교에서 하나 이상의 교과에 등록한 18세 이상 성인이다.

6.4 해당 연구의 근거가 되는 이론이나 모형은 정의해야 한다.

아래 예에 언급된 '긴장극복이론(stress-coping theory)'은 정의해야 한다. 그리고 이 이론에 대한 구체적인 정보를 얻을 수 있는 참고문헌도 함께 제공해야 한다.

예1

논문의 서론에 제시된 문장

"습관성 약물중독 행동을 설명하기 위한 긴장극복이론(Wills & Shiffman, 1985)은 알코올 남용행동에도 효과적으로 적용해왔으며 도박을 이해하는데도 그 적용이 가능한 것으로 확인되었다."

Lightsey & Hulsey (2002, p. 202).

연구자는 위의 이론을 명확하게 정의하기 위해 이론의 기초가 되는 두 개의 심리학적 구인(構因: construct)인 '긴장'과 '극복'에 대한 정의가 포함된 7개 문단을 제시하였다.

독자가 정의를 이해할 수 있도록 하기 위해 ( )안에 적절한 예를 사용하는 방법도 고려할 필요가 있다.

예2

"도피-회피극복(escape-avoidance coping)행동은 스트레스 요인(예를 들면 가족과 상호작용하는 대신 술을 마시는 행동)과 관련이 없는 과제를 수행함으로써 긴장상황을 회피하게 된다."

Lightsey & Hulsey (2002, p. 202).

6.5 개념적 정의는 구체적으로 기술해야 한다.

아래의 예에 제시된 '모방(imitation)'에 대한 정의는 구체적이지 않다. 수정된 예에는 용어의 개념적 의미와 관련된 정보가 적지 않게 제공되고 있다. 전문가들이 제시한 정의를 인용하는 것은 전혀 문제가 없다(Wyrwicka, 1996). 실제로 광범위하게 수용되고 있는 개념을 정의하기 위해 새로운 방법을 창안해내는 노력이 때로는 훨씬 바람직하다.

예

"모방은 특정 개인이 타인의 행동을 흉내 내는 과정이다."

수정된 예

"모방은 일반적으로 '보통 동류의 다른 사람이 행하고 있는 특정한 언어 혹은 동작을 개인이 흉내 내는 행동'(Wyrwicka, 1996, p. 1)으로 정의할 수 있으며 사회적, 인지적 차원을 포함한 특별한 행동이다. 사회학습 분야의 관련연구에 의하면 유아가 보이는 행동은 타인의 행동을 관찰하여 모방행동으로 나타나게 된다는 사실을 밝히고 있다(Bandura, 1997). 모방은 출생 시부터 나타난다(Meltzoff & Moore, 1977, 1997)."
Toselli, Farneti, & Grossi (2001, p. 524).

6.6 조작적(操作的) 정의는 측정 가능한 형태로 구체적으로 기술해야 한다.

조작적 정의(operational definition)는 추상적인 개념을 측정 가능한 형태로 제시된 정의를 의미한다. 독자는 조작적 정의를 읽고 변인을 어떠한 방법으로 측정하고, 실험처치는 어떻게 하였으며 전집을 어떻게 정의하였는가를 이해할 수 있어야 한다. 다음은 연구자가 금연 첫날에 사용된 예상전략에 관한 연구에서 관련 변인을 조작적으로 정의한 예이다.

예1

"자극통제전략(stimulus control strategies)에는 담배와 재떨이, 라이터와 같은 모든 흡연 장구를 치우는 것과 보통 사람들이 흡연하는 상황을 피하는 행동을 포함시켰다. 증상예방전략(symptom prevention strategies)에는 금단증상과 흡연충동을 감소시키거나 예방하기 위해 니코틴 대체치료(nicotine replacement therapy)방법의 사용을 포함시켰다. 그리고 사회적 지지전략(social support strategies)에는 타인의 도움이나 이해를 구하기 위해 자신이 금연하였다는 것을 타인에게 말하는 행동을 포함시켰다."
O'Connell, Gerkovich, Bott, Cook, & Shiffman (2002, p.150).

다음 예는 조작적 정의(operational definition)로 볼 수 없다. 왜냐하면 피험자가 실험에 참여하여 취한 행동이 구체적으로 무엇이었는가를 제시하지 않았기 때문이다. 이를 다시 수정한 예는 아래와 같다.

예

"실험집단에 대해 긴장을 유발시키는 상황은 실험자가 가벼운 언어적 협박을 하는 것이다."

수정된 예

"실험집단에 대해 긴장을 유발시키기 위해 남자 실험자는 흰색의 가운을 입고 피험자 앞에 앉아 자신은 내과를 전공한 의사라고 소개하고 '당신은 우리가 혈압을 측정하는 동안 가벼운 전기 자극을 받게 될 것이다' 라고 설명하였다."

6.7 조작적 정의를 제시하는 위치는 연구유형(실험연구와 조사연구, 상관연구)과 논문유형(학술지 논문과 학위논문)에 따라 다르다.

✍ 실험연구 논문에서 관련변인의 조작적 정의는 논문의 어느 부분에 제시해야 하는가? 다음 가설을 예로 들어보자.

가설: 흡연은 근지구력을 저하시킬 것이다.

조작적 정의를 어디에 제시할 것인가는 학위논문과 학술지 논문 간에 차이가 있다. 학술지 논문인 경우, 독립변인인 '흡연'은 흡연여부, 흡연량, 흡연기간 등을 고려하여 실험설계가 짜이게 된다. 따라서 이에 대한 구체적인 정의는 연구방법 장의 실험설계 부분에 기술하는 것이 보통이다. 그리고 종속변인인 근지구력은 연구방법 장의 검사(혹은 도구) 항에 기술하게 된다.

학위논문인 경우, 서론에 용어를 정의하는 별도의 절이 있기 때문에 종속변인(근지구력)에 대한 조작적 정의는 서론에 제시한다. 그러나 독립변인(흡연)에 대한 정의는 위에서 언급한 바와 같이 그 기술내용이 방대한 실험설계에 해당되기 때문에 연구방법 장의 실험설계 부분에 기술하는 것이 관례이다.

✍ 조사, 상관연구 논문에서 관련변인의 조작적 정의는 논문의 어느 부분에 제시해야 하는가?

가설: 신문읽기 습관과 문화적 교양 간에는 정적 상관이 있을 것이다.

조사 혹은 상관연구에서도 조작적 정의의 제시는 학위논문과 학술지 논문 간에 차이가 있다. 학술지 논문인 경우, 독립변인과 종속변인의 구분이 어려운 연구(위의 가설에 제시된 두 변인: 신문읽기 습관과 문화적 교양)에서는 모두 '연구방법 장의 관련변인 측정' 항에 기술하는 것이 보통이다.

학위논문인 경우, 이들 두 변인의 조작적 정의는 서론의 '용어의 정의' 항에 제시하는 것이 관례이다.

6.8 조작적 정의는 개념적 정의 각각에 대해 제시해야 한다.

예

서론에 제시된 개념적 정의

"Ainsworth (1989)를 포함한 적지 않은 연구자(e.g., Sroufe & Waters, 1977)들은 애정연대(attachment)를 두 사람 간에 의미 있고 지속적인 감정적 결속이라고 정의하였다. 확고한 애정연대 관계는 어린이들에게 안전과 편안함, 예측감을 제공하는 것으로 생각하였다. 그와 같은 결속은 새로운 분야를 탐색하는 어린이들을 위해 중요한 단서가 된다."

연구방법에 제시된 조작적 정의

"부모와의 애정연대(*attachment of parents*).

부모결속도구(Parental Bonding Instrument; Parker, Tupling, & Brown, 1979)는 부모와의 관계를 각각 25개 문항씩 전체 50개 문항으로 평가하는 자기보고 질문지이다. 연구자는 연구 대상자들에게 지난 16년 동안 그들의 생활 속에서 형성된 부모에 대한 인상을 기억하도록 요청한 후 그들의 인상을 나의 어머니/아버지는 '매우 좋아한다.'(1점)에서 나의 어머니/아버지는 '매우 좋아하지 않는다.'(4점)로 구성된 4점 척도문항에 응답하도록 하였다."
Rice, Cunningham, & Young (1997, p. 91).

위의 예에서 저자는 '애정연대(attachment)'를 '부모에 대한 애정연대를 측정하기 위해 사용해온 질문지'로 조작적으로 정의하였다. 다음 예는 '범죄증오'를 개념적/조작적으로 정의한 것이다.

예

서론에 제시된 개념적 정의

"편견은 인종, 종교, 민족, 성 혹은 장애상태에 기초하여 특정집단에 대해 형성된 부정적 태도를 의미한다. 편파적 범죄(bias crime)로도 알려진 혐오범죄(hate crime)는 범죄자의 편견에 의해 사람 혹은 재산에 대해 피해를 입히는 범죄이다."

연구방법에 제시된 조작적 정의

"법률적으로 집행된 어떤 혐오범죄는 FBI에 보고되지 않는 사례가 있는가 하면 어떤 혐오범죄는 특정 지역의 법 집행기관에 조차 보고가 안 되고 있는 사례가 있다. 그러나 이 연구에서 사용된 자료들은 혐오범죄통계법령에 따라 FBI에 정확하게 보고된 혐오범죄의 전체자료를 대표한다."
McMahon, West, Lewis, Armstrong, & Conway (2004, pp. 68-69).

위의 예에서 혐오범죄에 대한 개념적 정의는 '개개인이 혐오범죄의 피해자였던 경험이 있었는지의 여부를 조사'하는 방법과 같이 조작적으로 정의할 수 있다. 그러나 위에서 조작적 정의(operational definition)의 예로 제시된 방법은 다른 어떠한 대안적 방법이 없을 정도로 매우 구체적이다. 또한 FBI로부터 자료를 수집하는 것뿐만 아니라 FBI에 범죄사실을 보고하는 것도 변인을 조작적으로 (즉, 조사가능한 형태로) 기술하는 것이라는 점에 유의할 필요가 있다.

6.9 만일 이미 출판된 도구(instrument)가 사용되었다면, 이를 이용하여 측정한 변인은 해당도구를 인용하고 이를 조작적으로 정의해야 한다.

불안검사, Borg척도와 같이 출판된 도구는 그 실시요강에 이 도구들을 사용하는데 필요한 구체적인 실시방법이 제시되어있다. 연구자는 도구의 저자, 출판사를 인용함으로써 해당 검사를 조작적으로 정의할 수 있다.

예

"기초수학 기능은 Stanford Achievement Test 시리즈 9판(Harcourt Brace, 2002) 선다형 수학검사 중 초급수준 2의 유형 S에 정답한 점수로 정의하였다."

위의 변인(기초수학 기능)을 조작적으로 정의하기 위해 저자는 검사의 특성 (예: 문항내용, 문항 수, 선다형과 같은 문항유형, 시간제한 등)과 검사의 신뢰도 및 타당도와 같은 통계적인 특성을 제공할 수 있다. 또한 검사의 복사본과 실시방법 등에 대한 정보를 제공함으로써 독자들이 필요한 정보를 쉽게 얻는데 도움을 줄 수 있다.

6.10 만일 미 출판된 도구가 사용되었다면 도구의 전체 혹은 일부분을 논문에 제시할 필요가 있다.

연구자는 흔히 도구(예: 검사, Checklists, 척도)를 직접 제작해서 사용하는 경우가 있다. 제작된 도구의 길이가 길지 않다면, 연구논문의 본문에 그 복사본을 제시할 수 있다. 도구의 길이가 긴 경우에는 학위논문인 경우 부록에 첨부시켜야 한다. 학술지 논문의 경우에는 첨부시키지 않는 게 보통이다. 그러나 저자는 독자들이 요청할 경우 관련 도구의 복사본을 제공할 수 있도록 준비해 두어야 한다.

검사 보안에 별 문제가 없다면 도구의 견본 문항을 제공하는 것은 측정된 변인을 조작적으로 정의하는데 도움을 줄 수 있는 좋은 방법이다. 아래 예는 학술지에 게재된 논문 중에서 연구자 자신이 개발한 척도를 기술한 것이다. 이 예에는 '가족지원'과 '일반 동료지원'의 의미를 조작적으로 정의하기 위해 견본 문항이 제시되어 있다.

예

"가족지원"

"연구 참여자가 대학재학 중에 지각한 가족지원 정도는 8개 문항으로 측정하였다⋯..관련 문항을 예로 들면 '나의 가족은 내가 지원이나 이해를 필요로 할 때 도움을 줄 것이다', '나의 가족은 내가 받고 있는 스트레스와 내가 다니는 대학의 환경을 진짜로 이해하지 못 한다' 등이다."

"일반적 동료지원"

"연구 참여자가 지각한 동료지원 정도는 8개 문항으로 측정하였다⋯. 관련 문항을 예로 들면 '내가 다니는 대학에서 친구들과 맺은 우정은 개인적으로 만족스럽다', '내가 아는 학생들 중 내 말을 들으려고 하거나 내게 개인적인 문제가 있을 때 도와주려는 학생들은 거의 없다' 등이다."
Schneider & Ward (2003, p. 543).

6.11 조작적 정의는 다른 연구자가 해당 연구를 반복할 수 있도록 구체적이어야 한다.

반복(replication)은 동일한 연구방법을 사용함으로써 선행연구 결과를 재생하려는데 목적이 있다. 반복은 선행 연구결과의 신뢰도와 타당도를 판단하는 중요한 준거가 된다. 비록 변인이 조작적으로 잘 정의된 것으로 보일지라도 연구를 반복하고자 할 경우 그 정의만으로는 쉽게 따라 하기가 어려운 사례가 적지 않다. 다음 예는 이러한 문제를 잘 나타내주고 있다. 연구자가 '시각적 예민성(visual acuity)' 과 관련된 연구를 반복 수행하고자 할 때 "문자는 얼마나 커야 하는가?", "어떤 유형의 스크린을 사용해야 하는가?", "문자를 재현시키기 위해 어떤 유형의 필름을 사용해야 하는가?" 등등의 문제에 대한 해결방안이 제시되지 있지 않다. 이러한 문제가 어떻게 해결되느냐에 따라 피험자의 스크린에 나타난 문자 인식능력은 차이가 있을 수 있다.

예

"시각적 예민성은 무작위 순서로 2초 동안 스크린에 나타난 각각의 알파벳 문자를 알아맞히는 능력으로 정의하였다."

이 사항은 대부분의 연구논문에서 잘 지켜지지 않고 있다. 연구자는 선행 연구방법과 합치되는 반복연구가 가능하도록 하기 위해 관련변인에 대한 조작적 정의를 어떻게 내려야 할 것인가에 유념할 필요가 있다. 또한 반복연구가 성공을 거두기 위해서는 유사한 조작적 정의 가운데에서도 차이가 있다는 점에 대해서도 유의해야 한다. 따라서 앞에 제시된 몇 가지 질문에 대한 답은 '시각적 예민성'과 관련된 반복연구를 수행하기 위해 매우 중요하다는 점을 기억해 두어야 한다.

6.12 잘 기술된 조작적 정의라 할지라도 반드시 유용한 정의라고 할 수는 없다.

조작적 정의가 너무 한정적인 협의의 의미를 가졌거나 다른 연구자가 해당 변인을 정의하는 것과 지나치게 차이가 있다면 그 정의는 부적합할 수 있다. 아래의 정의는 이러한 점을 예시한 것이다. 여기에서 '자아개념'에 대한 정의는 매우 조작적이지만 대부분의 심리학자나 교사들이 사용하고 있는 의미보다는 훨씬 한정된 의미를 나타내고 있다.

예

"자아개념은 연속 5일간 열린 홈룸 시간의 처음 15분 동안 어린이 각자가 미소(smile)를 지은 횟수로 정의하였다. 미소는 관찰자 3명의 합의를 기초로 입술의 양끝이 눈에 띄게 위쪽으로 향한 것으로 정의하였다. 관찰자는 임상심리학을 전공하고 있는 대학원생이었다. 미소를 지은 수는 관찰자들로 하여금 의문시되는 미소표정을 재검토할 수 있도록 하기 위해 비디오테이프를 이용하여 조사하였다."

- 조작적 정의를 만족스럽게 기술한다는 것은 쉽지 않다.
- 조작적으로 정의할 때 연구자는 자신의 연구가 어떻게 수행되고 있는가를 정확하게 그리고 이해하기 쉽도록 독자에게 설명하고 있다는 가정 하에 기술해야 한다.
- 기술된 조작적 정의는 동료에게 검토를 요청해야 한다.
- 추가적인 정보 없이 동일한 방법으로 동일한 연구를 수행할 수 있는지의 여부를 확인해야 한다.

연습문제

㊀ 다음 조작적 정의를 읽고 보충이 필요한 정보가 있다면 제시하라.

- 언어기능은 1부터 10까지의 10점 척도로 구성된 논술시험에서 50분 동안 쓰도록 한 세 개의 소론에서 얻은 점수로 정의하였다.
- 컴퓨터 공포증은 컴퓨터 앞에 앉았을 때 발생되는 명확한 불안신호로서 정의하였다.
- 잠재적 운동 중단자는 운동에 대한 부정적 태도를 가진 사람으로 정의하였다.
- 스포츠 경쟁불안 정도는 시합상황에서 손에 땀이 나는 정도로 정의하였다.

㊁ 다음 정의는 개념적 정의인가 조작적 정의인가?

| 비만은 '체지방이 25%이상'

| 심폐지구력은 '하버드스텝 검사에서 개인이 얻은 지수'

7 가정, 범위, 제한점

연구를 수행하기 위해서는 "이러 이러한 조건이 존재해야 하고, 또 이러 이러한 행동은 관찰되고 측정할 수 있어야 한다." 라는 가정(假定: assumption)이 필요하다. 예를 들어 '운동에 대한 태도'를 평가하는 연구에서 우리는 "운동에 대한 태도는 표현할 수 있으며 신뢰롭게 측정할 수 있다"는 가정을 세울 수 있어야 한다. 만일 이러한 가정을 세울 수 없다면 그 연구는 실제로 불가능하다. 연구자 중 상당수는 연구의 범위(範圍: delimitation 혹은 the scope of the study)와 제한점(制限点: limitation)의 차이를 구분하는데 적지 않은 어려움을 겪고 있다. 학위논문에서 범위와 제한점을 명확하게 구분하여 사용하고 있는 사례는 매우 한정적일 뿐 대다수는 혼용해서 사용하고 있다. 이 장에서는 연구의 가정과 범위, 제한점의 기술과 관련하여 고려해야 할 몇 가지 사항을 제시하고자 한다.

7.1 연구 가정을 진술할 때 이 가정을 설정하는 것이 왜 필요한가를 제시해야 한다.

연구의 가정은 전통적으로 학위논문에서 기술하도록 요구한다. 즉 실제적으로 측정이 가능하고 정도의 차이는 있으나 신뢰롭고 타당하게 측정할 수 있다는 가정이 만족될 수 있을 때만이 연구가 가능하기 때문이다. 다음 예는 가정을 제시는 하였으나 왜 그러한 가정이 필요한가에 대한 기술은 없다. 인간 행동을 완전히 타당하게 측정하는 도구/검사는 존재하지 않기 때문에 연구논문에 이러한 가정은 거의 도움을 주지 못한다. 수정된 예의 첫 문장에 저자는 타당성이 결여된 척도를 사용할 수 있도록 하는 조건들을 기술하고 있다.

예

"신명감을 측정하는 척도는 타당하다고 가정하였다."

수정된 예

"다양한 상황에서 '신명감'을 직접 관찰하고 평정할 수 있는 도구/검사는 발견되지 않고 있기 때문에 이 연구에서는 '신명감'을 측정할 수 있는 자기보고척도를 개발하였다. 그리고 참여자들이 자신의 일반적인 '신명감' 수준을 자기 보고할 때 솔직하게 보고한다는 가정이 필요하였다. 따라서 척도 실시 전에 참여자들에게 성실하게 응답하도록 요청하였으며 측정척도는 익명으로 실시하였다."

7.2 연구 가정이 진실이라고 믿을 만한 이유가 있다면 그 이유를 기술해야 한다.

위의 수정된 예 마지막 문장에는 가정이 사실이라는 것을 믿게 할 수 있는 근거를 제안하고 있다. 다음 예의 마지막 문장 역시 그와 같은 믿음이 필요한 근거를 제공하고 있다.

예

"이 연구에서는 실험이 실시되고 있는 동안 연구자가 모든 실험학급에 참석할 수 없기 때문에 실험을 실시하는 교사들은 실험처치방법(교수방법)을 일관성 있고 성실하게 적용한다는 가정이 필요하였다. 이러한 가정은 연구방법 장에 기술된 바와 같이 교사들이 교수방법에 대한 강도 높은 연수를 받았고 연구결과 장에 기술된 바와 같이 교수방법에 대한 열성을 보고하고 있기 때문에 가능하다고 판단된다."

7.3 만일 가정의 진실성이 의문시된다면 이를 제한점에 기술해야 한다.

아래의 예에 제시된 적은 표본수(small sample)의 사용 문제는 연구에서 가장 보편적으로 지적되고 있는 결점이다. 연구자가 적은 표본수로부터 얻은 결과가 전집을 대표할 수 있다는 것을 믿게 할 만한 경험적 증거를 가지고 있지 않는 한, 이 문제는 아래의 수정안에 제시한 바와 같이 제한점에 기술하는 것이 바람직하다. 연구자는 가정을 기본적인 결함이 없기를 바라는 심정으로 사용해서는 안 된다.

예

"적은 표본수로부터 얻은 연구결과는 전집에 일반화할 수 있다고 가정하였다."

수정된 예

"이 연구는 다음과 같은 제한점에 주목할 필요가 있다. 첫째, 이 연구의 표본수는 상대적으로 적기 때문에 연구결과를 일반화시키는 데는 제한이 따를 것이다."

7.4 연구의 범위와 제한점은 다음과 같이 구분할 수 있다.

범위(delimitation)는 연구자가 사전에 의도적으로 결정한 제한점이다. 예를 들면 운동선수를 대상으로 한 연구에서 모든 종목을 다 포함시킬 수 없기 때문에 일부 종목(예: 구기 종목)을 연구대상으로 그 범위를 한정시키는 경우이다. 즉 연구대상, 검사 및 도구, 방법들의 적용범위를 제외, 축소하는 것이다. 연구자에 의해 통제가 가능한 것으로서는 관찰 수, 피험자 수, 사례수 등이 범위에 포함된다.

- 연구자에 의해 통제가 가능한 관찰 수, 피험자 수, 사례수

예

이 연구는 대학운동 선수를 대상으로 한정하였다.

- 시간과 지리적 장소

예

이 연구는 1990-1993년까지 한국체대에 재학한 학생들을 대상으로 한정하였다.

- 역사적 연구에서 문헌정보의 선정

예

이 연구에서 이용한 문헌정보는 문헌정보 검색체제에 의해 확인된 자료와 한국체육학회지와 같은 전문 학회지에 한정하였다.

제한점(limitation)에는 연구가 수행되는 도중이나 끝마친 후 나타나게 되는 연구의 약점을 의미한다. 즉, 연구과정에서 통제할 수 없었거나 범위를 지나치게 한정한 결과로 나타나게 되는 약점이나 영향을 의미한다. 이러한 약점이나 영향은 연구의 결론을 내리는데 제한을 가하게 된다.

- 실제 연구의 가치를 인정하기 어려운 지나치게 과민한 제한점의 예

— 표본수가 너무 적다.
— 검사가 측정변인의 내용을 대표한다고 볼 수 없다.
— 훈련기간이 너무 짧다.
— 검사자는 측정경험이 부족하다.

- 연구의 범위는 연구의 제한점이 될 수 있다.

앞의 운동선수를 대상으로 한 연구 예에서 모든 종목을 다 포함시킬 수 없기 때문에 일부 종목(예: 구기 종목)을 연구대상으로 한정시켰다면 이것은 연구의 범위에 해당된다고 하였다. 그런데 구기종목이 모든 스포츠 종목을 대표할 수는 없기 때문에 연구범위 자체는 연구의 제한점이 된다.

예

"이 연구에서 운동선수들의 성격특성은 전갑돌(2000)이 제작한 성격검사에 한정하였다(연

구의 범위). 따라서 성격측정 결과의 해석은 이 검사의 신뢰도와 타당도 범위 내로 한정시켜야 한다(연구의 제한점)."로 기술할 수 있을 것이다.

7.5 연구의 제한점과 범위는 구분하여 논의할 필요가 있다.

제한점(방법론적 약점)과 범위(연구자가 의도적으로 한정한 범위)는 서로 다른 문제이기 때문에 각각을 다른 문단에 기술하는 것이 바람직하다. 아래의 예 1은 범위를, 예 2는 동일한 연구에 대한 제한점을 기술한 것이다.

예 1

"이 연구에서는 폭력처치프로그램의 효과를 검증하기 위해 폭력 경범죄로 체포된 사람들을 연구대상으로 한정하였다."

이 연구에서는 폭력처치프로그램에 참여하도록 지시를 받은 자들을 대상으로 처치효과를 검증하는데 관심이 있기 때문에 이러한 사실이 제한점이 되지는 않는다는 점에 유의할 필요가 있다.

예 2

"이 연구의 제한점은 상습범죄의 통계치를 경찰기록에만 전적으로 의존하고 있다는 점이다. 이 연구에서 보고하게 될 실제 상습적인 폭력행사 비율은 과소 추정될 가능성이 있다. 왜냐하면 연구자는 경찰기록만을 이용하여 폭력관련 범죄에 대한 유죄판결 결과를 확인하였기 때문이다. 그러나 국내 폭력사건 중 공식적으로 입건되는 사례는 상대적으로 그 비율이 낮다. … 연구자는 경찰에 보고된바 없는 가해자가 어떤 (또 다른) 폭력범죄를 범했는지의 여부를 확인하기 위해 희생자들과 직접 접촉하지는 않았다.… 폭력 희생자의 보고 없이는 실제로 얼마나 많은 사람이 범죄자가 방면된 후 2년 동안 다시 범죄를 저지르고 있으며 계속 범죄에 연루되고 있는지는 알 수 없다. 따라서 이상적으로는 상습범죄의 통계치로서 경찰기록 이외에 가해자 폭력에 대한 희생자 보고를 포함시켜야 할 것이다." Babcock & Steiner (1999, p. 53).

7.6 연구의 제한점이 연구결과에 미치는 영향에 대해 숙고할 필요가 있다.

아래의 예에서 저자는 자료를 직접 면담을 통해 수집하였기 때문에 피험자들의 약물 사용에 대한 수집결과는 과소 추정될 수 있음을 시사하고 있다. 면담방법이 가지고 있는 제한점 중의 하나는 이와 같은 불법적인 활동에 대해 낮게 보고하는 경향이 있다는 것이다. 이러한 문제는 익명의 질문지를 사용함으로써 일부 극복할 수 있다.

예

"이 연구결과는 몇 가지 제한점을 가지고 있다. ... 다른 면담자 조사와 마찬가지로, 피험자의 개인적 행동과 약물 사용과 같은 불법적 활동은 낮게 보고되었을 가능성이 크다. 따라서 이 조사에서도 약물사용률은 과소 추정되었을 것이다."

Thiede et al. (2003, p. 1920).

7.7 만일 중요한 제한점 때문에 연구에 심각한 결함이 발생된다면 해당연구는 예비연구(pilot study)로 명명할 필요가 있다.

예비연구는 실제 연구에서 연구 참여자의 협조가 가능할 것인지, 설정된 연구가설이 지지될 수 있는지 등을 예비적으로 확인함은 물론, 도구를 실시하여 그 문제점을 확인하고 수정할 목적으로 수행하는 탐색적 연구이다. 경우에 따라서는 연구제목에 부제로 제시되기도 한다. 연구제목에 '예비연구'라는 부제를 붙일 경우, 연구논문의 끝에 제시되는 논의뿐만 아니라 서론에도 그 이유를 기술할 필요가 있다.

- **유념해야 할 사항**

— 연구결과를 해석할 때 제한(limit)을 두는 것과 범위(scope)를 한정하는 것 중 어느 것이 가치가 있는지의 여부를 결정해야 한다.

— 연구의 결점을 극소화함으로써 연구결과의 타당도를 제고해야 한다.

연습문제

一 선정된 연구대상들에게 질문지를 우송한 결과 단지 35%의 완성된 질문지만이 회수되었다고 가정하자. 연구자는 미 응답자와 응답자간에 어떤 차이가 있는가에 대한 아무런 정보도 갖고 있지 않다. 연구자는 자신의 표본자료가 정상적인 자료라고 가정할 수 있는가? 아니면 미 응답률을 제한점으로 진술해야 하는가? 그 이유는 무엇인가?

二 쥐를 대상으로 실험처치의 효과를 검증하는 연구를 수행하였다고 가정하자. 연구자는 두 집단(실험, 비교)에 상이한 실험처치를 가하는 것을 제외하고는 모든 쥐가 동일(예: 음식물, 온도, cage 크기 등)하게 취급될 수 있도록 세심한 주의를 기울였다. 그럼에도 불구하고 실험과정에는 항상 인간이 범할 수 있는 오차가 잠재해 있기 때문에 실험집단 쥐가 비교집단 쥐와 의도와는 무관하게 다르게 취급되는 경우가 발생될 수 있다. 이 경우 오차를 가정, 범위, 혹은 제한점으로 기술해야 하는가 아니면 연구논문에 반드시 기술할 필요는 없다고 생각하는가? 그 이유는 무엇인가?

三 연구자 자신이 연구한 전집집단에게 타당도를 검증한 표준화검사를 사용하였다고 가정하자. 뿐만 아니라 이 검사는 높은 타당도를 보이고 있으나 모든 검사가 그러하듯 완전한 타당도 계수를 나타내지는 않고 있다. 이 경우 연구자는 이러한 상황을 제한점으로 기술해야 할 것인가 아니면 이 검사는 상당히 타당한 검사라고 가정할 것인가? 그 이유는 무엇인가?

四 자신이 수행하고자 계획한 연구가 있다고 가정하자. 이 연구를 수행하는데 필요한 연구가정이 있다면 이를 기술해 보라.

8
연구방법

연구논문은 연구방법이 얼마나 타당한가에 따라 그 질이 결정된다고 해도 과언이 아니다. 대학원에서 연구방법론을 필수적으로 이수해야 할 이유도 바로 연구방법에 허점이 있으면 아무리 중요한 연구라 할지라도 결국 써먹을 수 없는 연구가 되기 때문이다. 이와 같이 연구방법 장은 연구의 타당성을 판단할 수 있는 정보를 제공하고 있기 때문에 가장 중요한 장에 해당된다. 이 장에서는 자료수집을 위해 이용한 모든 절차를 기술하게 된다. 일반적으로 연구에 선정된 피험자(예: 운동선수, 무용수, 초등학교 학생) 혹은 대상(예: 교과서, 동작 가속도계)을 먼저 기술한다. 다음으로 도구(예: 측정도구, 검사)와 연구절차(예: 실험처치, 실시절차 등)를 기술하고 수집된 자료를 분석하는 자료처리방법을 기술하게 된다. 논문 계획서를 작성할 때는 미래형으로, 최종논문을 보고할 때는 과거형으로 진술한다.

8.1 연구대상이 사람일 때 참여자(participant)와 피험자(subject) 중 어느 용어를 사용할 것인가를 결정해야 한다.

피험자(subject)는 실험연구에서 연구대상이 사람일 때 전통적으로 사용해온 용어이다. 그러나 현재는 참여자(participants)라는 용어를 사용하는 빈도가 점차 증가하고 있다. 후자는 연구 대상자가 연구에 자발적으로 참여하고 있다는 의미를 전달해주고 있다.

실험연구에서와 같이 연구 대상자가 자유의사를 가지고 연구에 참여하기로 동의하였다면, 비록 동의서(informed consent)를 모든 사람으로부터 받지는 않았다 할지라도, '참여자'로 부르는 것이 논리적이다. 반면, 경기장이나 공연장에서 관람객의 행동을 관찰하는 연구를 수행할 경우, 연구자가 자료수집 및 관리와 관련하여 비밀을 보장해야 할 필요성은 높다고 할지라도 그들의 행동을 관찰하기 위해 동의서를 받아야 할 필요는 없을 것이다. 이러한 연구의 경우에는 연구 대상자로서 '참여자'보다는 '피험자'라는 용어가 적합하다. 왜냐하면 이들 연구 대상자는 자신이 연구에 참여하고 있는지 모를 뿐만 아니라 참여하기로 동의하지도 않았기 때문이다.

8.2 연구자는 수행하고자 하는 연구에 대해 기관연구윤리위원회 (Institutional Review Board: IRB)의 승인을 얻어야 한다.

인간을 대상으로 수행하는 연구에서는 참여자의 권리를 보호할 수 있는 모든 노력을 기울려야 한다. 최근 각 대학마다 IRB를 설치하여 운영하고 있기 때문에 IRB로부터의 공식적인 승인 없이는 앞으로 인간을 대상으로 어떠한 조사, 실험도 수행할 수 없게 될 것이다. IRB는 수행하고자 하는 연구가 과학적 연구로서 갖추어야 할 기준에 도달했는지의 여부 뿐만 아니라 지역사회에서의 수용가능성, 관련법규, 관련 학술단체가 요구하는 기준, 해당기관의 규정에 맞도록 설계되었는지를 심의한다.

IRB의 주 기능은 피험자의 권리와 복지, 사생활을 보호하고 기관의 권익을 보호하는 것이다. IRB는 제출된 연구계획서의 내용에 포함된 위험정도와 잠재적인 이점, 동의서에 기술된 내용을 주로 심사하게 된다. IRB에 제출된 연구계획서는 일반적으로 다음과 같은 조건이 만족되어야 한다.

1. 연구결과의 중요도와 피험자가 얻게 될 잠재적 이점이 피험자가 처하게 될 잠재적인 위험정도보다 커야 한다.
2. 적합한 방법을 이용하여 법적으로 유효한 동의서를 피험자 혹은 학부모로부터 받아야 한다.
3. 모든 피험자의 권리와 복지가 적절하게 보호되어야 한다.

IRB는 연구계획서를 검토한 후 연구계획의 일부를 수정할 것을 연구자에게 요구할 수 있다.

8.3 연구윤리위원회(IRB)의 허가를 받기 위해 연구계획서를 제출할 경우 연구자는 다음 사항을 유념해야 한다.

- 연구목적과 절차를 구체적으로 기술해야 한다.
- 연구 참여과정에서 발생 가능한 잠재적 위험을 구체적으로 기술해야 한다.
- 연구 참여과정에서 직, 간접으로 얻을 수 있는 이점을 기술해야 한다.
- 수집된 참여자의 자료를 어떻게 취급할 것인가를 기술(예: 익명 처리)해야 한다.
- 참여자는 연구에 참여한 경우에도 언제든지 불리한 조건 없이 연구 참여를 철회할 수 있다는 점을 기술해야 한다.
- 연구 참여와 관련된 질문에 대비하여 연구자의 이름, 전화번호를 제시해야 한다.
- 완전한 동의서의 견본 양식을 제시해야 한다.
- 연구와 관련된 상해를 입었을 경우, 그 처리방법과 보상 등을 포함한 피험자의 권리사항을 기술해야 한다.

8.4 비밀유지를 위해 취한 절차가 있다면 연구 대상자로부터 얻은 동의절차와 함께 이를 기술해야 한다.

일반적으로 정부기관이나 대학에서는 연구자에게 연구에 참여하는 개개인으로부터 연구 참여동의서를 받도록 요구하고 있다. 동의서에는 연구목적과 연구에 참여함으로써 발생 가능한 이로운 점과 해로운 점, 그리고 연구자에 대한 정보가 제시되어 있다. 연구자는 참여자에게 본인의 자유의사에 의해 연구에 참여하고 있으며 언제든지 불리한 조건 없이 연구 참여를 철회할 수 있음을 알리는 동의서에 서명하도록 요청해야 한다.

다음 예는 동의서의 사용문제를 연구논문에 간단하게 기술하는 방법을 예시한 것이다. 독자는 참여자 모두가 동의서에 서명하였음을 기술하고 있다는 점에 주목할 필요가 있다. 만일 동의 비율이 100%가 되지 않는다면, 연구 참여에 동의한 사람의 비율(%) 혹은 수가 보고되어야 한다.

예1

"연구 참여자는 운동사회학 강좌에 등록한 대학생 127명이다. 연구 대상자 각각에게 대학연구윤리위원회(institutional review board)가 공인한 동의서를 배부하였다. 동의서에는 '이 연구가 운동선수의 경기장 폭력에 대한 태도 조사에 관한 것이며 학생들에게 연구에 의무적으로 참여할 것을 요구하지 않았다는 점과 참여한 경우에도 학생들은 아무런 불이익 없이 언제든지 연구 참여를 철회할 수 있다'는 점을 기술하였다. 모든 학생들은 동의서에 서명하고 연구에 참여하였다."

다음 예는 피험자의 비밀보장을 위해 취한 측정 사례를 제시하고 있다. 독자는 피험자의 부모로부터 동의서를 얻는 절차에 대해서도 주목할 필요가 있다.

예2

"이 연구에서는 어린이들의 연구 참여와 관련하여 그들 부모의 동의를 구하는데 필요한 동의서를 교육청이 요구하고 있는 지침사항을 고려하여 작성하였다. 이 동의서는 지역연구평가위원회의 공인을 받았다. 부모의 동의를 얻기 위해 동의서를 어린이들의 가정에 우편으로 발송하였다. 동의서는 이 연구에 원래 참여시키기 위해 선정된 어린이 50명중 49명의 부모로부터 회신되었다."

Pyrczak & Bruce (2005, p. 86).

예3

"연구 참여자의 비밀을 유지하기 위해 질문지는 교사가 아닌 연구조교를 통해 학교식당에서 실시하였다. 교사가 참석하는 경우라 할지라도 몇몇 질문 문항의 반응에 영향을 미칠 수 있기 때문에 학생들이 질문지에 응답하는 식당 근처에는 접근하지 않도록 요청하였다. 응답을 끝낸 후 질문지는 반으로 접어 수거 통에 넣도록 하였다. 교사들에게는 질문지의 내용을 볼 수 있는 기회를 허용하지 않았다. 수집된 질문지의 자료는 부호화(coding) 과정을 거쳐 전산 입력하였으며 입력된 자료는 이중으로 점검하였다. 끝으로 질문지에 포함된 일부 문항에 대한 반응정보가 참여자들을 확인하는데 사용될 가능성을 고려하여 이를 소각하였다."

Pyrczak & Bruce (2005, p. 87).

8.5 연구 참여자에 대한 정보는 독자가 이를 확인하는데 어려움이 없을 정도로 구체적으로 기술해야 한다.

아래의 예는 독자가 연구 참여자의 인종, 연령, 사회경제적 지위를 확인하는데 도움을 주고 있다.

예

"이 연구에는 다양한 인종이 다니는 중학교 6학년과 7학년 학생(연령 평균=12.4세) 418명이 참여하였다. 참여자의 인종은 자기보고 방법에 의해 확인하였다. 이 연구에서는 학생들에게 학교에서 인종을 구분하는 6개 인종집단 중에서 어느 하나의 집단을 선택하도록 하였다. 그 결과 전체 참여자 중 12명이 인종질문 문항에 응답하지 않음으로써 이 연구에서 사용된 최종 표본수는 406명이었다. 이들 표본을 인종집단 별로 구분하면 라틴계 29.1%(n=118; 남=59명, 여=59명), 흑인 28.6%......... 학교장의 요청에 따라 학생 개개인의 사회경제적 지위에 관한 자료는 수집하지 않았다. 학생을 대상으로 조사된 지표에 의하면 68%의 학생들이 무료 혹은 할인된 급식프로그램을 받을 수 있는 것으로 나타났다. 따라서 가능한 지표를 근거로 할 때 이들 학생들의 사회경제적 지위는 낮은 것으로 평가되었다."

Graham & Juvonen (2002, pp. 178-179).

- **유의사항**

연구 참여자를 기술하는데 사용할 수 있는 특성들은 참으로 많다. 따라서 연구자는 참여자(피험자)의 어떤 특성을 보고할 것인가를 결정하는데 주의를 기울려야 한다. 그러나 관례에 따른다면 연구주제(issue)와 가장 관련이 있는 참여자 특성을 기술하는 것이 일반적이다. 예를 들면 운동선수의 경기력과 관련된 연구일 경우, '신장, 체중' 등은 관련된 인구통계학적 혹은 외적 변인이 될 수 있다. 그러나 운동선수의 학력과 관련된 연구에서 이들 변인은 참여자의 특성을 나타내 줄 만큼 관련성이 없다.

표 1. 참여자의 인구통계학적 특성

특성	n	%
성		
여자	81	72
남자	31	28
학년		
3	16	14
4	37	33
5	55	49
6	4	4
가족상황		
양친과 함께 생활	72	64
한쪽부모와 함께 생활	35	31
부모와 함께 생활하지 않음	5	4

위의 표에 제시된 인구통계학적 특성(demographic characteristics)은 독자가 연구 참여자에 관한 특성을 쉽게 이해하는데 도움을 줄 수 있는 배경정보이다.

8.6 사례수가 매우 적을 경우, 연구 참여자 개개인의 특성에 대해 기술할 수도 있다.

다음 예는 연구자가 참여자 10명의 연령과 정신병력을 개괄적으로 요약 기술한 후 참여자 개개인에 관한 정보를 표로 정리하여 제시한 것이다. 제시된 내용은 그 일부이다.

Table 1
Selected Demographic Characteristics and Psychiatric Diagnoses of the Participants

Client	Age	Sex	Psychiatric diagnosis
1	25	M	Conduct disorder Attention deficit disorder Learning disability
2	19	M	Dysthymic disorder Major depression
3	22	F	Major depression

8.7 표본을 전집으로부터 추출하였을 경우, 전집과 표집방법을 기술해야 한다.

예

"2007년 현재 한국체육대학교에 등록한 전체 학생 3600명 중 300명이 무선적으로 선정되었다."

연구자가 표본의 전집에 대해 기술하지 않았을 경우, 선정된 집단은 흔히 연구자가 재직하고 있는 대학의 학생들과 같이 표본 선정이 용이한 집단이라고 가정하는 것이 안전하다. 위의 지침을 위반한 예를 제시하면 다음과 같다.

"이 연구의 표본대상은 경기도 남부지역에 위치한 대규모 공립대학에 재학 중인 남학생 34명과 여학생 42명이다. 이들은 '선배 선수와의 경쟁연구'를 수행하기 위해 참여자를 구하는 광고지를 보고 등록한 지원자들이다. 광고지에는 연구에 소요되는 시간 (약 45분)과 참여할 경우 지급하게 될 수당(2만원)을 제시하였다."

8.8 표본 추출과정에 결점이 있다면 이를 명확하게 알려야 한다.

위의 예에서처럼 표집방법에 명확한 결점이 있다면 저자는 그러한 사실을 다음과 같이 알릴 필요가 있다. 예를 들면 "이 연구에서는 표본 선정의 편리성을 고려하여 연구자 임의로 표본을 선정하였기 때문에 연구결과를 전집에 일반화하기 위해서는 주의가 요구된다." 혹은 "이 연구에서는 지원자를 연구대상으로 사용하였기 때문에 연구결과를 일반화하는 데는 제한이 따를 것이다." 학위논문을 쓸 때 이와 같은 내용을 진술하는 것은 특히 중요하다. 왜냐하면 이러한 진술문을 포함시키지 않을 경우 학생들이 자신의 연구에 그러한 중요한 제한점이 있는지의 여부를 모를 수도 있기 때문이다. 표본자료의 일반화와 관련된 내용은 연구방법 장에 제시하는 것이 보통이지만 논문의 마지막 장인 논의(discussion)에 제시하기도 한다.

다음 예는 연구자가 12개월 동안 아동 학대방지프로그램에 참여한 모든 가족에게 자신의 연구에 참여해줄 것을 요청하는 서한을 보냈으나 단지 26%의 가족만이 연구에 동참하였음을 보고한 사례이다. 서한의 마지막 문장에 제시된 정보는 비참여자들이 참여자들과 크게 다르지 않다는 것을 이해하는데 도움을 주고 있다.

예

"지난 12개월 동안 프로그램에 참여해온 모든 가족에게 연구 참여를 요청하는 회신용 봉투가 첨부된 서한을 일차적으로 발송하였다. 서한은 선정된 사람에게 2개월 내로 발송하였다. 필요한 경우 두 번째 참여요청 서한을 발송하고 재차 전화로 권유하였다. 12개월 동안 연구 대상자로 권유된 사람은 76명이었다. 그 중 23명만이 연구에 관심을 보였고 최종적으로 연구에 참여한 사람은 20명이었다. 최종 선정된 참여자들을 대상으로 분석한 결과에 의하면 이들은 연구에 참여하지 않은 자(56명)와 인종, 연령, 자녀 수, 지역 혹은 사회경제적 지위 측면에서 유의한 차이가 없는 것으로 나타났다."
Altman (2003, p. 472).

8.9 만일 연구대상 수(피험자 수)가 감소되었다면, 탈락자 수와 탈락이유 (그 이유를 안다면)를 제시하고 탈락에 관한 정보(입수 가능하다면)를 제시해야 한다.

앞의 예가 연구 참여를 요청하였으나 거절된 사례에 해당된다면 이 지침은 연구에 참여한 후 중도에 탈락한 개개 참여자 수의 감소(탈락)와 관련된 것이 있다. 중도 탈락한 사람이 계속 실험에 참여하고 있는 사람과 참여자 특성에서 차이가 날 가능성이 있을 경우, 참여자 수의 감소는 연구결과의 타당한 해석을 어렵게 만들 수 있다. 예를 들면 약물이 투여되는 실험집단에서 중도 탈락한 피험자는 약물에 대한 심각한 부작용을 경험한 사람일 가능성이 있다. 따라서 중도탈락자를 제외한 사람들을 대상으로 자료를 분석할 경우, 그 결과는 약물의 부작용이 과소 추정될 가능성이 크다. 이러한 문제를 해결하기 위한 하나의 방안은 탈락자에게 중도에 포기한 이유를 확인하는 것이다. 물론 모든 중도 탈락자에게 관련 질문지를 실시하기가 쉽지 않고 또 실시한다 하더라도 그러한 정보를 모두 협조적으로 제공한다고는 할 수 없겠지만 그 이유를 확인하여 제시하는 것은 중요한 정보가 된다.

이와 같이 피험자의 중도 탈락은 연구에서 매우 중요한 문제이기 때문에 중도 탈락자들의 인구통계학적 특성과 함께 다양한 정보를 제공해야 한다. 다음 예는 좋은 보기가 될 수 있다.

예

"이 연구에서는 가족이 타 지역으로 이사를 한 이유 때문에 남자 어린이 두 명(10세, 11세)과 여자 어린이 3명 (10세)이 중도에 탈락하였다. 이들 5명은 모두 라틴계로서 영어를 제2 외국어로 사용한다. 그들의 Metropolitan Reading Test(영어판)점수는 연구에 지속적으로 참여한 어린이들의 백분위 점수와 유사한 45에서 65의 범위를 나타내고 있다."

8.10 가설을 검증하는 연구에서 가설부정을 위한 제1종 오류를 범할 확률 (α: 유의수준; significance level)은 자료를 분석하기 전에 결정하여 제시해야 한다.

가설검증을 할 때 연구자는 다음 두 가지 중 어느 하나를 선택 결정해야 한다. 즉「영가설을 부정할 것인가」 아니면 「영가설을 긍정할 것인가」에 대한 결정이다.

영가설을 긍정하든 부정하든 결정을 내릴 때는 다음 두 가지 오류 중 어느 하나를 범하게 된다. 즉 제1종 오류(type one error : α)와 제2종 오류(type two error : β)이다. 여기에서 제1종 오류란 실제로 영가설(H_0)은 사실(眞)인데 즉, '두 집단의 평균 간에는 차이가 없다'는 것이 사실인데 이를 '차이가 있다'고 부정하는 오류이고, 제2종 오류란 실제로 영가설(H_0)은 허위(僞)인데 즉, '두 집단의 평균 간에는 차이가 있다'는 것이 사실인데 이를 '차이가 없다'고 긍정하는 오류이다.

그런데 실제 통계적 검증상황에서 연구자는 **'집단의 평균 간에는 차이가 있을 것'**이라는 가설을 설정하고 수집된 자료에 대한 통계적 분석, 검증을 하게 되기 때문에 연구자의 관심은 '차이가 없는 것을 차이가 있다고 잘못 결정할 확률(제1종 오류를 범할 확률 ; α)'과 '차이가 있는 것을 차이가 있다고 정확하게 결정할 확률(통계적 검증력 : statistical power, 1-β)'이 어느 정도인가에 있을 수밖에 없다.

유의수준(有意水準)이라고도 부르는 1종 오류를 범할 확률 ; α)이란 통계적으로 유의하다고 판정할 근거가 되는 확률 수준이다. 유의수준(p)으로는 .05 (5%)와 .01 (1%)을 많이 사용하지만 연구의 성격에 따라서는 .1% 수준, 10% 수준을 사용할 수도 있다. 예를 들어 가설검증을 위해 α를 .05로 설정하였다면, 영가설을 긍정해야 할 때 부정하게 되는 경우가 100번 중 5번은 있게 된다는 것을 의미한다. 즉, 집단의 평균 간에 '차이가 없을 때 차이가 있다고 잘못 판단할 확률이 5%이다'는 것을 의미한다. '다른 말로 표현하면, 95%의 신뢰수준에서 올바른 결정을 내리게 된다'는 일종의 '판정의 신뢰수준'이다.

제1종 오류를 범할 확률(α)과 유의수준(p)을 구분한다면 아래에 제시된 바와 같이 α는 연구계획 단계에서 결정하는 것이며 p는 통계적 검증결과 얻은 유의 수준을 나타낼 때 사용한다.

α 와 p:
어떻게 다른가?

- α= 영가설 부정을 위한 기준 (제1종 오류를 범할 확률)
  - 연구계획단계에서 결정
  - × "유의수준을 $p<.05$에 설정하였다"
  - O "이 연구에서는 $\alpha=.05$에 설정하였다"

- p= 영가설 검증 즉, 통계적 검증 결과 얻은 유의수준
  - 분석결과 얻은 p값을 그대로 제시해야
  - × "$p<.05$ 수준에서 통계적으로 유의한 차이가 있는 것으로 나타났다"
  - O "$p=.034$ 수준에서 통계적으로 유의한 차이가 있는 것으로 나타났다."

8.11 연구대상 수의 결정근거와 통계적 검증력(statistical power; $1-\beta$) 추정치를 제시해야 한다.

연구대상 수(표본수와 동일한 의미로 사용)를 결정하기 위해서는 다음과 같은 세 가지 통계치 즉, 제1종 오류를 범할 확률(α)과 효과크기(ES: effect size), 그리고 계산과정이 다소 복잡하고 생소하게 느낄 수 있는 통계적 검증력(statistical power: $1-\beta$)을 어느 정도로 설정할 것인가를 사전에 결정해야 한다. 제1종 오류를 범할 확률(α), 다시 말하면 차이가 없을 때 차이가 있다고 잘못 결정할 확률은 차이검증 방법(예; *t*, *ANOVA* 등)을 적용할 때 연구계획 단계에서 사전에 결정하게 되는데 흔히 $\alpha=.05$에 설정하게 된다.

차이검증 결과 얻은 검증통계치(p)는 사례수의 크기에 따라 영향을 받게 된다. 즉, 사례수가 적으면 차이가 있는 것도 차이가 없는 것으로 나타나게 된다. 이러한 문제를 해결하기 위해 치이검증 결과(p 값)와 함께 제시하는 통계치가 효과크기(ES)이다. Cohen (1988)은 '중 정도'의 크기를 나타내는 ES (d) 값을 .50으로 제

시하였다. 통계적 검증력(1 − β)은 차이가 있을 때 차이가 있다고 확신할 수 있는 확률을 의미한다. Cohen (1988)은 수용 가능한 (1 − β) 수준을 .80으로 제시하였다.

연구대상 수와 (1 − β)의 계산을 위해서 컴퓨터 프로그램의 도움이 필요하다. 그 중 G*Power는 행동과학 분야에서 대표적으로 사용되고 있는 프로그램이다. G*Power 프로그램은 어떠한 검색엔진에서도 'G*Power'를 입력하면 무료로 다운받을 수 있다. G*Power는 다음과 같은 두 가지 접근방법을 이용하여 (1 − β)와 표본수를 결정할 수 있다.

1. ES, α수준과 (1 − β)에 의한 표본수 추정((1 − β)의 사전설계)
2. 표본수, ES와 α수준에 의한 통계적 검증력 추정((1 − β)의 사후분석)

통계적 검증력 추정과 관련하여 G*Power가 제공하고 있는 통계적 방법은

1. t검증(독립표본, 종속표본 및 기타 t검증)
2. F검증(변량분석, 중다상관, 회귀분석 및 기타 F검증)
3. 카이자승 검증(적합도 및 일치도)이다

1) 통계적 검증력의 사전설계(A prior Power Analysis)

G*Power는 크게 통계적 검증력의 사전설계(A prior)와 사후분석(post-hoc)으로 구분된다. 통계적 검증력의 사전설계 방법은 실험 혹은 조사를 수행하기 전에 (1 − β)을 결정함으로써 그러한 조건을 만족시키는 표본수를 결정하고자 할 때 사용한다. 사전설계를 위해서는 다음 사항을 결정해야 한다.

❶ α수준 (일반적으로 .05)
❷ 해석하고자 하는 (1 − β) 수준 (일반적으로 .80)
❸ 선행연구로부터 추정된 ES (일반적으로 .50)

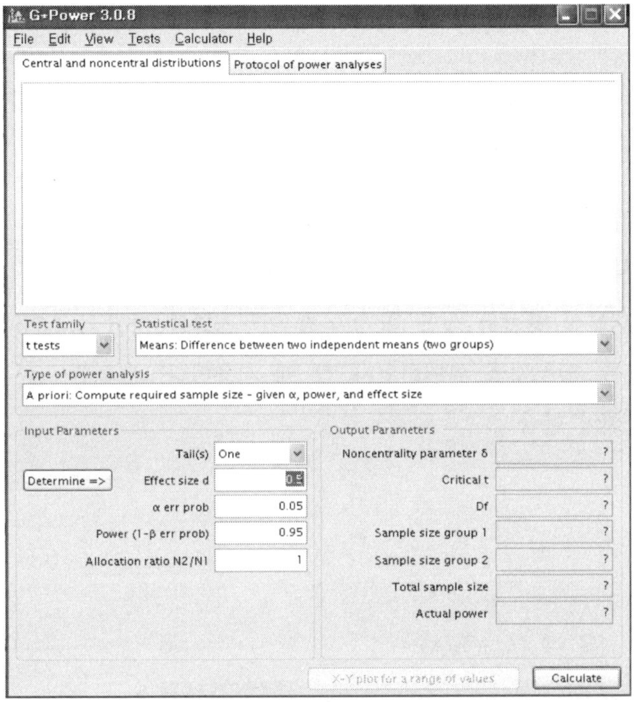

도 2. G*Power 실행 후 초기화면

❐ 사전설계 방법의 적용 예 (t 검증)

예를 들어 연구자가 두 집단 간의 평균치 차이를 검증하는데 필요한 표본수를 결정하기 위해 α= .05,(1−β)은 .95 수준에서 연구결과를 해석하고자 한다. 선행 연구 검토 결과 두 집단간 ES는 d=.80 정도의 "큰(large)" 수준으로 가정하고 양방검증(two-tailed test)을 실시한다면 몇 명의 표본수가 필요할까? 표본수 추정을 위해서는 사전설계 방법을 이용해야 한다.

1. Tests 메뉴(Test family)에서 t-test를 선택하고 Statistical test(통계적 검증) 메뉴에서 분석에 적합한 메뉴를 선택한다. 여기에서는 두 집단의 평균간 차이를 검증하는 방법을 선택하였다.
2. Type of power analysis[분석형태를 선택하는 창]에서 「A priori」를 선택한 후,

3 앞에 예시한 데로 ES d는 .80, α는 .05 그리고 Power (1−β)는 .95를 입력하고
4 검증방법(Tails)은 양방검증(two tailed)을 선택한 후 Calculate 키를 작동시킨다.
5 이 연구를 위해 요구되는 전체 표본수(n)는 84명이다. 따라서 84명의 표본을 추출한 후, 두 집단 각각에 42명씩 피험자를 무선배정해야 한다. 이 과정은 아래 그림과 같다.

2) 통계적 검증력의 사후분석(Post-Hoc Power Analysis)

통계적 검증력의 사후분석 방법은 실험 후 얻어진 연구결과를 어떤 수준의 통계적 검증력으로 해석할 수 있는지를 확인하고자 할 때 사용한다. 사후분석을 위해서는 다음 사항을 결정해야 한다.

1. α
2. N (전체 표본수)
3. ES

❒ 사후분석 방법의 적용 예 (ANOVA)[1]

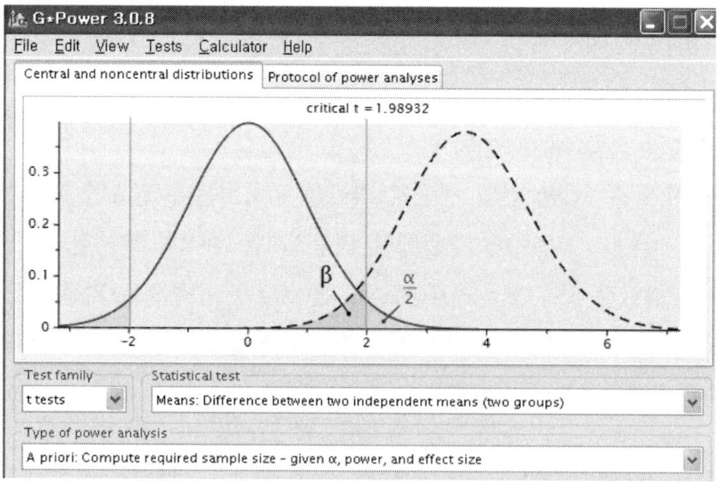

* 이 책에서는 G*Power를 이용한 연구대상 수 결정 또는 통계적 검증력 추정에 대한 축약된 정보만을 제시하였으므로 구체적인 정보는 체육통계(강상조, 2006), 11장을 참고하기 바란다.

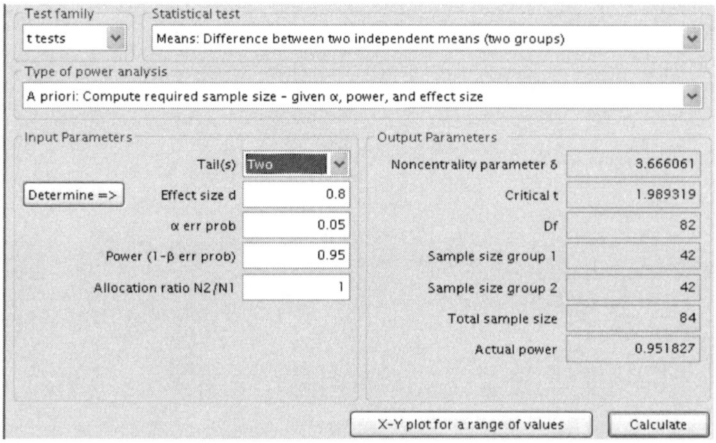

연구자가 세 집단 간 평균치 차이를 검증하기 위한 실험을 시행하였다고 가정하자. 집단별 평균치 차이로부터 산출된 ES는 .40[large 수준]으로 나타났고 연구자는 α수준을 .05로 설정하였다. 전체 표본수는 90명으로 세 집단 각각에 30명씩 배정하였다. 이 연구결과는 어떤 수준의 통계적 검증력으로 해석할 수 있는가? 통계적 검증을 추정하기 위해서는 사후분석 방법을 적용해야 한다. 사후분석을 위해서는

1. 좌측 상단의 Tests 메뉴[Test family]에서 F-tests를 선택하고 Statistical test(통계적 검증) 메뉴에서 분석에 적합한 메뉴를 선택한다. 이 예에서는 ANOVA 고정효과, 일원(one-way) ANOVA 방법을 선택하였다.
2. Type of power analysis[분석형태를 선택하는 창]에서 Post hoc을 선택한 후,
3. 앞에서 예시한 데로 ES .40, α는 .05, 전체 표본수는 90명 그리고 집단은 세 집단이기 때문에 Number of groups에는 3을 각각 입력한다.
4. 이 연구결과의 통계적 검증력(Power)은 .9264로 나타났다. 따라서 각 집단의 평균치 간에 차이가 있을 때 약 92.6%의 확신을 갖고 차이가 있다고 판단할 수 있다.

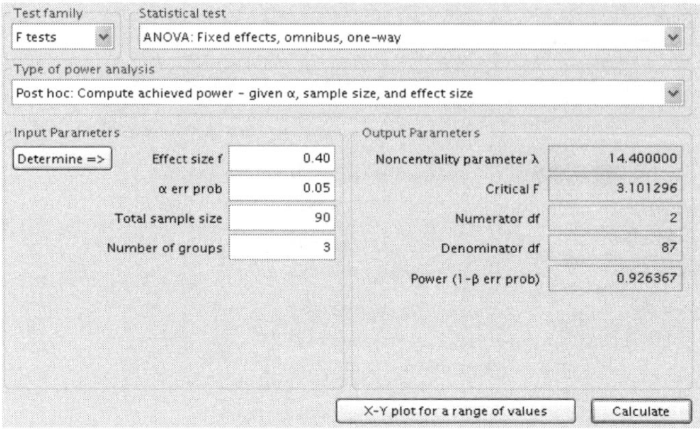

아래의 예시 자료는 표본수의 결정과 통계적 검증력 추정을 위한 사전설계와 사후분석 결과를 기술한 것이다. 논문의 연구대상에 관해 기술하고자 할 때 참고자료로 이용할 수 있을 것이다.

❶ 연구계획 단계(사전설계: A priori)에서 사례수를 결정하고 그 결과를 기술하고자 할 때

"이 연구에서는 흡연 여하가 흡연자의 자아상에 미치는 영향을 검증하기 위해 작업근로자 성인 84명을 대상으로 선정하였다. 대상 선정을 위해 효과크기(ES)와 제1종 오류를 범할 확률(α), 통계적 검증력($1-\beta$)은 각각 ES=.80, α=.05, ($1-\beta$) =.95으로 설정하였다. 대상 사례수 추정은 G*Power 3 프로그램 (Erdfelder, Faul, & Buchner, 2007)을 이용하였다."

Faul, F., Erdfelder, E., Lang, A.-G. & Buchner, A. (2007). G*Power 3: A flexible statistical power analysis program for the social, behavioral, and biomedical sciences. Behavior Research Methods, 39, 175-191

❷ 자료분석 후 선정된 대상 수와 ES, α를 이용하여 통계적 검증력($1-\beta$)을 추정하고 그 결과를 기술하고자 할 때

"이 연구에서는 흡연 정도가 흡연자의 자아상에 미치는 영향을 검증하기 위해 선행연구

(Kang, 2010; Smith, 2009 등)를 기초로 작업근로자 성인 90명을 대상으로 선정하였다. 선정된 대상 수에 대한 통계적 검증력(1-β)은 효과크기(ES)와 제1종 오류를 범할 확률(α)을 각각 ES= .40, α= .05로 설정했을 때 .93으로 나타났다. 통계적 검증력 추정은 G*Power 3 프로그램 (Erdfelder, Faul, & Buchner, 2007)을 이용하였다."

SPSS의 차이검증과 관련된 통계분석 결과에는 자료처리에 사용한 표본수(n)와 α=.05를 기초로 통계적 검증력(1-β)과 관계의 정도를 나타내는 ES인 부분 애타제곱(Partial η^2) 값을 제공하고 있다.

8.12 출판되지 않은 도구는 상세하게 기술해야 한다.

도구는 학력검사, 체력검사, 태도척도, 질문지, 검목표(checklist), 면담, 측정기자재 등과 같은 기구와 검사를 모두 포괄한 개념이다. 도구는 정의된 구인(construct)을 측정하기 위해 사용한다. 예를 들면 연구자가 운동에 대한 태도를 구명하고자 한다면, 태도 유형을 정의하고 이를 측정할 수 있는 태도척도 문항을 작성하여 사용할 수 있다. 그러나 다른 연구자가 개발한 운동에 대한 태도를 측정하는 질문지를 사용하였다면 이들 연구자 간의 '운동에 대한 태도 정의'는 서로 다를 수 있다. 따라서 연구자는 도구에 대한 구체적인 정보(질문지의 표본 문항을 포함한)를 독자에게 제공할 필요가 있다.

흔히 연구자는 연구목적에 적합한 도구가 없기 때문에 연구자 자신이 도구를 개발하여 사용할 수가 있다. 이때에는 도구에 대한 정보를 구체적으로 제공해야 한다. 아래의 예는 제시된 정보가 불충분한 경우와 이를 개선한 예를 제시하였다. 연구자는 지면이 허락할 경우 부록에 질문지를 포함시켜야 한다는 점에 유의해야 한다.

예

"운동에 대한 태도는 이 연구를 위해 연구자가 개발한 9개 문항으로 구성된 질문지를 사용하여 측정하였다."

수정된 예

"운동에 대한 태도는 이 연구를 위해 연구자가 개발한 9개 문항으로 구성된 질문지를 이용하여 측정하였다. 9개 문항 중 처음 3개 문항은 체력에 대한 태도를, 다음 3개 문항은 사회성에 대한 태도, 그리고 마지막 3개 문항은 건강에 대한 태도를 측정하는 문항으로 구성되어 있다. 부록 1에 제시된 질문지로부터 확인할 수 있는 바와 같이 연구자는 연구 참여자들에게 1점(전혀 아니다) 에서 5점(아주 그렇다)까지의 5점 평정척도로 구성된 각 문항에 응답하도록 하였다."

8.13 출판된 도구를 사용하였다면 도구가 측정하고 있는 특성, 형식, 가능한 점수범위를 간단하게 기술해야 한다.

출판된 도구를 사용할 때는 반드시 구체적으로 기술하지 않아도 된다. 왜냐하면 출판된 도구는 보통 다른 연구자들에 의해 이미 도구의 특징이 충분히 확인되었기 때문이다. 그러나 연구자는 독자를 위해 출판된 도구에 관한 일반적인 정보, 예를 들면 도구의 특성, 형식, 가능한 점수범위 등을 제공할 필요가 있다.

8.14 사용된 도구의 출판여부에 관계없이 도구의 신뢰도와 타당도에 관한 정보는 보고해야 한다.

작성된 논문에서 공통적으로 발견되고 있는 오류는 측정도구의 양호도(신뢰도, 타당도)에 관한 증거자료가 제시되지 않고 있다는 점이다. 측정 도구의 가장 중요한 두 가지 특성은 신뢰도(결과의 일관성)와 타당도(측정하고자 하는 것을 도구가 측정하는 정도)이다. 출판된 도구의 경우 신뢰도와 타당도에 관한 정보는 보통 잘 알려져 있고 또 광범위하게 사용되고 있기 때문에 그러한 정보의 출처 [예를 들면 학술 논문과 검사요강(test manuals)]를 간단히 언급하는 것만으로도 충분할 수 있다.

아래의 예를 보면 연구자는 사회적 지원조사 척도가 측정하고자 하는 특성이 무엇인가를 기술하고 Cronbach의 내적 합치도(internal consistency: α)와 재검사 신뢰도를 제시하였다. 그리고 타당도에 관한 정보를 얻을 수 있는 참고자료를 제시하고 있다.

예

"MOS의 사회적지원조사척도(Sherbourne & Stewart, 1991)는 4개 차원의 사회적 지원을 측정하고 있다. …… MOS의 사회적 지원조사 척도는 전체 척도(α= .97) 뿐만 아니라 각 하위척도에 대해서도 각각 … 높은 내적 합치도를 나타내고 있으며 1년 재검사 신뢰도 또한 .78을 보임으로써 전체적으로 높은 신뢰도를 보이고 있다. 준거타당도 역시 많은 연구를 통하여 증명되고 있다(McDowell & Newell, 1996)."

Hughes, Nosek, Howland, Groff, & Mullen (2003, pp. 183-184).

미 출판된 도구와 출판된 도구라 할지라도 잘 알려져 있지 않은 도구일 경우, 그들 척도에 관한 정보가 한정되어 있거나 존재하지 않는다면, 보다 상세한 기술이 바람직하다. 석·박사 학위논문의 경우, 연구에 사용한 도구의 신뢰도와 타당도는 상세하게 기술해야 한다. 예를 들면 신뢰도와 타당도 연구가 어떻게 수행되었는가를 요약하고 검증된 신뢰도와 타당도 계수를 기초로 할 때 연구결과의 해석에서 고려해야 할 점 혹은 문제점을 기술해야 한다.

8.15 선정된 도구는 "해당변인을 측정하는데 적합하다"는 증거를 제시해야 한다.

예를 들어 '건강교육 프로그램이 운동에 대한 지식과 태도 변화에 미치는 효과'를 검증하는 연구에서 도구와 관련하여 제공할 수 있는 정보는 다음과 같다.

❶ 운동지식검사와 태도검사에 대해 기술하고 검사의 견본은 부록에 제시

❷ 검사의 신뢰도(reliability)와 타당도(validity)에 관한 정보는 본문에 제시

③ 채점방법, 답안지(혹은 응답지)를 부록에 제시

8.16 실험절차, 장비 등은 연구를 반복 수행하는데 어려움이 없도록 상세하게 기술해야 한다.

실험절차에 관한 정보를 어느 정도 구체적으로 제시해야 하느냐에 대해서는 주관적 판단에 의존할 수밖에 없다. 그러나 해당 연구를 반복 수행하는 데 전혀 지장이 없는 수준에서 관련 정보가 제시되어야 한다는 것이 일반적인 견해이다. 아래의 예는 자극변인을 측정하기 위해 사용된 검사가 이미 출판되었고 다른 연구자들의 연구에서 이용할 수 있기 때문에 제시된 정보가 대략적으로 기술된 사례에 해당된다.

예

"선정된 모든 대상에게 Connors Continuous Performance Test II (Connors & MHS Staff, 2000)가 실시되었다. 이 검사는 피험자들에게 '문자 X를 제외한 다른 문자를 볼 때마다 버튼을 누르는 것'과 같은 단순한 시각적 단서에 반응하도록 하고 있다. 검사자는 피험자들에게 다음과 같은 지시를 하였다. '여러분은 같은 차를 타고 있는 다른 승객이 어느 정도 여러분의 정신을 혼란케 하는지를 알아보기 위해 검사를 받게 될 것입니다. 여러분은 내가 여기에 앉아 간단한 질문을 하고 있는 동안 문자 X를 제외한 다른 문자를 볼 때마다 스페이스 바를 눌러야 하는 검사를 받게 될 것입니다.' 연구자는 검사 중에 피험자들 모두에게 개인의 인구통계학적 정보내지는 좋아하는 영화와 같은 개인적인 정보 등을 동일한 순서로 조사하였다."
Golden, Golden, & Schneider (2003, pp. 386-387).

일반적으로 실험절차, 장비, 기타 기자재와 관련된 정보는 학술지 보다는 학위논문에서 상세하게 기술하는 것이 보통이다. 왜냐하면, 논문작성과 관련하여 지도교수는 학생들에게 더욱 정밀하고 상세하게 기술할 수 있는 능력을 갖추고 있음을 보이도록 요구하고 있기 때문이다.

• **도구/검사에 대한 정보**

예

"피하지방의 측정부위는 학자에 따라 다양한 방안이 제안되고 있다. 즉, 체지방 추정을 위한 측정부위 수에 차이가 있으며 동일한 측정부위라 할지라도 추정공식에 차이가 있다. 피하지방검사에서 측정부위는 7 부위 까지 잴 수 있으나 3 부위와 2 부위 측정방법이 보편적으로 사용되고 있다. 3 부위 측정치와 7 부위 측정치간의 상관계수는 매우 높으며 ($r \geq .97$), 각기 다른 3 부위를 조합한 측정치 간에도 상관이 높다. 그러나 실제 측정과 관련하여 남자의 경우 복부(abdominal)와 여자의 경우 대퇴(thigh) 부위의 측정이 가장 어렵기 때문에 3 부위를 재는 방법에서는 이들 부위의 측정을 제외시킬 것을 제안하고 있다(Baumgartner & Jackson, 1987)."

"체지방량을 추정하기 위해 사용되고 있는 피하지방두께 측정검사는 측정에 익숙한 검사자가 측정할 때 높은 신뢰도를 보장 받을 수 있다. 피하지방두께 측정검사의 신뢰도는 .92~ .99, 측정오차는 체지방량을 기준으로 볼 때 1.0% 범위(Jackson, Pollock, & Graves, 1986)로 보고되고 있다. 그리고 3명의 숙련된 검사자로부터 얻은 객관도는 .99 수준이며 측정오차는 체지방량을 기준으로 볼 때 1.0% 범위(Jackson, Pollock, & Guttman, 1978)이다."

8.17 연구절차는 관련문헌의 분석을 통하여 가장 적합한 방법을 찾아내야 한다.

실험연구에서 '검사실시 및 측정절차'와 '실험처치의 강도, 빈도, 기간' 설정에 대한 정보는 관련문헌으로부터 습득해야 한다. 그리고 실험과정에서 발생 가능한 문제를 제거 혹은 최소화하기 위해서는 예비연구(pilot study)를 실시해 보는 것이 무엇보다도 중요하다. 특히 충분한 실험 경험을 가지고 있지 않은 연구자일 경우 예비연구를 실시해 봄으로써 실험과정에서 발생 가능한 문제를 확인하고 이러한 문제를 제거 혹은 최소화 할 수 있는 방안을 강구하는데 크게 도움을 받을 수 있다.

적지 않은 논문의 논의(discussion) 부분에서 연구자들은 자신이 수행한 연구의 타당성을 확실하게 보장할 수 없는 원인을 "연구방법의 결함 때문"인 것으로 지적하고 있다. 그리고 반복연구를 수행하는 이유를 "연구방법의 결함으로 선행연구 결과를 믿을 수 없기 때문" 인 것으로 보고하고 있다. 석·박사학위 논문의 약 75% 이상은 방법론적 결함 때문에 관련 학문분야에 공헌하지 못하고 있음은 물론 출판도 하지 못한 채 사장되고 있다는 보고도 있다(Thomas, Nelson, & Silverman, 2005). 실제로 그렇다면 이것은 매우 비경제적임에 틀림이 없다.

8.18 '자료분석 방법'에는 관련 변인과 산출방법을 제시한다. 자료분석 방법은 연구목적 및 연구설계와 일치해야 하며 적용된 통계적 방법은 구체적으로 기술해야 한다. 일반적으로 공식과 계산방법은 제시하지 않는다.

예

"체지방율(%)을 추정하기 위한 두 추정치 즉, 신체의 3부위 피하지방 두께의 합과 수중체중치 간의 상관계수는 Pearson의 적률상관계수(r)를 적용하여 산출하였다."

8.19 실험연구나 준 실험연구일 경우, 집단 간의 차이를 검증한 통계적 방법을 제시해야 한다.

예1

"이 연구에서는 프로시합을 관전한 중학교 하키 선수들이 프로시합을 관전하지 않은 중학교 하키 선수들보다 시합 중에 더 공격적인 행동을 나타내는지의 여부를 검증하기 위해 t 검증방법을 적용하였다."

예2

"이 연구에서는 출발방법, 출발자세별로 시행한 50m 달리기 기록 간에 차이가 있는지의 여부를 검증하기 위해 이원변량분석(*ANOVA*)을 적용하였다. 가설의 수락기준은 α=.05 수준에 설정하였으며 두 독립변인 간에 통계적으로 유의한 상호작용 효과가 발견되었을 경우 단순 주 효과(simple main effect)를 검증하였다. 수집된 자료는 *SPSS*의 하위 프로그램인 *ANOVA*를 적용하여 분석하였다."

자료의 분석에서 공통적으로 범하는 오류는 연구목적과 연구설계에서 계획된 것과 다른 통계적 방법을 사용하고 있다는 것이다. 예를 들면 통계적으로는 상관계수를 계산해야 할 경우 차이 검증방법(t, F 검증)을 적용하고 있다.

연습문제

一 '피험자'와 '연구 참여자'는 어떻게 구분할 수 있는가?

二 학생들의 동의를 얻는 것과 관련하여 보다 상세한 기술 없이 "연구 참여자들은 기관이 승인한 동의서에 서명하고 개개인의 비밀은 보장되었다"고 간단하게 진술해도 문제가 없는가?

三 연구에서 흔히 측정하고 기술하고 있는 인구통계학적 변인 중 이 장에서 언급하지 않은 변인을 최소한 두 가지 제시해 보라.

四 인구통계학적 변인은 %와 평균과 같은 집단을 기술하는 통계치로 항상 보고해야 하는가?

五 이 장에 기술된 표집방법 5에서 연구 참여자를 선발하는 방법을 기술하는 것이 왜 중요한가를 기술하라.

六 출판여부와 관계없이 측정도구와 관련하여 보고해야 할 두 가지 유형의 정보는 무엇인가?

七 다음 표와 같이 실험, 비교집단의 피험자 탈락률에 차이가 있다면 다음 중 어느 것이 적절한 조치인가?

| 각 집단의 탈락자중 일부를 무선표집한 후 면담을 통해 그 이유를 규명하여 제시해야
| 각 cell별 탈락자 비율을 고려하여 비 탈락자 집단에서 무선적으로 제거해야

	탈락자		전체
	비만형	근육형	
실험집단	4 (50%)	0 (0%)	4
비교집단	2 (25%)	2 (25%)	4
전 체	5	3	8

9 연구결과

수집된 자료는 사전에 결정한 분석방법을 적용하여 처리하게 되고 그 결과(結果: results)는 적절한 형식을 갖추어 보고하게 된다. 처음 연구논문을 쓰는 사람들은 결과와 논의부분에는 무엇을 어떠한 방법으로 기술해야 하는가에 대해 적지 않은 궁금증을 가지게 된다. 과거에 출판된 학위논문이나 학술지 게재논문을 보면 '결과와 해석'이라는 장을 두어 처리된 결과를 제시하고 이를 해석하고 있음을 알 수 있다. 그러나 이러한 방법은 이제는 거의 사용하지 않고 있다. 왜냐하면 처리된 결과를 해석하고 결론을 유도하는 과정인 '논의'의 장과 '결과와 해석'의 장에서 해석 부분이 서로 중복되기 때문이다. 이 장에서는 결과의 진술방법, 표와 그림을 제시하는 방법 등 기술적 사항에 대해 설명하고자 한다.

9.1 연구결과는 서론에 기술된 연구가설(혹은 연구문제)과 목적을 연계하여 기술해야 한다.

연구자는 연구결과를 어떻게 조직하는 것이 독자의 이해를 돕는데 도움을 줄 수 있는가를 고려해야 한다. 다음 예는 '비만 어린이'에 관한 연구의 서론에 제시된 세 가지 연구문제와 이들 각각의 연구문제에 대한 연구결과를 제시한 것이다. 독자는 세 가지 연구문제와 관련하여 연구결과가 어떻게 기술되었는지에 유념할 필요가 있다.

예1

서론에 제시된 연구문제

"이 연구에서 구명하고자 하는 연구문제는 구체적으로 다음과 같다. 1) 부모의 참여는 어린이들의 비만처치를 위해 효과적인가? 2) 부모의 참여는 어린이들의 비만처치 프로그램 출석률과 관계가 있는가? 3) 부모의 참여는 어린이들의 비만처치 프로그램에의 지속적인 참여 욕구와 관계가 있는가?"

예2

세 가지 연구문제와 관련하여 제시된 연구결과

"연구문제 1은 부모의 참여와 어린이들의 체지방 감소간의 관계를 구명하기 위한 것이다. 표 1은 세 가지 체지방 관련변인에 대한 집단 별(부모가 적극적으로 참여하는 어린이집단과 소극적으로 참여하는 어린이집단) 평균과 표준편차를 제시한 것이다. 분석결과 세 가지 체지방 관련검사 중 혈중지질검사에서 집단 간에 통계적으로 유의한 차이(t=2.78, df=26, p=.01)가 있은 것으로 나타났다.

연구문제 2를 구명하기 위해 이 연구에서는 '참여척도'를 실시하여 얻은 부모의 참여점수와 그들 자녀의 비만처치 프로그램 출석일수 간의 상관을 산출하였다. 그 결과 부모의 참여정도는 자녀의 프로그램 출석일 수와 유의한 상관($r_{(27)}$=.87, $p<.001$)이 있는 것으로 나타났다.

연구문제 3은 부모의 참여와 그들 자녀의 비만처치 프로그램에 대한 지속적인 참여 욕구 간의 관계를 구명하기 위한 것이다. 분석결과에 의하면 부모의 참여정도는 자녀의 비만처치 프로그램에의 지속적 참여욕구와 유의한 상관($r_{(27)}$=.82, $p<.001$)이 있는 것으로 나타났다."

9.2 연구 참여자 개개인의 점수를 보고할 필요는 없으나 이를 기초로 산출된 통계치는 보고해야 한다.

초등학교 학생 60명을 무선 표집하여 체력장 검사를 실시하였다고 가정하자. 일반적으로 60명 개개인으로부터 얻은 점수는 보고할 필요가 없으나 이를 기초로 산출된 평균, 표준편차와 같은 통계치는 반드시 제시해야 한다. 그러나 학위논문의 경우에는 지도교수가 수집된 자료와 그 분석결과를 검토하기 위해 연구 참여자 개개인의 점수를 부록에 수록하도록 요구하는 사례가 있다.

9.3 산출된 통계치중 기술통계(descriptive statistics)를 먼저 제시해야 한다.

관련변인 간의 상관관계를 분석하거나 *ANOVA*를 적용하여 집단 간의 차이를 검증하는 연구일 경우, 분석(혹은 검증)결과를 제시하기 전에 선정된 변인들의 집중경향치와 변산도, 편포도(일반적으로 평균과 표준편차, 편포도)에 대한 정보를 먼저 제공해야 한다. 예를 들어 상관계수가 연구가설을 검증하는데 필요한 직접적인 정보를 제공하고는 있다 할지라도 해당변인의 집중경향치와 변산도, 편포도를 먼저 보고하는 것이 순서이다. 이러한 통계치는 독자에게 연구 참여자들의 특성 즉, 그들의 평균적인 특성, 점수분포가 흩어져있는 정도와 형태에 관한 정보를 제공해 줄 수 있기 때문이다.

범주형 자료인 경우에는 카이제곱(x^2)과 같은 비모수적 통계의 검증결과를 제시하기 전에 관련변인의 빈도와 백분율을 제공해야 한다.

9.4 연구결과를 표(table)와 그림(figure)으로 제시하고자 할 때 다음 두 가지 사항에 유념해야 한다.

❶ 표와 그림으로 제시하는 것이 결과를 보다 쉽게 이해하도록 하는데 도움을 주는가?

❷ 독자는 실제 숫자를 필요로 하는가 아니면 그림이 보다 유용하다고 생각하는가?

표와 그림 중 어느 것을 사용할 것인가는 결과를 수치로 제시했을 때와 그림으로 제시했을 때 독자가 어느 것을 보다 쉽게 이해하는지에 달려있다. 표와 그림은 독자에게 연구내용을 간결하게 전달하기 위해 제시하는 것이다. 글로 표현해도 분명하게 전달할 수 있는 내용을 표와 그림으로 나타낼 필요는 없는 것이다.

- **표를 작성할 때 준수해야 할 기본규칙**

| 표에 관한 내용을 본문에 언급한 후 표를 제시하라.
| 표는 별도의 페이지에 보다는 가능한 한 본문이 있는 페이지에 배치하라.
| 표에서 변인 등은 가능한 한 횡렬로 배치하라.
| 표의 제목은 분명하고 간결하게 붙여라.
| 표에는 제시자료의 변인, 자료가 수집된 집단, 표 안에 있는 하위집단과 통계치 등의 정보가 포함되게 하라.
| 하나의 표에는 네 개 이상의 변인을 포함시키지 않도록 하라.
| 본문 참조 없이도 표를 이해할 수 있게 하라.
| 모든 측정치를 표에 제시하려고 하지 말라.
| 표의 행, 열에 배열된 변인의 하위변인은 시간(예: 과거에서 현재), 크기 혹은 규모 순으로 나열하라.

연령
- 20-25
- 25-30
- 30-35
- 35-40
- 40 이상

학교유형
- 초등학교
- 중학교
- 고등학교
- 대학교

| 소수점 이하까지 보고해야 할 자료인 경우, 반올림한 후 소수 두 자리까지 보고하라.

소수 두 자리는 사람들이 가장 잘 이해할 수 있고 정밀하게 측정할 수 있기 때문이다.

– 소수 네 자리까지 보고된 최대산소섭취량(VO2max)과 소수 두 자리까지 보고된 신장(예: 173.63cm) 값이 무엇을 의미하는가? 이 값을 이해하는 독자는 아무도 없을 것이다. 또한 아무도 그 정도로 정밀하게 측정할 수도 없으며 소수 네 자리 숫자에 관심을 두고 있는 사람도 없다.

| 행, 열 별로 제시된 통계자료를 요약한 값을 보고하라.

– 일반적으로 행, 열의 끝에 제시하는 요약치(예: 합계, 평균치, 중앙치)는 비교할 수 있는 근거를 제공해 주기 때문에 매우 중요하다. 요약치는 다른 값들과 구분하기 위해 굵은 글자체를 사용하는 것이 효과적이다(Wainer, 1992).

- **그림(figure)을 작성할 때 준수해야 할 기본규칙**

| 본문 내용을 복사한 것이어서는 안 된다.

| 중요한 정보를 포함해야 한다.

| 시각적으로 명료해야 한다.

| 읽기 쉬워야 한다.

| 이해하기 쉬워야 한다.

| 자료의 변산도를 평가할 수 있는 방법(예: 표준편차 Bar 혹은 신뢰구간)을 함께 제시해야 한다.

| 본문에 있는 다른 그림들과 일관성을 유지해야 한다.

표와 그림을 제시한다고 해서 논문의 질이 높아지는 것은 아니다. 잘 정리되지 않은 표와 그림은 결과를 어지럽게 할 뿐이다. "흥미로운 그림으로 나타낼 수 있을 만큼 자료가 뚜렷한 특징을 가지고 있을 때 그림(figure)으로 제시하라. 그러한 특징이 없다면 표(table)만으로도 충분하다(Day, 1983, p. 56)."

9.5 하나의 표에 통계치를 어느 정도 제시하는 것이 독자의 이해를 돕는데 효과적인가를 고려하여 표를 구성해야 한다. 구성된 표는 번호와 제목을 제시해야 한다.

표와 그림은 집단 간을 비교하고자 할 때 특히 효과적이다. 아래에 제시된 표는 남녀 간의 연령별 비율을 쉽게 비교하는데 도움을 줄 수 있다.

표 1. 성인체력검사의 연령집단별 남녀별 비율(%)

연령	남자(n=830)		여자(n=723)	
18세 이하	**4.8%**	(40)	**8.7%**	(63)
19-24세	**9.9%**	(82)	**13.3%**	(96)
25-34세	**18.2%**	(151)	**25.4%**	(184)
35-44세	**22.8%**	(189)	**19.4%**	(140)
45-54세	**20.0%**	(166)	**15.4%**	(111)
55-64세	**13.7%**	(114)	**13.8%**	(100)
65-74세	**5.3%**	(44)	**2.6%**	(19)
75세 이상	**5.3%**	(44)	**1.4%**	(10)
전체	**100.0%**		**100.0%**	

표, 그림, 삽화 등은 본문이나 부록 중 어느 곳에 배치해야 할 것인가? 중요한 표나 그림, 삽화는 본문에 제시하고 그 이외에는 부록에 제시하는 것이 일반적이다. 여기에서 독자가 특히 유념해야 할 사항은 표와 그림, 삽화를 너무 많이 제시함으로써 결과를 어지럽게 해서는 안 된다는 점이다.

- 아래의 표는 변량분석 결과를 예시한 것들이다. 표에서 확인할 수 있는 바와 같이 연구자가 반드시 따라야할 표준적인 전형은 없음을 알 수 있다. APA (American Psychological Association: 2003)는 이러한 문제를 해결하기 위해 출판요강(Publication Manual)에 빈번하게 사용하고 있는 통계방법들의 분석결과를 제시하는 방법을 제안하고 있다.

Table X

Two-Way Analyses of Variance for Overall Grade, Recall and Recognition and Problem-Solving Scores, and Course Satisfaction Ratings

Source	df	MS	F
Overall course grade			
Classroom	2	38.33	6.10**
Laboratory	1	45.27	7.21**
Classroom × Laboratory	2	12.62	2.01
Error	114	6.28	
Course satisfaction ratings			
Classroom	2	51.16	5.95**
Laboratory	1	40.20	4.67*
Classroom × Laboratory	2	35.67	4.15*
Error	114	8.60	

*p < .05. **p < .01.

Table X

Two-Way Analyses of Variance for the Overall Grade, Recall and Recognition and Problem-Solving Scores, and Course Satisfaction Ratings

Variable and source	MS	F	η^2
Overall grade			
Classroom[a]	38.33	6.10**	.09
Laboratory[b]	45.27	7.21**	.05
Classroom × Laboratory[a]	12.62	2.01	.03
Course satisfaction ratings			
Classroom[a]	51.16	5.95**	.09
Laboratory[b]	40.20	4.67*	.03
Classroom × Laboratory[a]	35.67	4.15*	.06

Note. η^2 = effect size.

[a] df = 2, 114. [b] df = 1, 114.

*p < .05. **p < .01.

9.6 학위논문의 경우, 결과부분에는 중요한 표와 그림만을 제시하고 나머지는 부록에 제시하는 것이 좋다. 그러나 학술지에 게재하는 논문인 경우, 반드시 필요하다고 판단되는 표와 그림만을 선정하여 본문에 제시해야 한다.

논문의 양에 제한을 두지 않는 학위논문의 경우, 상관계수(r), t 검증, *ANOVA*, 다변량분석(*MANOVA*) 결과는 표로 작성하여 제시하고 그 결과를 기술하는 것이 일반적이다. 그러나 학술지 게재논문인 경우, r. t, *ANOVA*, 그리고 *MANOVA*의 요약 표까지도 결과부분에 제시하는 대신 이 표의 중요한 통계치만을 본문에 제시할 것을 권고하고 있다.

9.7 논문의 양에 제한을 두고 있는 학술지 게재논문에서는 이미 보편화 되어 있는 통계적 방법(예: r, t, F)의 경우, 그 분석 내용이 단순한 것일 때 표 없이 통계치를 본문 안에 제시하는 것이 보통이다.

표 1. 인산투여 여하별 턱걸이 횟수의 평균, 표준편차, t

집단	n	$\overline{X}$	s	t	p
실험집단	15	17.3	4.7	3.31	.031
비교집단	15	12.1	3.9		

위의 표는 오히려 본문에 문장으로 표현하는 것이 좋은 불필요한 표의 한 예이다. 이 표 대신에 "턱걸이 평균횟수는 실험집단($\bar{X}$=17.3, s=4.7)이 통제집단($\bar{X}$=12.1, s=3.9)보다 [$t_{(28)}$=3.31, p=.031]수준에서 통계적으로 유의하게 높다." 라는 하나의 문장으로 표현할 수 있다.

아래의 표는 집단 평균 간의 개별비교 10개 중 단지 하나에서 유의한 차이를 보이고 있다. 이 표도 불필요한 표 중의 하나이며 다음과 같이 하나의 문장으로 표현할 수 있다.

표 2 근지구력(윗몸일으키기)의 연령수준간 차이: Scheffe 검증

연령	7	9	11	13	15
7	-	1.20	1.08	1.79	8.63*
9		-	1.32	1.42	1.57
11			-	1.58	1.01
13				-	0.61
15					-

* $p < .05$

"연령별 윗몸일으키기 평균 간의 차이를 비교하기 위해 Scheffe 검증방법을 적용한 결과 가장 연령이 낮은 집단(7세)과 연령이 높은 집단(15세) 간에서만 통계적으로 유의한 차이가 발견되었다(t=8.63, $p < .05$)."

일반적으로 그림표는 크게 다음과 같은 여섯 가지 유형(White, 1984)으로 분류할 수 있다. 독자는 연구결과를 그림으로 제시하고자 할 때 어떤 그림이 자료의 특징을 가장 효과적으로 표현해 낼 수 있는가를 판단하여 선정할 필요가 있다.

- **막대그림표**

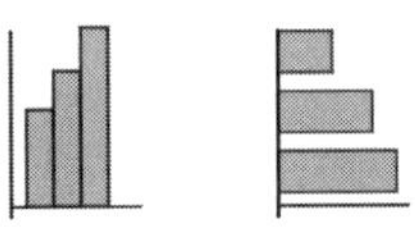

- **절선그림표**

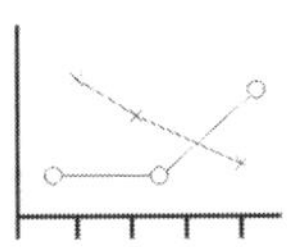

- **점그림표**

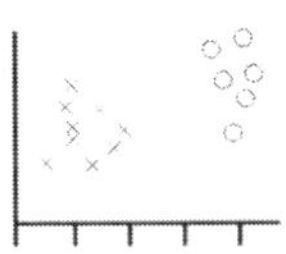

- **흐름도**

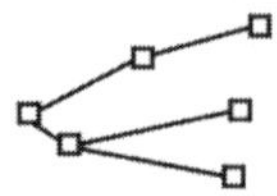

- **파이그림표**

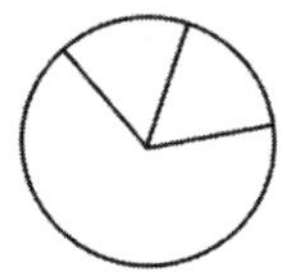

- **개요도**

다음 그림은 두 독립변인 간의 상호작용 효과를 그림으로 제시한 좋은 예이다. 독자는 그림에서 연령과 시간은 모두 독립변인이며 시간변인이 X축, 종속변인(% avoidance)이 Y축에 제시되어 있음을 기억해 두라. 이 그림은 자료의 변산도를 평가할 수 있는 방법(예: 표준편차 Bar)이 함께 제시됨으로써 시간별, 연령별 변산도를 확인하는데 도움을 주고 있다.

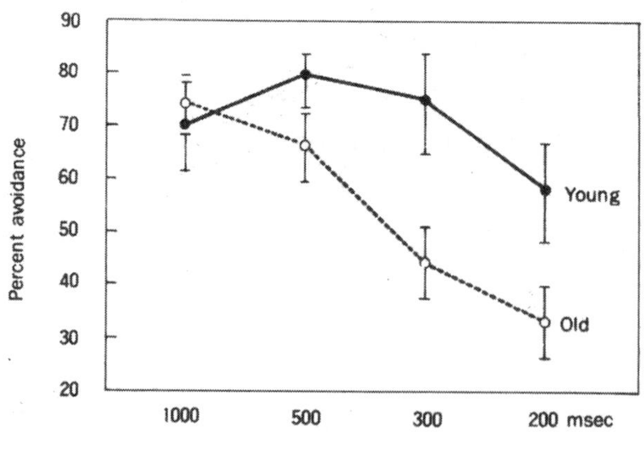

아래 그림은 반드시 그림으로 제시할 필요가 없는, 가치가 적은 그림 예이다. 이 그림은 다음과 같이 단지 두 개의 문장으로 요약하여 제시할 수 있다. "기술습득 과정에서 세 집단의 실수율은 모두 감소되었으나 통계적으로 유의한 차이는 없는 것으로 나타났다. 그러나 파지에서는 실험집단 2의 실수율이 가장 크게 감소하였으며 실험집단 1과 통제집단은 같은 수준이었다."

이 그림과 같이 여러 집단의 결과가 유사한 형태를 보일 때 그림은 혼란을 야기할 수 있음에 유념해야 한다.

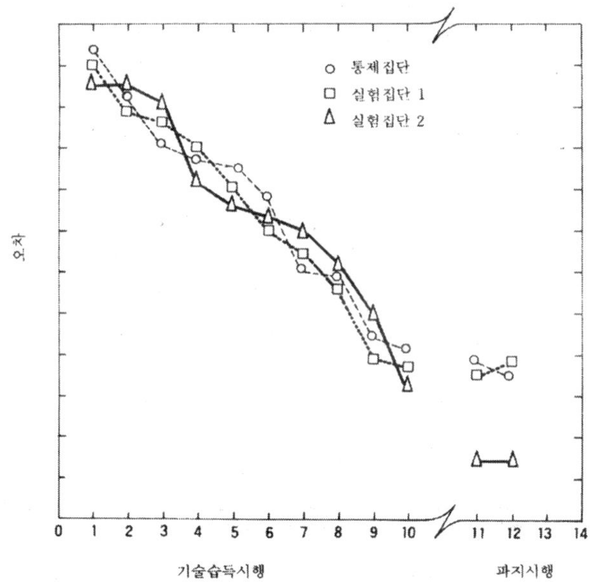

그림으로 제시할 때 유의해야 할 점은 종속변인 Y축의 점수 간격을 어느 정도로 설정하는 것이 효과적인가를 결정하는 것이다. 일반적으로 Y축의 점수 간격은 8~12 정도의 급간으로 나누어 제시하는 것이 바람직하다. 아래의 그림은 2원 이상의 변량분석(*ANOVA*)에서 보고하고 있는 상호작용 효과에 대한 흥미로운 해석을 가능하게 하는 그림이다. 그림만을 보고 판단하면 결과지식(knowledge of result: KR)과 목표설정(goal setting) 간에는 매우 유의한 상호작용 효과가 있다고 해석할 수 있다. 그러나 Y축의 수치를 살펴보면 1초를 거의 5/100 초 단위(그 실제적 유의성에 의문이 있는)로 지나치게 세분하여 제시하고 있다.

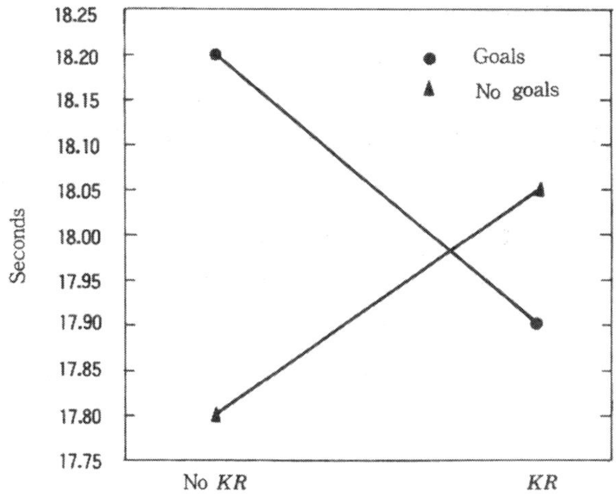

평균 과제수행 속도가 18초 정도인 이 과제에서 네 집단 간 차이는 실제로 0.5초 (그 실제적 유의성에 의문이 있는) 보다 작다. 이와 같은 사실을 고려할 때 상호작용 효과는 실제로 유의하지 못할 뿐 아니라 전체변량 중 상호작용 효과가 차지하는 비중도 거의 없다고 보아야 한다.

이 경우 연구자는 그림을 제시할 필요 없이 상호작용 효과는 없는 것으로 나타났다고 보고해야 한다. 위의 그림은 Y축을 과대하게 확장하여 마치 상호작용 효과가 있는 것처럼 제시한 경우에 해당한다.

9.8 표 제목에는 관련변인과 표에 포함된 통계치의 이름을 제시해야 한다.

예

- 표 1. 연구 참여자의 성별, 연령별 사례수와 백분율

- 표 2. 턱걸이와 팔굽혀 매달리기 검사의 평균과 표준편차
- 표 3. 체력장 하위검사들의 상호상관계수(r)
- 표 4. 성별, 지역별 윗몸일으키기 검사의 이원변량분석 결과

9.9 표와 그림에 제시한 모든 결과를 본문에 반복 기술하는 것은 피해야 한다.

연구자가 흔히 범하는 오류는 다음 예와 같이 표와 그림에 제시한 결과를 본문에 다시 기술하는 것이다. 표나 그림에는 일반적인 사실을 제시하고 본문에는 특별히 중요한 사항만을 제시해야 한다.

표 3. Sling운동과 Medx운동 6주간 실시 후 남자 만성요통환자의 요부근력변화 (ft-lbs)

Sex	Treatment		0°	12°	24°	36°	48°	60°	72°
Men	Medx	Before	116.71 ± 31.96	143.57 ± 45.13	157.00 ± 51.95	175.71 ± 52.64	181.57 ± 61.30	198.14 ± 60.25	211.29 ± 66.10
		After	172.00 ± 27.14	202.71 ± 27.74	221.43 ± 29.93	238.14 ± 30.23	253.86 ± 33.49	267.29 ± 35.84	277.14 ± 33.48
	Sling	Before	130.17 ± 25.19	157.67 ± 31.75	172.00 ± 36.44	190.67 ± 41.58	206.33 ± 45.75	222.83 ± 42.80	237.83 ± 46.86
		After	193.50 ± 35.30	234.50 ± 52.90	249.17 ± 44.51	282.33 ± 71.61	279.67 ± 44.82	296.83 ± 46.49	314.00 ± 49.72
	F-Value		30.85***	48.29***	53.44***	57.72***	58.32***	58.16***	44.57***

*p<.05, ***p<.001

Medx운동을 적용한 남자 그룹을 각 각도별로 보면 12°, 24°, 36°, 48°, 60°, 72°에서의 시술 전은 143.57±45.13(ft-lbs), 157.00±51.95(ft-lbs), 175.31±52.64(ft-lbs), 181.57±61.30(ft-lbs), 198.14±60.25(ft-lbs), 211.29± 66.10(ft-lbs)에서 시술 후 202.71±27.74(ft-lbs), 221.43± 29.93(ft-lbs), 238.14±30.23(ft-lbs), 253.86±33.49(ft-lbs), 267.29±35.84(ft-lbs), 277.14±33.48(ft-lbs)로 시술 전에 비해 Medx운동을 한 남자 그룹에서 Medx운동이 요통환자의 요부근력에 많은 향상을 가져왔다.

그렇다고 이 문제를 지나치게 의식한 나머지 **"각 실험집단 별로 평균치를 계산하였고 이 자료는 표 1에 제시하였다"**와 같은 표현 이외에 아무런 언급도 없다면 결과에 대한 해석을 전적으로 독자에게 넘긴 예로서 적절하지 못한 표현이다. 표에 관해 아무런 언급을 할 필요가 없다면 표는 빼는 것이 좋다.

9.10 표에 제시된 통계치를 기술할 때는 가장 중요한 사항만을 지적해야 한다.

표에 제시된 통계치를 기술할 때는 특별히 중요한 사항만을 간단하게 제시해야 한다. 통계치는 표에 제시되어 있기 때문에 결과를 기술할 때 반복해서 그 값을 제시할 필요는 없다. 아래의 예에는 통계분석 결과표와 이를 기술한 내용이 제시되어 있다. 여기에서 유념해야 할 사항은 '독자가 표에 제시된 결과를 개관하는데 도움을 줄 수 있도록 하기 위해' 일부 특정한 통계치만이 언급되었다는 점이다.

표 1. 도시규모별 고등학교 학생 표본집단의 약물사용 비율(%)

학년	약물A		약물B		약물C	
	대도시	소도시	대도시	소도시	대도시	소도시
11	33.6	23.2	13.1	14.0	5.2	4.3
12	34.2	24.1	13.9	13.8	4.7	4.8

"표 1은 대도시와 소도시에 거주하고 있는 고등학교 11, 12학년 학생들을 대상으로 지난 한달 동안 세 가지 금지약물의 사용여부를 조사한 결과이다. 전체적으로 학생들은 약물 A를 가장 많이 사용하였다고 보고하고 있다. 약물 A는 학년과 도시유형에 따라 최소 23.2%에서 34.2%의 학생들이 사용한 것으로 나타났다. 약물 B는 A보다 낮은 비율(13.1%~14.0%)의 학생들이 사용하였으며 약물 C는 상대적으로 볼 때 매우 낮은 비율의 학생들이 사용한 것으로 보고되고 있다. 특히 약물 C는 대도시에 거주하는 11학년 학생들이 가장 많은 사용경험(5.2%)이 있는 것으로 나타났다. 대도시와 소도시에 거주하는 학생간의 가장 현격한 차이는 약물 A의 사용에서 발견되고 있으며 이와 같은 결과는 가설 1을 지지하고 있다."

9.11 결과를 진술할 때 연구자 자신의 기대가 포함된 용어와 결과를 평가하는 용어를 사용해서는 안 된다.

예를 들어 "비만처치 프로그램을 적용한 결과 실험집단의 40%가 콜레스테롤량이 기준치 이하로 감소된 것은 놀라운 일이다."와 같은 기술은 피해야 한다. 결과 부분은 결과에 대한 연구자의 가치판단이 배제된 나타난 결과만을 명확하고 냉정하며 객관적으로 기술하는 곳이다. 연구자 자신의 견해나 기대, 판단은 논의 부분에 기술한다는 점에 유념해야 한다.

문제 1

자료분석 결과 얻은 통계치(예: 평균치)는 어느 수준까지 보고해야 하는가?

| 실제로 정확하게 측정한 단위까지 보고 한다.
예를 들어 cm까지 측정하였다면 cm 단위까지 보고하면 된다.
| 실제로 측정한 단위보다 한 단계 아래 자리까지 보고한다.
| 실제로 측정한 단위보다 두 단계 아래 자리까지 보고한다.
| 실제로 측정한 단위에 관계없이 소수 두 자리까지 보고한다.
| 컴퓨터 Output(계산결과)에 제시된 단위까지 보고한다.

문제 2

멀리뛰기 기록은 어느 수준까지 측정하고 그 평균치는 어느 수준까지 보고하는 것이 좋겠는가?

| 소수 첫 자리까지 측정(예: 125.4cm)하고 평균은 소수 두 자리 (예:133.42cm)까지 보고한다.
| 정수(예: 125cm)단위로 측정하고 평균은 소수 한 자리(예: 143.4cm)까지 보고한다.
| 정수(예: 125cm)단위로 측정하고 평균도 측정단위(예: 143cm)까지 보고한다.

실제로 측정한 수준으로 보고하는 것이 바람직하다. 예를 들어 cm단위로 측정하였다면 그 평균도 cm단위로 보고하는 것이다. 측정에서 유의할 점은 멀리뛰기 기록을 mm단위 까지 측정이 가능하다고 하더라도 그 값에 실용성이 있는가를 고려해야 한다.

문제 3

다음은 한국 가정의 평균 가족 수를 제시한 것이다. 어느 통계치를 제시하는 것이 옳은가?

- 3.56명
- 3.6명
- 4명

관행적으로 소수 이하 한 자리 혹은 경우에 따라서는 두 자리까지 보고하는 경우가 있으나 인간은 하나의 완전한 개체단위로서만 존재할 수 있기 때문에 소수 이하 단위의 숫자는 사실 의미가 없다. 사람의 측정단위는 한 명이며 이 단위는 더 이상 분리할 수 없는 가장 작은 최소 단위이다.

문제 4

통계프로그램을 이용한 t 검증결과, p 값이 .00023인 것으로 나타났다고 가정해 보자. 다음 중 바르게 제시된 것은 어느 것인가?

- $t_{(22)}=14.73$, $p<.000$
- $t_{(22)}=14.73$, $p<.001$
- $t_{(22)}=14.73$, $p=.00023$

흔히 연구자들은 computer output에 나타난 p 값이 .000일 때 이 값을 그대로 보고하는 경향이 있다. $p=.000$이란 오차가 없음을 의미하며 이런 결과를 얻는다는 것은 실제 불가능하다. 오차가 전혀 없다면 그것은 확률이라고 할 수 없다. 따라서 이 경우에는 $p<.001$ 혹은 $p=.00023$으로 보고해야 한다.

문제 5

t 검증결과 산출된 p 값이 .042로 나타났다. 다음 중 바르게 제시된 것은 어느 것인가?

| $p < .05$
| $p=.042$

$p=.042$가 $p < .05$ 보다 정확한 표현이다. *APA* Publication Manual (2003)은 $p < .05$ 보다는 $p=.042$ 형식을 사용할 것을 요구하고 있다.

9.12 통계 기호는 이탤릭체로 제시해야 한다.

아래의 예와 같이 통계 기호 (예: *t*, *df*, *p*, *F*)는 이탤릭체로 제시해야 한다. 이탤릭이 아닌 'p'는 영어의 문자 'p'일 뿐이다. 이탤릭체로 쓴 '*p*'만이 확률(probability)을 뜻하는 문자가 된다. 요즈음에는 거의 모든 사람이 다양한 문자체가 공급되고 있는 컴퓨터를 사용하고 있기 때문에 이탤릭체를 사용하는 데는 아무런 불편을 느끼지 않고 있으나 과거 타자기를 사용할 때에는 이탤릭체 표기가 쉽지 않았다. 그런 경우 이탤릭체임을 나타내기 위해 해당 문자에 밑줄을 긋는 방법을 사용하였다.

예

"실험집단의 평균치는 비교집단의 평균치보다 유의하게 높다($t_{(10)}$=2.764, $p=.02$, 양방검증)."

9.13 영문 요약을 포함하여 논문을 작성할 때, 10보다 적은 수와 문장의 첫머리에 오는 숫자는 문자로 제시해야 한다.

예를 들면 영문요약에서는 "The twenty-two students were involved in …." 그리고 "The number of subjects are six."와 같이 제시한다. 그러나 다음의 경우는 예외로 한다. '제 1장' '제 2장'과 같이 순서에 따라 번호를 부여하는 경우와 '중앙치는 8이다'와 같이 결과를 정확한 숫자로 제시하는 경우에는 문자가 아닌 숫자를 사용한다.

우리나라에서는 10이하인 경우에는 일반적으로 문자로 쓰는 경향이 있다. 예를 들면 "이 연구에서는….다섯 가지 유형의 자료를 활용하였다." 그러나 이 문제는 대부분의 논문에서 잘 지켜지지 않고 있다.

9.14 그림(예: 막대그림)은 전문성을 갖고 작성해야 하며 학술지의 논문에는 가능한 한 제한적으로 사용해야 한다.

그림은 자료를 조직하고 기술하는데 사용할 수 있다. 그림은 그에 상응하는 통계표보다는 공간을 크게 차지하기 때문에 발행 지면이 한정되어 있는 학술지 게재논문에서는 가능한 한 제한적으로 사용해야 한다. 그러나 발행 지면에 제한이 없는 학위논문이나 보고서 등에서는 얼마든지 사용할 수 있다.

그림은 표보다 시각적으로 주의를 끌기에 충분하기 때문에 중요한 자료, 특히 통계표로 제시할 경우 자칫 간과하기 쉬운 자료를 그림으로 제시하는 것이 무엇보다도 중요하다. 아래의 그림은 실험집단과 비교집단 간의 차이를 0 (무 변화)에서 50 (현저한 변화)까지의 점수로 나타낸 것이다.

그림 역시 표와 마찬가지로 그림에 포함된 관련변인과 통계치의 이름이 그 번호와 함께 제목에 제시되어야 한다. 일반적으로 그림의 제목은 그림 아래에, 표의 제목은 표 위에 제시한다.

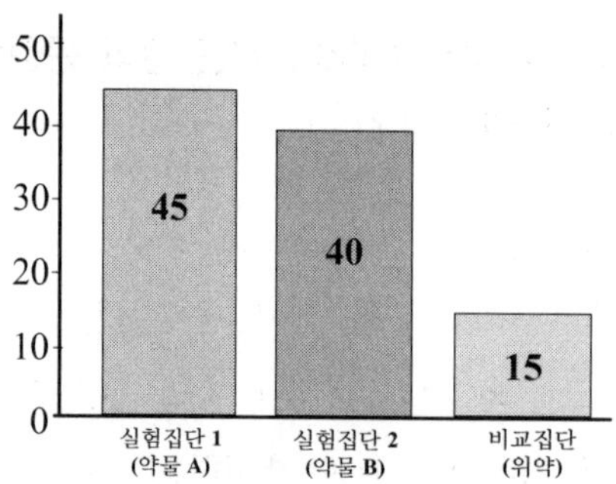

그림 1. 세 집단의 변화점수 평균

- 그림을 제시할 때 사전, 사후검사가 동일한 경우, 다음 그림과 같이 사전, 사후검사 결과를 모두 제시해야 한다.

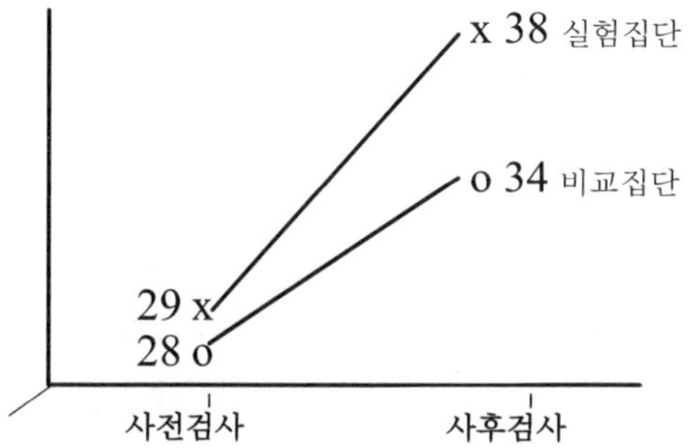

그림 1 실험, 비교집단의 사전, 사후검사 결과

- 그림을 제시할 때 사전, 사후검사가 다른 경우, 다음 그림과 같이 사후검사 결과만을 제시해야 한다.

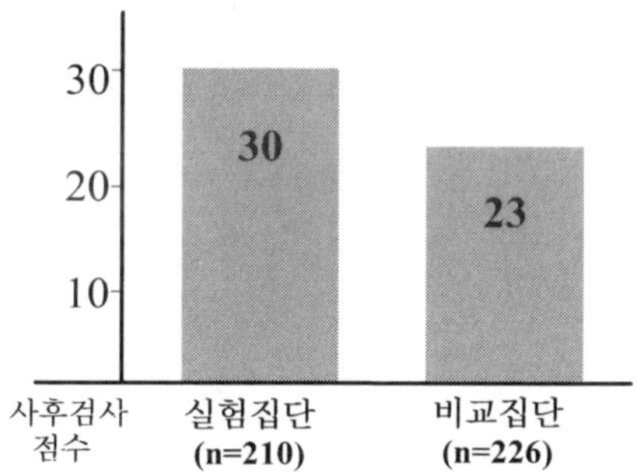

그림 2 실험, 비교집단의 사후검사 결과

9.15 질적 연구결과는 독자가 명확하게 이해할 수 있도록 체계적으로 제시해야 한다.

질적 연구에서는 보통 통계치를 보고하지 않는 대신 녹음된 인터뷰 내용과 같은 자료를 주관적, 객관적으로 분석하는 과정에서 나타난 주요 경향과 주제(theme)를 보고하게 된다. 이러한 결과를 제시할 때는 하위 주제별로 제시하는 것이 바람직하다. 아래의 예는 질적 연구논문의 결과부문에 제시된 첫 문단이다. 이 문단은 독자에게 결과부문을 어떻게 조직하였는가를 기술하고 있다.

예

"이 연구결과는 세 개의 절로 구분하였다. 제 1절에서는 부모와 그들 자녀의 교육적, 직업적 열망수준을 제시하였다. 제 2절에서는 청소년의 열망수준에 대한 부모의 지식에 대해 논의하였으며 제 3절에서는 부모와 청소년 관점에서 열망수준을 달성하는데 부딪치는 장벽과 그들의 열망수준을 달성하는데 필요한 자원에 대한 정보를 기술하였다."

연습문제

一 결과 장에는 분석공식과 계산방법을 반드시 제시해야 하는가?

二 기술통계와 추리통계 중 어느 것을 먼저 기술해야 하는가?

三 표 제목에는 무엇을 기술해야 하는가?

四 통계표에 제시된 모든 통계치는 본문에 반복, 기술해야 하는가?

五 결과부분에 제시된 p 와 p 는 어떻게 다른가?

六 N 과 n은 어떻게 다른가?

10 논의

연구결과의 의미를 독자에게 설명해 주는 곳이 논의(論議: discussion) 장이다. 논의 장은 논문 작성과정에서 연구자의 주관적 견해를 비교적 자유스럽게 표현할 수 있는 곳이기도 하다. 연구논문에서 결과는 가장 중요한 부분인 반면, 논의는 가장 작성하기 어려운 부분이다. 논의부분에서는 자신이 수행한 연구의 결과를 선행 연구결과와 관련지어 본 후 결과에 대한 일반화의 한계, 문제점 등을 기술함으로써 다음에 이와 같은 연구를 수행하고자 하는 연구자에게 참고할 수 있도록 하는 것이다. 비록 논의 부분이 연구논문의 마지막 장에 해당된다고 할지라도 연구자는 연구를 계획하는 순간부터 논의 장에 무엇을 기술할 것인가를 생각해야 한다. 구체적으로 논의과정에서 고려해야할 사항을 기술하면 다음과 같다.

10.1 논의는 학술지 논문 혹은 학위논문의 마지막 장에서 기술하게 된다. 흔히 논문에 따라서는 다음과 같은 제목 중의 어느 하나로 기술된다.

- 요약과 논의(summary and discussion)

- 논의와 결론(discussion and conclusions)
- 결론과 시사점(conclusions and implications)
- 논의(discussion)

10.2 논의는 요약(summary)부터 시작하라.

학위논문과 같이 비교적 논문의 분량이 큰 경우, 앞에 기술된 내용의 가장 중요한 부분을 요약하여 제시하는 것이 일반적이다. 그러나 논문의 분량이 비교적 적은 학술지에서는 연구내용의 요약은 불필요하다.

10.3 논의의 앞부분을 기술할 때는 서론에 제시된 연구목적과 연구가설 혹은 연구문제를 참조하라.

먼저 연구목적, 연구가설(혹은 연구문제)을 간단하게 다시 기술한 후, 수집된 자료의 분석 결과가 연구목적 달성에 부합되는 결과인지의 여부, 연구가설을 지지하고 있는지의 여부 혹은 제기된 연구문제에 대한 답을 제공하고 있는지의 여부에 대해 기술한다. 이러한 내용들은 연구결과 부분에 몇 가지 통계치와 함께 상세하게 기술해야 함은 물론이다. 그러나 논의에서는 연구내용 각각을 구체적으로 반복 기술해서는 안 되며 단지 중요한 점만을 기술해야 한다.

논의에 기술된 내용은 독자로 하여금 연구논문의 가장 중요한 목적에 대해 주의를 집중하도록 하는데 도움을 줄 수 있어야 한다.

10.4 연구결과가 서론에 기술된 선행연구 결과 또는 이론과 일치하는지의 여부를 기술하라.

연구자는 서론의 앞부분에 선행연구들을 분석하여 그 결과를 기술하게 된다. 그러한 분석결과는 자신이 수행하게 될 연구와 관련하여 어떤 이론이 제안되어 있으며 이미 어떤 결과가 얻어졌는가에 대한 정보를 제공해 준다. 따라서 자신의 연구결과가 서론에 기술된 관련문헌 분석결과 또는 이론과 어떤 관련이 있는가를 논의하는 것은 중요하다. 다음 예는 연구자의 연구결과가 서론에 기술된 선행연구 결과와는 일치하지 않고 있으나 이론과는 일치하고 있다는 점을 보고한 예이다. 이론은 연구논문의 서론 앞부분에서 논의하고 있다.

예

"이 연구결과는 … 신에 대한 이미지는 종교적인 의식과 종교적으로 동기화된 자의적 행동과 높은 관련이 있음을 지적하고 있다. 따라서 이 결과는, Lee & Early (2000)가 제시한 결과와는 반대로, 신에 대한 이미지와 종교적 행동은 … 서로 무관한 것이 아님을 나타내고 있다.

이 결과는 신을 자비롭고 권능한 자로 지각하는 것은 종교적 행동을 통해 학습된 신에 대한 애정(attachment)과 관련이 있을 것이라는 Attachment 이론가들의 주장을 어느 정도 지지하고 있다."

Buchki & Witzig (2003, p. 1146).

아래의 예에서 연구자는 논문의 서론에 '지각된 매력과 체중에 대한 성차'를 구명한 선행연구 대부분이 여성, 특히 대학생과 성인 여성, 을 대상으로 수행되었다는 사실을 기술하고 있다. 그러나 연구자는 과체중인 여성은 과체중인 남성보다 그들의 체중에 덜 만족할 가능성이 있다는 점을 간접적으로 증명할 수 있는 증거를 제시하고 있다. 연구자는 그 예를 20~29세 성인을 대상으로 수행한 논문의 논의 부분에 제시하고 있다. 연구자는 순환논법을 이용하여 서론에서 제기한 중요한 쟁점을 논의(reviewing)하고 있다.

예

"상당수의 정상체중을 가진 남자들은 자신을 저 체중으로 느끼고 있으며 과체중인 남자의 상당수는 스스로를 정상체중으로 생각하고 있다. 그러나 여성의 경우에는 이와 반대로 정상체중을 가진 여성들의 상당수가 자신을 과체중으로 느끼고 있다. 성인으로부터 발견된 이와 같은 체중에 대한 지각 오류는 청년과 대학생을 대상으로 수행한 선행 연구 결과와 일치하고 있다."
McCreary & Sadava (2001, p. 113).

10.5 논의에서는 결과를 해석(interpretation)하고 설명(explanation) 하라.

결과의 해석은 독자가 연구결과를 이해하도록 하는데 도움을 준다. 결과의 해석에는 실제로 수집된 자료에 대한 설명 이상의 것이 포함될 수 있기 때문에 연구자는 그러한 설명이 자료에 근거한 설명이 아니라 자료와 관련하여 내릴 수 있는 설명이라는 점에 유념해야 한다. 아래의 예는 연구결과를 설명한 것이다.

예

"이 연구에서 10세 아동이 표출한 공포수준이 8세 아동이 표출한 공포수준보다 매우 높은 이유를 가상해보는 것은 흥미로운 일이다. 그 하나의 가능성은 어린 아동들은 실험상황에서 제시된 내용을 충분히 이해하는데 필요한 개념적 배경(conceptual background)을 갖지 못하고 있다는 점이다. 구체적으로 어린 아동들은 ……."

특히 예상하지 못한 결과에 대한 설명은 바람직하다. 아래의 예에 의하면 연구자는 주거 불안정은 6세 이상 어린이 집단의 문제행동을 예측할 수 있는 변인이 되지 못한다는 사실에 대해 놀라움을 표시하고 있다.

예

"주거 불안정이 문제행동을 예측하는 변인이 되지 못하고 있다는 점은 매우 놀라운 사실이다. 실제로 지난해 자주 이사를 한 어린이는 문제행동을 숨기거나 외적으로 표출하는 경우가 적은 것으로 나타난 것이다. … 비록 명확하게 밝혀진 결과는 아니라고 할지라도 어떤 어린이는 무주택자가 되기 전에 주거 안정을 경험한 어린이 보다 주거 불안정 문제에 익숙해져 있을 수도 있으며 피난시설에 이사하는 것에 대해서도 별 영향을 받지 않을 수 있다는 설명이 가능하다."
Buckner, Bassuk, Weinreb, & Brooks (1999, p. 253).

10.6 수행한 연구의 중요한 장점과 약점을 논의에 언급하라.

연구방법의 장점과 약점(제한점)은 흔히 서론 혹은 연구방법 부분에서 먼저 언급하게 된다. 연구방법의 강점과 약점은 논의 부분에서 자료를 해석하는데 영향을 미칠 수 있기 때문에 논의할 때는 가장 중요한 사항을 언급할 필요가 있다. 아래 예는 저자들이 제시한 연구의 몇 가지 강점이다. 연구자는 자신의 연구가 방법론적 측면에서 특히 강점이 있다는 점을 지적함으로써 독자들로 하여금 자신의 연구결과에 대한 믿음 수준을 높이는데 도움을 줄 수 있다. 이러한 기술은 특히 약점이 있는 연구의 결론을 받아들이는데 문제가 있을 경우 중요하다.

예

"이 연구는 몇 가지 장점이 있다. 첫째, 이 연구에서는 배우자 폭력을 신뢰롭게 확인하는데 도움을 줄 수 있는 배우자 폭력에 관한 정보를 양쪽 배우자로부터 수집하였다. 둘째, 스페인계와의 면담은 2개 국어 혹은 단일 언어 사용자를 고려하여 영어 혹은 스페인어를 이용하였다. 셋째, 폭력의 발생과 재발을 평가하기 위해 종단적 설계를 이용하였다."
Caetano, Ramisety-Mikler, & McGrath (1999, p. 253).

아래 예는 연구의 제한점을 기술한 것이다. 연구의 제한점에 대한 솔직한 논의는 독자에게 연구의 결론을 내릴 때 유의해야 한다는 점을 알리는데 도움을 준다.

예

"이 연구는 연구설계에서 몇 가지 제한점을 가지고 있다. 표본집단이 일본 대학생들로만 구성되었기 때문에 상이한 문화에 이 연구결과를 어느 정도 일반화 시킬 수 있는지는 알 수 없다. 이 연구결과는 또한 감독이나 피고용인들의 반응이 아닌 대학생들의 반응에 기초한 것이다. 그리고 학생들은 실제로 그들이 무엇을 할 것이냐가 아니라 무엇을 할 것으로 예상하고 있느냐를 보고한 것이다."
Matsui, Kakuyama, & Tsuzuki (2003, p. 1139).

학위논문을 작성하는 학생들은 각자가 수행한 연구의 제한점을 상세하게 기술할 필요가 있다. 이와 같은 진술은 학생 자신이 연구방법에 적지 않은 지식을 갖추고 있음을 심사위원들에게 확신시키는데 도움을 줄 것이다.

10.7 논의에서는 다음과 같은 내용을 기술해야 한다.

자신의 연구결과를 다른 연구결과와 비교한 후 결과를 일반화 시키고자 할 때의 한계와 문제점을 제시해야 한다. 기술해야 할 내용을 구체적으로 살펴보면

- 연구의 진행과정에서 느낀 점을 기술하라.
- 표집이나 측정도구의 문제 등, 연구방법상의 문제를 기술하라.
- 자신의 연구결과를 논의하라.
- 연구결과를 서론, 선행연구, 가설과 관련시켜 논의하라.
- 연구결과가 이론에 어느 정도 부합되는지를 설명하라.
- 발견사항을 해석하라.
- 연구결과를 적용할 수 있는 제안을 하라.
- 적절한 증거제시와 함께 결론을 요약해서 진술하라.

10.8 새로운 자료 혹은 참고문헌(references)은 논의에 제시하지 않는 것이 좋다.

논의 부분에서는 서론에서 제시한 내용을 요약하고 설명해야 한다. 새로운 자료 혹은 참고자료는 바로 이러한 목적 달성을 어렵게 하기 때문에 논의 부분에 이들

새로운 자료를 소개하는 것은 피하는 것이 좋다.

10.9 연구결과가 가설과 차이가 있다면 그러한 결과가 나타나게 된 이유를 설명하라. 연구결과가 가설과 일치한다면 이를 입증할 수 있는 이론을 기술하라.

설정된 가설이 긍정 혹은 부정되었는지 아니면 확신을 가지고 어느 하나를 선택하는 것이 어려운지를 판단해야 한다. 이때 유의할 점은 연구(혹은 연구의 일부분)에 대한 확실한 결론을 내리는 것이 불가능하다는 결론을 쉽게 내리지 말아야 한다는 것이다. 왜냐하면 연구논문은 수행된 연구가 완성되지 않았다고 판단되면 게재가 불가능하기 때문이다. 연구결과가 가설과 일치한다면 이를 입증할 수 있는 이론을 제시해야 한다. 반면 가설과 일치하지 않는다면 그러한 결과가 나타나게 된 이유를 설명해야 한다.

10.10 가능하다면 논의 부분에서는 시사점(implication)을 구체적으로 제시하라.

연구의 시사점에는 보통 연구결과를 기초로 개인 혹은 집단이 취해야 할 행동이 무엇인가에 관해 기술하는 것이다. 다음 예는 화상을 입은 환자를 치료하는 화상치료 팀을 위한 시사점을 제시한 것이다.

예

"이 연구에서 발견된 특징적인 사실은 화상을 입은 환자들이 신체적인 고통보다는 심리적인 고통을 더 호소하고 있다는 점이다. 이와 같은 사실은 화상치료 팀이 단순히 신체적 영역의 치료에 참여하기보다는 모든 치료영역에 참여해야 할 필요성이 있음을 시사하고 있다. 시간이 경과함으로써 나타나게 되는 환자 자신의 모습에 대한 불행감과 외상 후 스트레스, 수면문제, 성기능 장애 등과 같은 주요 문제들이 점차 두드러지게 나타나게 될 것이기 때문이다."
Williams, Doctor, Patterson, & Gibran (2003, p. 193).

다음 예에서 연구자는 상급 지휘관이 병사들을 평가하고 그들을 현재의 자리에 있도록 하는데 중요하다는 점을 입증할 수 있는 자료를 제시한 후 군인들의 삶의 질을 향상시키기 위한 실질적인 시사점을 제시하고 있다. 여기에서 유의할 점은 연구자는 병사들이 가족을 돌보는데 필요한 스케줄을 제시하는 것과 관련된 연구를 수행하지 않았으면서도 그러한 제안을 했다는 점이다. 대신 연구자는 그러한 제안이 연구결과로부터 논리적으로 추론된 것임을 시사하고 있다.

예

"예를 들어 상급 지휘관은 1500시간을 봉사한 후 목요일 오후를 그들의 가족을 돌보기 위한 시간으로 할애할 수 있는데 비해, 병사들의 직속 상사는 그들 부하들에게 이러한 시간을 자녀의 병원치료를 위한 시간으로 할애할 수 있을 것이다. 이 외에도 병사들에게 집안일을 돕도록 복무시간 중에 시간을 할애하는 것은 군인 가족의 삶의 질을 향상시키기 위해 유용한 방법이라고 할 수 있다. ……. 직속 상사가 실제로 가족문제에 관해 관심을 가지고 있다는 것을 병사가 의식하고 있을 때 사기는 향상될 수 있다."
Schumm, Bell, & Resnick (2001, p. 163).

연구계획서에서는 연구를 통하여 기대할 수 있는 시사점을 기술해야 한다. 이러한 기술은 때로는 서론, 때로는 계획서의 기대되는 성과 혹은 논의 부분에 제시하기도 한다. 다음 예는 연구계획서에 제시할 수 있는 시사점의 예이다.

예

"만일 연구가설이 수집된 자료에 의해 지지된다면 다음과 같은 시사점을 기대할 수 있을 것이다. ……."

10.11 연구자는 논의 부분에서 자신이 수행한 연구주제가 해당 분야의 지식발견에 기여한 정도를 밝혀야 한다.

합리적인 사고를 하는 사람이라면 누구나 연구자가 쓴 연구결과를 충분히 이해할 수 있도록 작성해야 한다. 연구자가 작성한 논의는 APA 출판요강(2003)에 제시된 다음 질문에 근거하여 평가할 수 있다.

| 내가 이 연구를 통하여 기여하고자 하는 바가 무엇인가?
| 연구문제를 해결하는데 나의 연구가 어떻게 도움을 주고 있는가?
| 나의 연구에서 도출한 결론과 이론적 시사점은 무엇인가?

10.12 후속연구를 제안하고자 할 때는 구체적으로 제시해야 한다.

연구논문의 끝에 "앞으로 후속연구가 필요하다."와 같이 모호한 진술을 남기는 것은 정보 제공이라고 할 수 없다. 연구자는 주제에 대한 지식을 증가시키기 위해 이 연구가 향해야 할 구체적인 방향이 무엇인가를 지적해야 한다. 다음 예는 학술지에 게재된 연구논문에서 어느 정도 구체적으로 후속연구를 위한 제언을 해야 하는 가를 예시한 것이다.

예

"이 연구의 주제인 개별지도에 관한 연구는 앞으로 다음과 같은 몇 가지 요인을 구명할 필요가 있다. 1) 가장 효율적인 개별지도의 요인은 무엇인가? 2) 지도교사의 사회적 특성은 어린이 발달에 어떤 역할을 하는가? 예를 들면 지도교사의 성향을 나타내는 따뜻하고 보살피는 언어 구사가 책임을 강조하는 직접적인 언어구사 보다 어린이 발달에 긍정적으로 영향을 미치는가? 3) 지도교사의 경험은 어린이 발달에 어떠한 역할을 하는가?"
Fitzgerald (2001, p. 45).

학위논문을 작성하는 연구자라면 앞에 제시된 후속연구를 위한 제안보다는 더 상세하게 논의할 필요가 있다.

10.13 논의에는 포함시켜야 할 사항과 피해야 할 사항이 있다.

논의의 장은 연구자에게 연구결과의 의미를 설명할 수 있는 기회를 제공하는 하는 곳이다. 따라서 논의를 기술할 때는 수집된 자료에 기초하여 독자가 연구결과를 이해하는 데 도움을 줄 수 있어야 한다. 논의의 장은 연구자가 연구주제에 대한 지식을 바탕으로 독자를 감동시키는 토론 광장이 아니다. 지금까지 기술된 논의에 필요한 사항과 피해야 할 사항을 정리해 보면 다음과 같다.

- **논의에 포함시켜야 할 사항**
  - 주요 연구결과를 진술
  - 연구결과의 의미와 중요성을 설명
  - 연구결과를 선행 연구결과와 관련시켜 해석
  - 연구결과에 대한 가능한 모든 해석을 고려해야
  - 연구결과가 현장 적용에 적절한지를 진술
  - 연구의 제한점 제시
  - 후속연구를 위한 제언

- **논의에서 피해야 할 사항**
  - 연구결과를 확대하여 해석
  - 증명할 수 없는 추측
  - 과대 포장된 연구결과의 중요성
  - 핵심에서 벗어난 논의
  - 자료에 의해 증명이 불가능한 결론
  - 선행연구(자)의 비판

논의를 작성하는 방법은 연구자가 무엇을 중요시하느냐에 따라 차이가 있을 수 있다. 다음은 이러한 차이를 인정하면서 논의를 작성하는데 어려움을 느끼고 있는 연구자를 위해 일반적으로 제안되고 있는 기술 예를 제시한 것이다.

Anatomy of research paper (2004)

문단	핵심 요소	예
1	•주요 연구결과를 기술하라. •설정된 연구문제에 대한 답을 제시. •결론을 제시하지 말 것.	"연구결과 인공 폐 모형으로 개발된 기구 A와 B의 습기배출량은 차이가 없는 것으로 나타났다."
2	•연구결과를 해석하라. •주요 연구결과가 무엇을 의미하는지를 설명하라. •확대 해석하지 말 것.	"두 기구 모두 자동 환기를 시키는 동안 습기 배출량은 현재 설정된 기준치를 초과하고 있다."
3-5	•연구결과를 동일주제 혹은 유사주제의 선행 연구결과와 비교하라. •자신의 연구결과와 선행 연구결과를 해석할때 그 근거를 제공하기 위해 참고문헌을 인용하라. •자신의 연구결과와 상반되는 선행연구 결과에 대해 논의하고 상반된 결과가 나타난 이유를 설명하라.	"Pierson et al. (2004)은 통제되지 않은 상황에서 동물을 대상으로 한 실험결과, 기구 A는 B보다 우수하다는 사실을 보고하였다."
6	•연구의 제한점을 제시하라. •연구결과를 다른 어떠한 상황에 일반화 시킬 수 있는지를 기술하라. •연구방법상의 문제를 기술하라.	"이 연구의 실험시간은 4시간이었다. 따라서 이 시간대 이후에 이들 기구의 성능에 대해서는 알 수 없다."
7	•해결되지 않은 문제를 제시하라. •후속연구를 제안하라.	"이 기구는 소아에게 그 사용을 권장하기 전에 습기 배출량을 소량으로 조정한 후속연구가 필요하다."
8	•결론을 제시하라. •설정된 연구문제(가설)에 대한 답을 제시하고 연구결과에 대해 해석하라. •연구결과가 입증해 주지 못하는 결론 은 제시해서는 안 된다.	"기구 A와 B의 습기배출량 간에는 차이가 없다. 이들 두 기구는 성인을 대상으로 단기간에 자동 환기를 시킬 경우 습기를 제공하는데 사용될 수 있다."

연습문제

一 논의 장에서는 언제나 해당 연구의 요약부터 시작해야 하는가?

二 연구자는 연구의 서론에서 인용한 문헌을 논의 장에서 참조해야 하는가?

三 연구자는 결과에 대해 해석을 할 때 실제로 분석한 자료의 범위를 넘어서는 해석도 가능한가?

四 연구논문의 논의 장에 새로운 참고문헌을 소개하는 것은 적절하다고 볼 수 있는가?

五 연구결과에 대한 논의는 실제적 자료에 기초한 객관적 논의에 한정해야 하는가? 아니면 결과로부터 유추할 수 있는 가능한 시사점도 기술 할 수 있는가?

六 논의에서 후속연구를 제안하고자 할 때 단순히 "후속연구가 필요하다"고 마무리하는 것만으로도 충분한가?

11 요약

요약(要約: abstracts)은 연구논문 중에서 가장 작성하기 어려운 부분이라고 할 수 있다. "만일 논문전체를 10분 만에 요약하기를 원한다면 1주일의 시간이 필요하다. 그러나 30분에 걸쳐 요약하기를 바란다면 내일까지 하루의 시간만 준다면 충분하다. 만일 1시간에 걸쳐 요약하기를 원한다면 지금 당장이라도 가능하다(Pierson, 2004, p. 1206)."고 기술하고 있는 것처럼 짧게 요약한다는 것은 쉬운 과제가 아니다. 왜냐하면 연구의 목적, 방법, 결과, 시사점을 하나의 문단에 축약해서 제시해야 하기 때문이다. 연구자가 작성하는 논문이 학위논문이든, 학술지 게재논문이든, 아니면 학술회의 원고이든 요약은 반드시 요구되고 있다. 각각의 목적에 따라 요약을 작성하는 방법은 조금씩 다르겠지만 길이나 형식의 제한 조건은 비슷하다. 요약을 작성하는데 고려해야 할 사항을 정리해 보면 다음과 같다.

11.1 일반적으로 요약은 짧아야 한다. 그러나 예외는 있다.

많은 학술지는 요약의 길이 즉, 단어 수를 제한하고 있다. 학술지에 따라서는 200

단어 이하의 짧은 요약을 요구하기도 한다. 예를 들면 미국심리학회(APA)에서 출판하고 있는 학술지들은 요약의 길이를 최대 120 단어까지 제한하고 있다. 어떤 학술지는 연구자로 하여금 짧은 요약을 작성하도록 하기 위해 다음 예와 같은 요약작성 지침을 제공하기도 한다. 학위논문을 작성하는 학생들은 대학원에서 요약의 길이와 관련하여 어느 정도의 단어(혹은 글자) 수를 요구하고 있는지를 확인할 필요가 있다. 반면 어떤 학술지는 긴 요약을 작성하도록 장려하기도 한다. 긴 요약을 요구할 경우, 연구자는 앞에서 언급한 요약에 제시할 정보 이외에 연구문제의 중요성(importance)과 연구결과의 시사점(implication)에 관한 정보를 제시할 필요가 있다. 다음은 다양한 대학, 학술회의, 학회, 그리고 학술지에서 요구하고 있는 요약을 길이이다.

✍ 요약의 길이

- 100~250 words (University of Toronto, Health Sciences)
- 100~350 words (U of Mississippi)
- 120 words (APA)
- 150 words (Purdue University)
- 150~250 words (www.mnstate.edu)
- 175 words (www.uaf.edu/csem/ashsss)
- 200 words (http://cb.oline.edu)
- 250 words (U of Western Ontario, Health Sciences; intel ISEF)
- 300 words (Bioscience writers)
- 400 words or 2300 characters (AAHPERD, AERA, ACSM, 2006)
- 2200 characters & 116 characters for Title (www.call4abstracts.com/sirlb/writeabstract.htm)
- One page (A4) (한국체육학회)

예

| 짧은 요약이 요구될 때 포함시켜야 할 내용

- 연구문제 혹은 가설, 목적 (광범위 할 경우 축약 필요)
- 연구방법 중 가장 중요한 부분

- 연구결과 중 가장 중요한 부분

| 긴 요약이 요구될 때 포함시켜야 할 내용(부제목 제시)

- 연구배경 (문제제기/ 중요성)
- 연구가설 (연구목적 혹은 연구문제)
- 연구방법 (대상, 도구, 자료수집방법 및 분석방법)
- 연구결과 (p 값)
- 결론 및 시사점
- 후속연구를 위한 제언

11.2 학술논문 게재 혹은 학술발표를 위해 요약을 작성할 때는 지켜야 할 형식이 있다.

- 제출양식에 맞는 요약
- 철자법, 문법에 맞는 문장
- 연구배경, 방법, 결과, 결론이 제시된 요약
- 전문용어는 전문과 약어를 함께 제시한 이후 약어 사용
- 표준용어 사용
- 능동형 문장 기술
- 필요하다면 표(학술발표논문인 경우)도 사용, 그림은 피할 것
- 정확한 폰트 크기

11.3 학술논문 게재 혹은 학술발표를 위해 요약을 작성할 때는 유념해야 할 내용이 있다.

- 중요한 주제
- 전하고자 하는 메시지의 독창성
- 주의 깊게 설정된 연구방법
- 사용된 도구/자료의 타당성

- 흥미를 유발하는 내용
- 현재 관심을 끌고 있는 주제
- 간과되고 있는 분야
- 아직 출판되지 않은 정보
- 제시된 자료로 입증이 가능한 결론

11.4 다음과 같은 요약은 학술논문 게재 혹은 학술발표에서 불가 판정을 받을 수 있다.

- 일반 독자의 관심을 충분히 끌지 못함
- 전하고자 하는 메시지가 독창적이지 못함
- 새로운 정보를 제공해 주는 정도가 충분하지 못함
- 전하고자 하는 메시지의 유용성이 낮음
- 일반 독자에게 너무 복잡하거나 너무 한정적인 정보를 제공할 때
- 연구효과가 적어 연구결과의 타당성이 의문스러울 때
- 하위주제 분석에 의존하여 주 메시지가 상대적으로 빈약할 때
- 처음 제시된 주제라 독자의 흥미를 이끌어내는 것이 의문스러울 때
- 특정 표본집단을 대상으로 함으로써 연구결과를 일반화시키는데 어려움이 있을 때

11.5 요약은 다음과 같은 내용과 기준을 고려하여 심사하고 있다는 점에 유의해야 한다.

| 요약 심사내용 (American Educational Research Association, 2007)

- 주제
  -(독창성, 연구문제의 선정, 논제의 중요성)
- 관련 연구분야에 대한 주제의 적합성
- 관련 학문분야 연구에 대한 기여도
  -(학문적/교육적 중요성, 실제적/이론적 의의)

- 연구의 체제
  -(이론적/개념적/실용적 틀(체제)의 합리성, 관련연구의 검토)
- 분석과 해석
  -(결론의 중요성, 현장적용, 정책에 대한 기여도, 연구 결론과 결과의 관련성, 연구결과의 일반화 가능성 또는 개념의 이용 가능성)
- 문장의 질적 수준
  -(명확성, 논리성, 조직성)
- 참여자의 관심도
  -(학술지 논문으로서의 질적 수준)
- 연구방법
  -(연구설계, 연구방법, 증거제시, 연구자료의 질, 연구의 타당성)
- 형식
  -(제시된 형식이 연구내용 혹은 연구주제에 적절하게 부합)
- 참여자와의 의사소통 기회
  -(참가자와 다양한 관점에서의 토론 기회제공)

요약 심사기준 (Kang, 2006)

MANUSCRIPT # ☐

ABSTRACT REVIEW FORM®

● *Evaluation criteria:*	*Excellent*	*Good*	*Average*	*Fair*	*Poor*
1. Originality of topic	5	4	3	2	1
2. Relevance of topic to division	5	4	3	2	1
3. Contribution to the field	5	4	3	2	1
4. Purpose of study	5	4	3	2	1
5. Research method	5	4	3	2	1
6. Result, conclusion, discussion	5	4	3	2	1
7. clarity / writing style	5	4	3	2	1
8. Opportunity for interaction	5	4	3	2	1

● *Total Score*

● *Decision:* ☐ *Accept-high priority* ☐ *Accept* ☐ *Reject*

● *Comments: (note: if score is* ***less than 25*** *– comments are required)*

Reviewer :_____________________signature _____________date

11.6 요약에는 연구가설(혹은 연구문제) 또는 목적을 기술해야 한다.

요약을 작성할 때는 연구가설(혹은 연구문제) 또는 목적을 서두에 간결하게 기술하면서 시작할 필요가 있다. 다음은 요약의 서두가 어떻게 기술되었는지를 예시한 것이다.

예1

이 연구에서는 95명의 대학 육상선수들을 대상으로 "경기력이 높은 집단과 낮은 집단의 성격특성 간에는 차이가 있을 것"이라는 가설을 검증하였다.

예2

"이 연구는 우수 운동선수들의 지배적 가치관이 자연에 대해 굴종적인지 아니면 정복적인지 그리고 시간에 대해서는 과거 지향적인지 아니면 미래 지향적인지를 조사하는데 목적이 있다."

11.7 연구방법의 핵심적인 요소들을 구체적으로 제시해야 한다.

학술지 논문의 요약에 제시하는 연구방법에 관한 정보는 반복연구가 가능할 정도로 구체적이어야 한다. 포스터발표 논문의 경우도 마찬가지이다. 독자에게 자신의 연구설계가 연구문제(가설)에 대한 답을 얻는데 적합한지의 여부를 판단하게 하고 결과적으로 연구의 타당성을 입증하는데 도움을 줄 수 있도록 구체적으로 제시해야 한다. 연구방법과 관련하여 요약에 포함시켜야 할 정보는 다음과 같다.

- 연구대상
- 연구대상 선정방법
- 처치집단에의 피험자 배정방법 (무선배정 혹은 임의배정)
- 실험처치 변인, 실험절차
- 피험자와 연구자가 실험/비교집단 중 어느 집단에 속해있는지를 아는지 여부
- 사용된 도구(모형 명, 제조업체 명, 생산지역등)

- 측정변인(측정단위 제시)
- 통계처리방법
- 유의도 수준(α)

연구방법에 관한 정보는 독자에게 해당 논문을 계속해서 읽을 것인지의 여부를 결정하는데 도움을 준다. 다음 예는 발표된 요약 전체를 제시한 것이다. 요약에서 5~7번째 문장이 연구방법을 기술한 내용이다.

"걷기는 모든 신체활동의 기본이 되는 활동으로서 상해 위험이 적고 운동효과가 좋으며 전 연령대에 걸쳐 시간과 장소에 구애받지 않고 실천 가능한 최적의 운동형태로 알려져 왔다. 보행패턴의 경향성을 확인하는 데에는 주중과 주말로 구분해 확인하는 것이 필요하다. 그 이유는 소수의 특정한 집단이나 연령대를 제외하고는 주중과 주말의 신체활동 패턴이 확연히 다르기 때문이다. 이 연구는 일주일을 주중과 주말로 나누어 시간대별 좌업 근로여성의 보행패턴을 보행계수기를 이용하여 분석하는데 목적이 있다. 총 106명의 좌업 근로여성(나이: 19~38세, M=27.2, s=3.1; BMI: 16~26, M=20.0kg/㎡, s=1.9)이 연구에 참여하였다. 시간대별 보행수는 보행계수기(Yamax SW650)를 이용하여 오전 9시부터 오후 10시까지 매시 정각에 휴대폰 문자메시지의 송수신에 의해 주중(월~금)과 주말(토~일) 총 7일간 수집되었다. 수집된 자료는 먼저 좌업 근로여성들의 주중과 주말 보행패턴을 확인하기 위해 시간당 보행수(steps/hour)에 대한 기술통계치를 주중과 주말로 나누어 산출하였다. 보행패턴 경향을 확인하기 위해 주중과 주말의 시간대별 보행수를 반복측정 *ANOVA* 방법의 집단내 대비검증(polynomial)방법을 적용하였다. 주말과 주중의 시간대별 보행수는 주중은 588±128steps/hour(범위: 416~791), 주말은 477±87steps/hour(범위: 271~614)로 나타났다. 좌업 근로여성의 시간대별 보행패턴은 다중경향을 보였으며 주중엔 1차식의 경향이, 주말에는 역U 형태의 2차식 경향이 강한 것으로 나타났다. 하루 내의 신체활동패턴을 확인하는 것은 신체활동 중재프로그램에서 진단평가로 활용될 수 있을 뿐만 아니라 개인별로 피드백을 주고 중재전략을 수립하는데 구체적인 정보를 제공할 수 있을 것이다."

11.8 가장 중요한 연구결과를 요약에 제시해야 한다.

예

"전화를 이용한 상담이 새로운 상담기법의 하나로서 빈번하게 사용되어왔다. 그러나 이 방법의 효율성에 대해서는 거의 알려지지 않고 있다. 이 연구는 최초로 전화상담의 효율성을 검토하는 연구이다. 전화상담 봉사기관으로부터 상담을 받은 186명의 참여자가 전화상담의 효율성과 상담자와의 관계에 대한 질을 평가하였다. 일반적으로 참여자들은 전화상담은 전체적이고 구체적인 문제 개선에 도움이 되었으며 그들이 받은 전화상담에 만족하고 있다고 보고하였다. 또한 전화상담은 상담자와의 관계와 상담자가 미치는 영향 모두에서 직접 대면상담과 유사한 것으로 보고하였다. 전화상담 결과는 직접 대면상담 연구들이 제시한 결과와 같은 맥락에서 보고하였다."

Reese, Conoley, & Brossart (2002, p. 233).

11.9 만일 연구가 이론에 기초한 것이라면, 요약에 이론을 제시해야 한다.

일반적으로 이론은 다양한 관찰결과를 설명하는데 도움을 주는 원리(principle)를 제공해 준다. 예를 들면 사회학습이론(social learning theory)은 교수학습 연구에서 관찰된 많은 현상에 적용할 수 있다. 어떤 연구결과가 이론에 기초한 예측과 일치할 때 그 결과는 이론을 지지하게 된다. 반대로 연구결과가 이론과 불일치할 때 그 이론은, 혹은 최소한 관련부분 만큼은, 재고되어야 한다.

지식의 향상과 관련하여 이론이 갖는 중요성 때문에 이론은 연구논문의 제목, 특히 요약에 언급되는 사례가 적지 않다. 다음은 이론을 요약에 기술한 예이다. 참고로 독자들이 혼동하고 있는 이론과 모형의 차이점은 덜 완성된 '이론'을 때로는 '모형(model)' 이라고 부른다는 점이다.

예

"이 연구는 과제중심적인 작문경험이 대학생들의 작문기능 개발에 미치는 효과를 검증하기 위한 것이다. 전문기능 개발과 관련된 이론들과 작문기능 개발에 관한 인지과정이론(cognitive process theory)을 기초로 연구자는 반복연습이 우수한 작문기능 개발과 관련이 있을 것으로 가정하였다. 이러한 가정을 기초로 이 연구에서는 반복연습을 통제하였을 때 전공영역에 대한 작문은 일반영역에 대한 작문에 비해 우수한 작문기능을 습득하는 데 보다 효과적일 것으로 예상하였다. 현장실험에 참여한 대학생 279명이 전공영역에 대한 작문을 연습한 반면 또 다른 대학생 385명은 일반영역에 대한 작문을 연습하였다. 분석결과 가설과 일치한 것으로 나타났다. 연구자는 작문방법을 가르치는 문제와 작문에서 전문기능 개발과 관련된 일반적 이론들에 대해 논의하였다."
Johnstone, Ashbaugh, & Warfield (2002, p. 305).

11.10 포스터로 발표할 때는 요약, 서론, 방법, 결과(표와 그림), 논의, 결론, 중요한 참고문헌을 제시해야 한다.

포스터 발표는 자신의 연구에 흥미를 보이고 있는 사람들과 연구결과에 관해 효과적으로 토론할 수 있다는 장점 때문에 일부학자들은 구두발표보다 선호하고 있다. 연구자는 포스터 발표를 통하여 관심분야가 유사한 학자들과 만나 그들로부터 해당연구에 대한 조언을 받을 수 있는 기회를 갖게 된다. 그러한 조언은 연구자가 학술지에 투고할 논문을 작성할 때 큰 도움이 될 수 있을 뿐만 아니라 또 다른 연구를 위한 아이디어를 얻거나 현재의 연구를 개선하는데 도움을 준다. 이와 같이 요약과 포스터 발표 자료를 작성하는 것은 권위 있는 학술지에 자신의 연구논문을 게재하기 위한 중요한 첫 단계가 된다. 발표를 통하여 연구자는 해당분야의 전문가와 동료들로부터 인정받는 기회를 얻을 수 있다.

포스터에 포함시킬 내용에는 주의를 끄는데 도움을 줄 수 있는 각종 표시(예: 적은 점)와 표, 그림, 사진, 도표 등을 넣을 수 있다. 포스터를 작성하기 위해 선정한 형식이 어떤 것이든, 전통적으로 포함시켜야 할 내용은 요약, 서론, 방법, 결과(표와 그림), 논의, 결론, 중요한 참고문헌이다. 포스터를 발표를 계획할 때 고려해야 할 사항과 포스터 내용 배치도 예를 제시하면 다음과 같다.

✍ 포스터 자료를 작성할 때 고려해야 할 사항

- 포스터 게시판의 크기를 확인하라.
  120(높이) × 180(너비)cm의 크기가 전형적으로 사용되고 있으나 학술회의 주관기관에 따라 크기는 다를 수 있다.
- 자료를 게시판에 부착시킬 수 있는 도구를 준비하라.
- 포스터와 배경색은 다르게 구성하라.
- 가능한 한 본문과 표보다는 그림과 그래프를 사용하라.
- 글자크기는 표 제목의 경우 약 5m 거리에서, 본문의 내용은 약 1m 거리에서 볼 수 있을 정도로 커야 한다.

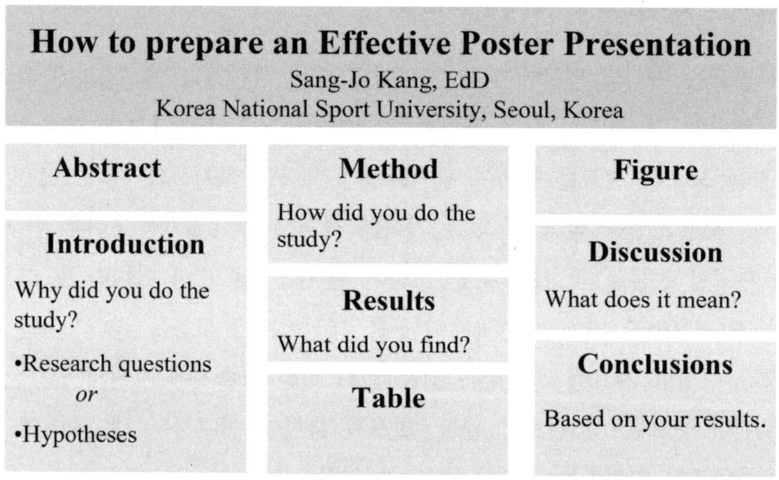

Figure 1. The general layout of a poster presentation

11.11 요약을 작성할 때 유의해야 할 사항 예*

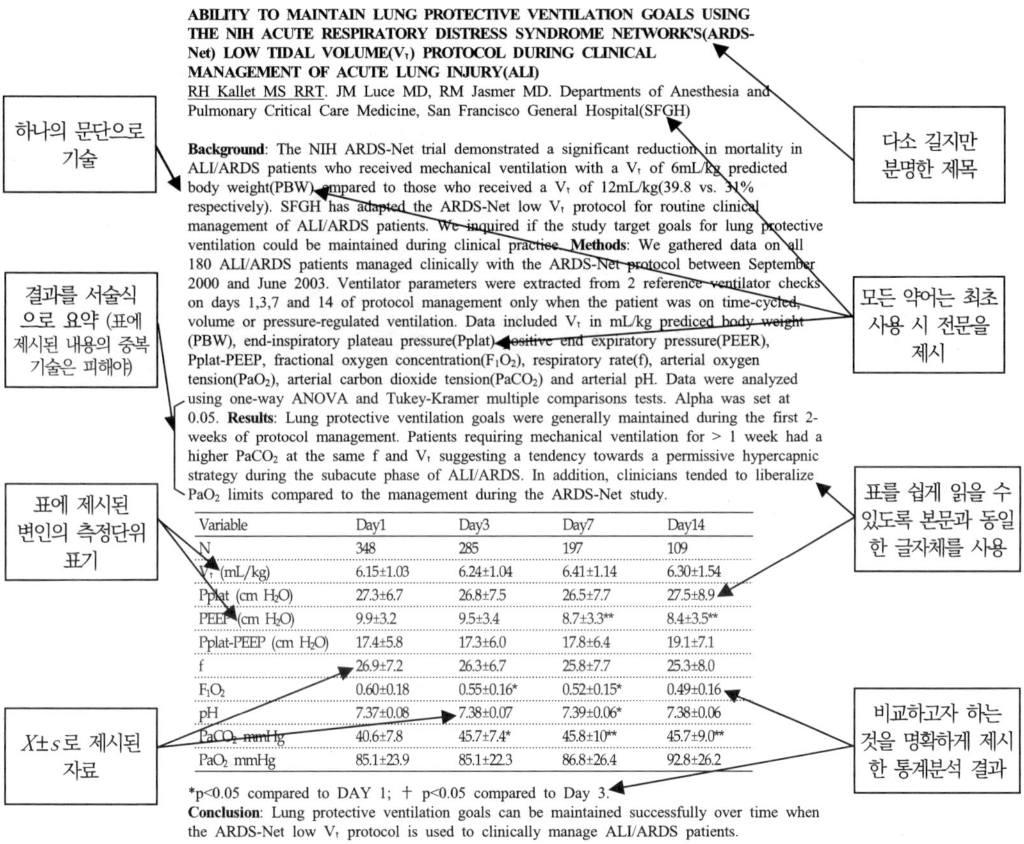

ABILITY TO MAINTAIN LUNG PROTECTIVE VENTILATION GOALS USING THE NIH ACUTE RESPIRATORY DISTRESS SYNDROME NETWORK'S(ARDS-Net) LOW TIDAL VOLUME(V_T) PROTOCOL DURING CLINICAL MANAGEMENT OF ACUTE LUNG INJURY(ALI)

RH Kallet MS RRT. JM Luce MD, RM Jasmer MD. Departments of Anesthesia and Pulmonary Critical Care Medicine, San Francisco General Hospital(SFGH)

Background: The NIH ARDS-Net trial demonstrated a significant reduction in mortality in ALI/ARDS patients who received mechanical ventilation with a V_T of 6mL/kg predicted body weight(PBW) compared to those who received a V_T of 12mL/kg(39.8 vs. 31% respectively). SFGH has adapted the ARDS-Net low V_T protocol for routine clinical management of ALI/ARDS patients. We inquired if the study target goals for lung protective ventilation could be maintained during clinical practice. **Methods**: We gathered data on all 180 ALI/ARDS patients managed clinically with the ARDS-Net protocol between September 2000 and June 2003. Ventilator parameters were extracted from 2 reference ventilator checks on days 1,3,7 and 14 of protocol management only when the patient was on time-cycled, volume or pressure-regulated ventilation. Data included V_T in mL/kg prediced body weight (PBW), end-inspiratory plateau pressure(Pplat), positive end expiratory pressure(PEER), Pplat-PEEP, fractional oxygen concentration(F_IO_2), respiratory rate(f), arterial oxygen tension(PaO_2), arterial carbon dioxide tension($PaCO_2$) and arterial pH. Data were analyzed using one-way ANOVA and Tukey-Kramer multiple comparisons tests. Alpha was set at 0.05. **Results**: Lung protective ventilation goals were generally maintained during the first 2-weeks of protocol management. Patients requiring mechanical ventilation for > 1 week had a higher $PaCO_2$ at the same f and V_T suggesting a tendency towards a permissive hypercapnic strategy during the subacute phase of ALI/ARDS. In addition, clinicians tended to liberalize PaO_2 limits compared to the management during the ARDS-Net study.

Variable	Day1	Day3	Day7	Day14
N	348	285	197	109
V_T (mL/kg)	6.15±1.03	6.24±1.04	6.41±1.14	6.30±1.54
Pplat (cm H_2O)	27.3±6.7	26.8±7.5	26.5±7.7	27.5±8.9
PEEP (cm H_2O)	9.9±3.2	9.5±3.4	8.7±3.3**	8.4±3.5**
Pplat-PEEP (cm H_2O)	17.4±5.8	17.3±6.0	17.8±6.4	19.1±7.1
f	26.9±7.2	26.3±6.7	25.8±7.7	25.3±8.0
F_IO_2	0.60±0.18	0.55±0.16*	0.52±0.15*	0.49±0.16
pH	7.37±0.08	7.38±0.07	7.39±0.06*	7.38±0.06
$PaCO_2$ mmHg	40.6±7.8	45.7±7.4*	45.8±10**	45.7±9.0**
PaO_2 mmHg	85.1±23.9	85.1±22.3	86.8±26.4	92.8±26.2

*$p<0.05$ compared to DAY 1; ＋ $p<0.05$ compared to Day 3.

Conclusion: Lung protective ventilation goals can be maintained successfully over time when the ARDS-Net low V_T protocol is used to clinically manage ALI/ARDS patients.

그림 1. 2003 Open Forum 학술회의에 발표된 표가 제시된 요약.
화살표로 제시된 내용은 요약 작성 시 유념해야 할 사항임.

* Pierson, D. J. (2004). How to write an abstract that will be accepted for presentation. *Respiratory Care*, *49*, 1206-1212.

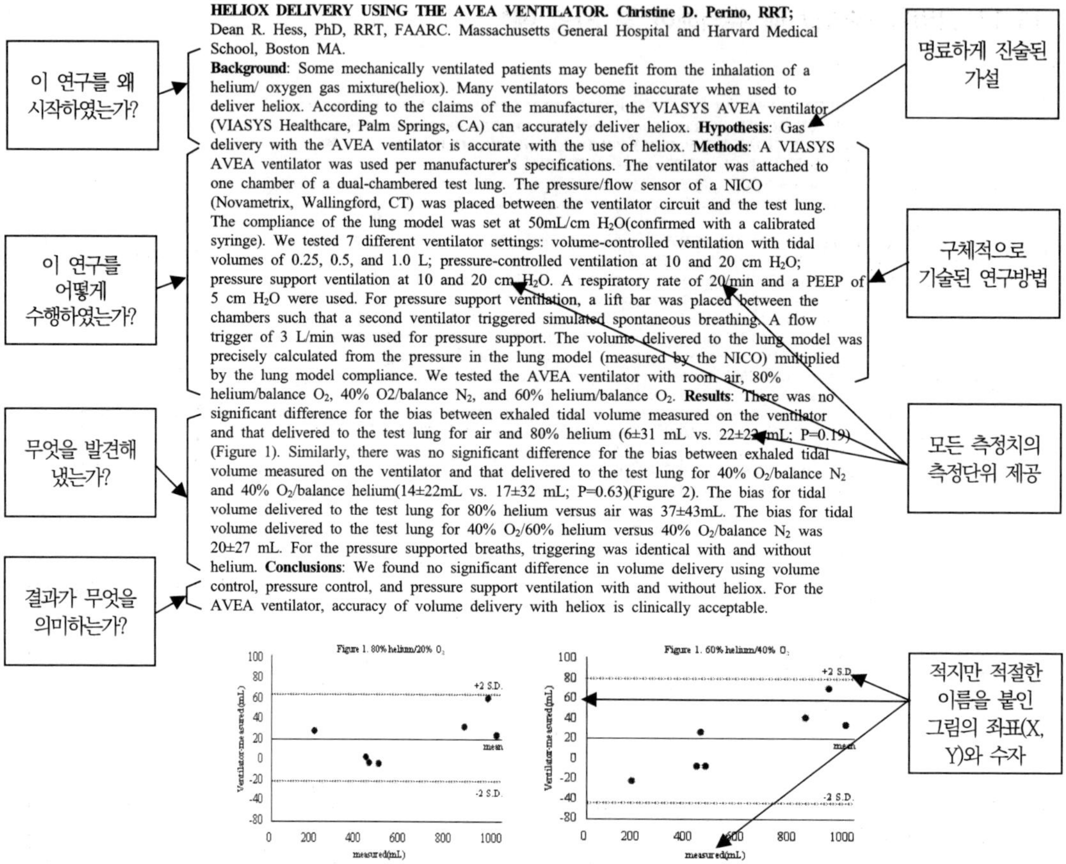

HELIOX DELIVERY USING THE AVEA VENTILATOR. Christine D. Perino, RRT; Dean R. Hess, PhD, RRT, FAARC. Massachusetts General Hospital and Harvard Medical School, Boston MA.

Background: Some mechanically ventilated patients may benefit from the inhalation of a helium/ oxygen gas mixture(heliox). Many ventilators become inaccurate when used to deliver heliox. According to the claims of the manufacturer, the VIASYS AVEA ventilator (VIASYS Healthcare, Palm Springs, CA) can accurately deliver heliox. **Hypothesis**: Gas delivery with the AVEA ventilator is accurate with the use of heliox. **Methods**: A VIASYS AVEA ventilator was used per manufacturer's specifications. The ventilator was attached to one chamber of a dual-chambered test lung. The pressure/flow sensor of a NICO (Novametrix, Wallingford, CT) was placed between the ventilator circuit and the test lung. The compliance of the lung model was set at 50mL/cm H_2O(confirmed with a calibrated syringe). We tested 7 different ventilator settings: volume-controlled ventilation with tidal volumes of 0.25, 0.5, and 1.0 L; pressure-controlled ventilation at 10 and 20 cm H_2O; pressure support ventilation at 10 and 20 cm H_2O. A respiratory rate of 20/min and a PEEP of 5 cm H_2O were used. For pressure support ventilation, a lift bar was placed between the chambers such that a second ventilator triggered simulated spontaneous breathing. A flow trigger of 3 L/min was used for pressure support. The volume delivered to the lung model was precisely calculated from the pressure in the lung model (measured by the NICO) multiplied by the lung model compliance. We tested the AVEA ventilator with room air, 80% helium/balance O_2, 40% O2/balance N_2, and 60% helium/balance O_2. **Results**: There was no significant difference for the bias between exhaled tidal volume measured on the ventilator and that delivered to the test lung for air and 80% helium (6±31 mL vs. 22±22 mL; P=0.19) (Figure 1). Similarly, there was no significant difference for the bias between exhaled tidal volume measured on the ventilator and that delivered to the test lung for 40% O_2/balance N_2 and 40% O_2/balance helium(14±22mL vs. 17±32 mL; P=0.63)(Figure 2). The bias for tidal volume delivered to the test lung for 80% helium versus air was 37±43mL. The bias for tidal volume delivered to the test lung for 40% O_2/60% helium versus 40% O_2/balance N_2 was 20±27 mL. For the pressure supported breaths, triggering was identical with and without helium. **Conclusions**: We found no significant difference in volume delivery using volume control, pressure control, and pressure support ventilation with and without heliox. For the AVEA ventilator, accuracy of volume delivery with heliox is clinically acceptable.

그림 2. 2003 Open Forum 학술회의에 발표된 그림이 제시된 요약.
화살표로 제시된 내용은 요약 작성 시 유념해야 할 사항임

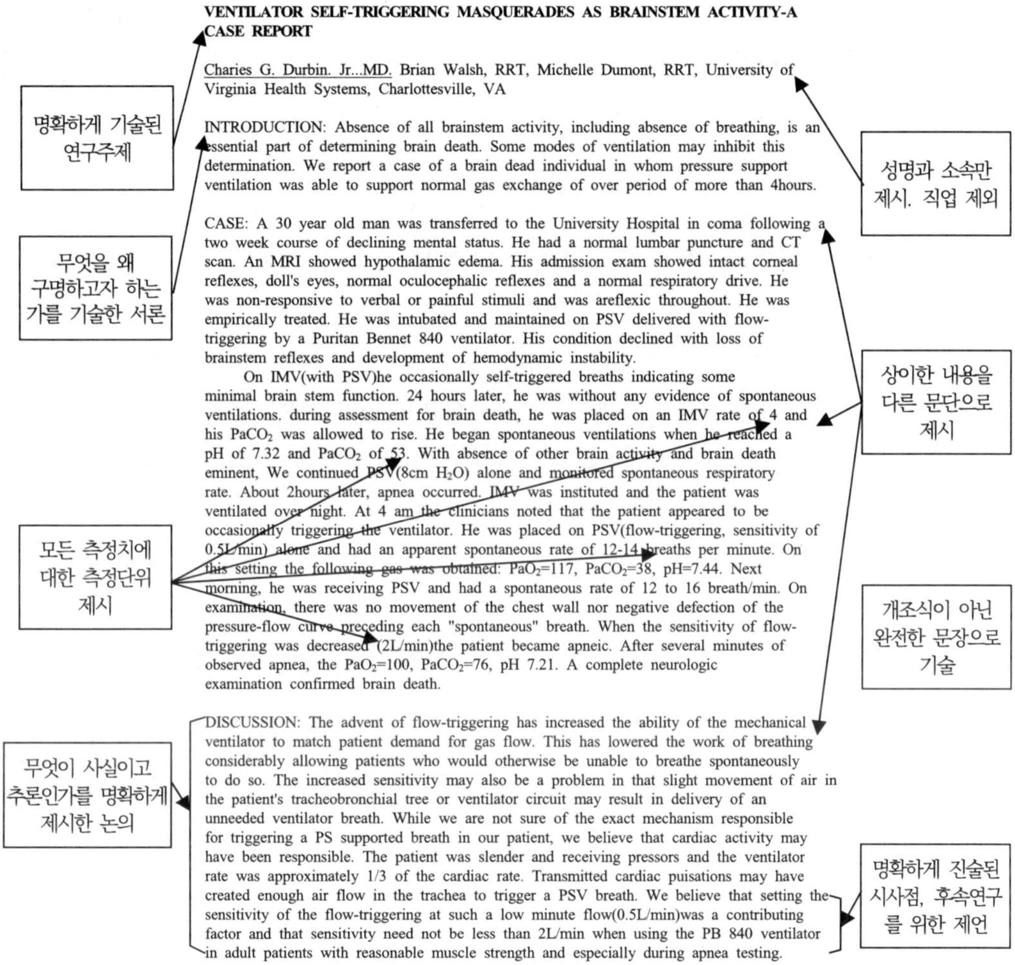

VENTILATOR SELF-TRIGGERING MASQUERADES AS BRAINSTEM ACTIVITY-A CASE REPORT

Charies G. Durbin. Jr...MD. Brian Walsh, RRT, Michelle Dumont, RRT, University of Virginia Health Systems, Charlottesville, VA

INTRODUCTION: Absence of all brainstem activity, including absence of breathing, is an essential part of determining brain death. Some modes of ventilation may inhibit this determination. We report a case of a brain dead individual in whom pressure support ventilation was able to support normal gas exchange of over period of more than 4hours.

CASE: A 30 year old man was transferred to the University Hospital in coma following a two week course of declining mental status. He had a normal lumbar puncture and CT scan. An MRI showed hypothalamic edema. His admission exam showed intact corneal reflexes, doll's eyes, normal oculocephalic reflexes and a normal respiratory drive. He was non-responsive to verbal or painful stimuli and was areflexic throughout. He was empirically treated. He was intubated and maintained on PSV delivered with flow-triggering by a Puritan Bennet 840 ventilator. His condition declined with loss of brainstem reflexes and development of hemodynamic instability.

On IMV(with PSV)he occasionally self-triggered breaths indicating some minimal brain stem function. 24 hours later, he was without any evidence of spontaneous ventilations. during assessment for brain death, he was placed on an IMV rate of 4 and his $PaCO_2$ was allowed to rise. He began spontaneous ventilations when he reached a pH of 7.32 and $PaCO_2$ of 53. With absence of other brain activity and brain death eminent, We continued PSV(8cm H_2O) alone and monitored spontaneous respiratory rate. About 2hours later, apnea occurred. IMV was instituted and the patient was ventilated over night. At 4 am the clinicians noted that the patient appeared to be occasionally triggering the ventilator. He was placed on PSV(flow-triggering, sensitivity of 0.5L/min) alone and had an apparent spontaneous rate of 12-14 breaths per minute. On this setting the following gas was obtained: PaO_2=117, $PaCO_2$=38, pH=7.44. Next morning, he was receiving PSV and had a spontaneous rate of 12 to 16 breath/min. On examination, there was no movement of the chest wall nor negative defection of the pressure-flow curve preceding each "spontaneous" breath. When the sensitivity of flow-triggering was decreased (2L/min)the patient became apneic. After several minutes of observed apnea, the PaO_2=100, $PaCO_2$=76, pH 7.21. A complete neurologic examination confirmed brain death.

DISCUSSION: The advent of flow-triggering has increased the ability of the mechanical ventilator to match patient demand for gas flow. This has lowered the work of breathing considerably allowing patients who would otherwise be unable to breathe spontaneously to do so. The increased sensitivity may also be a problem in that slight movement of air in the patient's tracheobronchial tree or ventilator circuit may result in delivery of an unneeded ventilator breath. While we are not sure of the exact mechanism responsible for triggering a PS supported breath in our patient, we believe that cardiac activity may have been responsible. The patient was slender and receiving pressors and the ventilator rate was approximately 1/3 of the cardiac rate. Transmitted cardiac puisations may have created enough air flow in the trachea to trigger a PSV breath. We believe that setting the sensitivity of the flow-triggering at such a low minute flow(0.5L/min)was a contributing factor and that sensitivity need not be less than 2L/min when using the PB 840 ventilator in adult patients with reasonable muscle strength and especially during apnea testing.

그림 3. 학술회의에 발표된 사례보고 논문으로 높게 평가된 요약.
화살표로 제시된 내용은 요약 작성 시 유념해야 할 사항임

요약에 각 장의 내용을 어느 정도 포함시킬 것인가는 전적으로 연구자의 주관적 판단에 달려있다. 그럼에도 불구하고 요약을 작성할 때 유념해야 할 사항은 연구자가 작성한 요약을 독자가 읽고 전체 논문을 읽을 것인지의 여부를 판단하는데 필요한 구체적(specific)이고 정확(accurate)하면서도 간결한(concise) 정보를 제공해야 한다는 것이다. 연구자가 작성한 요약이 지나치게 축약이 되어 의미를 전달할 수 없게 되면 독자는 흥미를 잃게 될 것이다. 반면 논리적으로 전개되지 못한 요약이거나 지나치게 긴 요약은 독자의 집중력을 떨어뜨려 이 또한 관심을 잃게 하는 요인이 될 수 있다. 자신의 연구가 다른 연구에 비해 어떤 독특한 특징을 가지고 있다면 해당 부분을 부각시킬 필요가 있다. 예를 들어 어떤 연구문제에 대한 특정한 실험(예: 특정종목 우수 운동선수의 유전자 분석)을 최초로 실시하는 것이라면 그 점을 요약에 밝혀두는 것이 필요하다.

11.12 요약의 끝부분에는 주요어(Keywords)를 제시해야 한다.

주요어는 해당 논문을 다른 연구자가 인용하는 데 영향을 미칠 수 있다. 쉽게 찾을 수 있는 논문이 인용될 가능성이 크기 때문에 주요어는 주의 깊게 작성해야 한다. 주요어의 제시방법은 대학 혹은 학술지에 따라 다를 수 있다. 따라서 연구자는 학위논문일 경우 해당 대학의 출판양식을, 학술지의 경우에는 게재하고자 하는 학술지의 출판, 편집양식을 일차적으로 확인할 필요가 있다.

2020년 APA가 출간한 출판요강(7판)에 의하면 연구자가 작성한 논문이 학술지를 포함한 다양한 데이터베이스에 게재될 경우, 요약의 끝에는 색인화하는데 사용할 수 있는 몇 개의 주요어(Keywords)를 제시해야 한다고 기술하고 있다. 주요어를 작성할 때 고려해야 할 사항은 다음과 같다.

1) 주요어는 연구주제를 전체적으로 이해하는 데 도움을 줄 수 있어야 한다.
2) 주요어에는 논문의 제목이나 초록에 제시된 주요 개념으로부터 연구주제와 방법을 대

표할 수 있는 용어를 제시한다. 연구방법을 나타내는 주요어에는 연구대상, 연구도구, 분석방법 등을 포함시킨다.

3) 주요어는 하나의 단어(word) 혹은 둘 이상의 단어로 구성된 구(phrase)로 제시한다. 몇 개의 단어로 구성된 개념은 각각의 단어로 나누지 않고 그대로 사용한다(예; '특성 불안'은 '특성'과 '불안'으로 구분하지 않고 그대로 제시).
4) 주요어의 수는 보통 3개에서 5개 정도의 중요한 용어를 제시할 것을 권고하고 있다. 그러나 APA의 출판요강(7판, 2020)에 예시된 특정 연구논문의 요약에는 아래의 예와 같이 6개의 주요어가 제시되어 있다. 학술지에 게재된 논문 중에는 7개의 주요어를 제시한 사례도 흔하게 발견되고 있다.
5) 주요어는 해당 학문분야의 연구자가 공통적으로 사용하고 있는 용어로 제시한다.
6) 주요어는 논문 전체에서 동일한 용어로 제시되어야 한다.
7) 주요어를 영문으로 제시하고자 할 때 고유명사를 제외한 보통명사일 때 첫 자를 소문자로 표시한다.
8) 키워드 간에는 쉼표(,)로 구분하고 마지막 주요어에는 구두점(.)을 찍지 않는다.

Journal article title: Social comparisons on social media: The impact of Facebook on young women's body image concerns and mood

Abstract

The present study experimentally investigated the effect of Facebook usage on women's mood and body image, whether these effects differ from an online fashion magazine, and whether appearance comparison tendency moderates any of these effects. Female participants (N = 112) were randomly assigned to spend 10 min browsing their Facebook account, a magazine website, or an appearance-neutral control website before completing state measures of mood, body dissatisfaction, and appearance discrepancies (weight-related, and face, hair, and skin-related). Participants also completed a trait measure of appearance comparison tendency. Participants who spent time on Facebook reported being in a more negative mood than those who spent time on the control website. Furthermore, women high in appearance comparison tendency reported more facial, hair, and skin-related discrepancies after Facebook exposure than exposure to the control website. Given its popularity, more research is needed to better understand the impact that Facebook has on appearance concerns.

Keywords: Facebook, social media, magazine, appearance-related social comparison, body image concerns, mood

연습문제

一 짧은 요약을 작성할 때 일반적으로 포함시켜야 할 내용은 무엇인가?

二 연구방법의 중요한 부분을 요약에 제시해야 하는가?

三 중요한 연구결과는 요약에 제시해야 하는가?

四 만일 연구가 이론에 기초하여 수행된 것이라면 그러한 사실을 요약에 제시해야 하는가?

五 다음 요약에서 주요 결점은 무엇인가?

"다양한 건강관련체력 요인을 측정하는 체력검사가 200명의 초등학교 6학년 학생들을 대상으로 실시되었다. 연구대상 학생들은 서울 송파구에 소재하는 3개 초등학교에서 선정되었다. 검사는 학생들의 6학년 1학기를 이수하는 무렵인 6월에 실시하였다. 체력검사는 전체검사를 하루에 실시할 경우 유발될 수 있는 학생들의 피로를 고려하여 3개 부분으로 나누어 실시하였다. 세 가지 연구가설이 긍정되었다. 인지능력 개발을 위한 시사점과 후속연구를 위한 방향이 논의되었다."

六 학술지에 게재된 연구논문 중의 하나를 선정하여 요약을 복사한 후 이 장에 기술된 요약작성 지침을 참고하여 그 개선점을 논의해 보라.

七 학술지에 게재된 연구논문 중 자신의 관심분야에 해당하는 논문을 한 편 선택한 후 요약을 제외한 나머지 전문을 읽고 요약을 작성해보라. 그리고 자신이 작성한 요약과 저자가 작성한 요약을 비교하고 논의해 보라.

八 데이터베이스의 이용이 활성화되어 있는 시점에서 주요어의 수를 5개 이내로 한정하여 제시할 필요가 있는가? 필요가 있다면 혹은 없다면 그 이유는 무엇인가?

12 질적 연구결과의 보고

지난 삼년(2006~2008) 동안 스포츠교육학 분야의 학술지에 게재된 전체 169편의 논문 중 108편(63.9%)이 질적 연구(質的 硏究: qualitative research)로 나타났다. 이와 같은 사실을 고려할 때 질적 연구는 이제 학문영역에 따라서는 관심의 수준을 넘어서 학문연구를 주도하는 방법으로 평가할 수도 있다. 질적 연구의 결과 보고 역시 양적 연구결과의 보고 방법과 크게 다를 바 없다. 앞에 기술된 통계분석 결과의 보고와 관련된 몇 가지 지침을 제외하고는 양적 연구결과의 보고방법을 그대로 적용할 수 있다. 이 장에서는 질적 연구결과를 보고할 때 고려할 수 있는 구체적인 사항을 제시하고자 한다.

질적 연구논문 작성방법에 대해 이 책의 범위를 넘어 구체적인 관심을 가지고 있는 독자는 유정애(2004)가 쓴 '질적 연구논문 작성법'을 참고하기 바란다. 실제 연구논문을 작성하는 연구자는 이 책을 통해서 실질적인 도움을 받을 수 있을 것이다. 그리고 질적 연구방법을 간결하게 이해하기를 원한다면 강상조(1994)가 쓴 '체육연구방법'의 질적 연구를 참고하기 바란다.

12.1 논문의 제목 혹은 요약에 '질적 연구'라는 용어를 삽입하는 문제를 고려해보라.

사회과학과 행동과학 분야에서 수행되고 있는 연구의 대부분은 양적 연구이기 때문에 연구제목이나 요약에 '질적 연구'라는 용어를 사용하는 것은 이 분야에 관심을 가지고 있는 독자들에게 질적 연구의 소재를 확인시키는 데 도움을 줄 수 있다. 일부에서는 이제 질적 연구도 점차 확대되고 있으므로 제목이나 요약에 굳이 '질적 연구'임을 밝힐 필요가 있겠느냐는 의견도 적지 않다. 앞에서도 언급한 바와 같이 질적 연구는 이제 학문영역에 따라서는 오히려 양적 연구보다 큰 관심을 끌고 있기도 하다. 그러나 아직은 제목에 질적 연구임을 알릴 수 있는 다른 용어들이 제시되지 않는 한 '질적 연구'라는 용어의 삽입은 고려해볼 만하다. 다음 세 가지 예는 질적 연구임을 소개한 연구제목이다.

예

- **척추상해 이후 고용에 미치는 요인: 질적 연구**
- **파경 후의 갈등 처리: 전 배우자 이야기의 질적 연구**
- **은퇴 이후 운동선수들의 자존감: 질적 연구**
- **무용수의 식이습관과 공연에 대한 태도: 질적 연구**

위의 네 가지 제목에서 '질적 연구'라는 용어는 주 제목 대신 부 제목에 제시하고 있다는 점에 주목할 필요가 있다. 왜냐하면 연구논문을 검색하는 대부분의 독자는 연구방법(예: 질적 연구)보다는 연구변인(예: 척추상해)에 더 큰 관심을 갖고 있기 때문이다.

다음은 질적 연구논문의 요약이다. 이 요약을 작성한 연구자는 주 제목에 '질적 연구'라는 용어를 사용하지는 않았지만 요약의 첫 문장에는 이를 사용하였다.

예

"이 연구는 질적 연구방법을 이용하여 아프리카계 미국인의 정체성 형성과정을 구명한 것이다. 이 연구의 대상은 대학 1학년부터 박사학위를 소지한 20세~47세 사이의 아프리카계 미국인 남자 7명이다. 이들 참여자는 자신을 한 가정의 생계를 책임지는 사람 혹은 가족 부양자로 소개하였다. 참여자는 교육과 직업에 대한 기회를 자각하고 인종차별로부터 보호받는데 교육이 매우 중요하다는 점을 강조하였다. 이들 참여자들에게 교육은 가족 부양의 기회를 보장받는 수단으로 인식되고 있다. 이 연구결과는 아프리카계 미국남자 가운데 가족 부양자 역할의 특징을 제시한 Cazenave (1979, 1981)의 연구결과와 일치하고 있다. 또한 후속연구를 위해 아프리카계 미국남자들의 가족 부양자 역할이 주는 시사점을 제안하고 있다. 자료 또한 아프리카계 미국남자들의 경험 간에는 다양한 차이가 있다는 점을 시사해주고 있다. 참여자 중 한 사람은 아프리카 계 미국인 남자를 다음과 같이 기술하고 있다. "우리의 일부는 부케의 꽃처럼 또 일부는 야생 꽃처럼 세상에 나왔다." …. 끝으로 이 연구에서는 연구문헌에서 흔히 대표성이 낮은 소수계층 집단에게 표현의 기회가 제공되었다."

Diemer (2002, p. 30).

요약에 '심층면접(in-depth interviews)', '중심집단(focus groups)', '참여자 관찰(participant observation)'과 같이 질적 연구에서 전통적으로 사용하고 있는 방법들을 언급하는 것은 독자들에게 이 연구가 질적 연구임을 알리는데 도움을 줄 수 있다. 이 지침은 양적 연구방법으로 수행된 연구주제를 질적 연구방법으로 수행하였을 때 특히 중요하다. 그러한 주제에 대한 '질적 연구'라는 용어의 사용은 연구의 유형을 확연히 구분해 주는 역할을 하기 때문이다.

12.2 양적 연구 아닌 질적 연구방법을 선택한 이유를 기술해야 한다.

연구주제를 양적 연구가 아닌 질적 연구방법을 적용하여 수행하게 된 이유는 보통 서론 혹은 연구방법 장에 기술한다. 질적 연구방법을 적용하게 된 이유를 밝히는 것은 특히 양적 연구논문을 주로 게재하는 학술지의 독자 혹은 양적 연구에 익숙해 있는 독자를 위해 필요하다.

아래에 제시된 논문의 저자는 아동의 생활을 이해하는데 관심을 보이고 있음을 알 수 있다. 연구자가 분석한 이야기(story)는 생활에 대한 아동과의 면담과정에서 아동으로부터 청취한 것이다.

예

"질적 접근은 특히 아동의 이야기를 분석하는데 적합하다. 이야기는 생각을 사회적으로 맥락화(social contextualization)하는 것을 가능하게 하며 전통적인 양적 접근으로는 그 실체를 충분히 밝힐 수 없는 내용을 포함한다. …. 아동들을 면담하는 것은 이들 집단으로부터 대중 속에서는 들을 수 없는 그들만의 의견을 들을 수 있는 기회를 제공해 준다."

Whiting & Lee (2003, p. 289).

다음에 제시된 예 역시 질적 접근방법을 이용하여 연구를 수행하게 된 이유를 왜 밝혀야 하는가와 관련이 있다. 다음 예는 위의 예보다 그 이유를 구체화한 것이다. 질적 접근방법을 선정한 이유를 좀 더 길고 구체적으로 기술한 사례는 주로 학위논문에서 발견되고 있으며 학술지 논문에서도 일부 발견되고 있다.

예

"이 연구는 자녀와의 관계에 미치는 충격을 어머니의 지각을 통하여 탐색하는데 목적이 있기 때문에 질적 접근방법이 적합한 방법으로 선정되었다. 질적 연구방법은 가족구성원의 의미와 해석, 상호작용, 주관적 경험에 중점을 두기 때문에 가족을 연구하는데 특히 유용하다(Daly, 1992; Gilgun, 1992). 가족연구에서 질적 연구방법의 이론적 토대는 현상학(phenomenology)과 상징적 상호영향이론(symbolic interactionism)이다. 현상학은 '.... 인간 행동의 주관적 측면을 이해'하는데 목적을 둔다(Bogdan & Bicklen, 1992, p. 36). 상징적 상호영향이론은 "인간의 경험은 해석을 통해 중재된다. … . 대상과 인간, 상황, 사건들은 그 자체만의 의미를 갖지 못하며 그들 자체에 의미가 부여된다는 점을 주장한다"(Bogdan & Bicklen, 1992, p. 36). 따라서 집 없는 떠돌이 생활과 보호소 생활이 가족관계에 미치는 충격을 이해하기 위해서는 집 없는 떠돌이의 맥락에서 가족의 주관적인 경험을 탐색하는 것과 어머니들이 그러한 경험을 어떻게 해석하고 의미를 부여하는가를 탐색하는 것이 중요하다."
Lindsey (1998, p. 245).

12.3 연구에 사용된 질적 연구방법이 무엇인가를 기술하라.

연구자는 질적 연구방법을 적용한 이유를 제시할 때에는 구체적으로 어떠한 연구방법을 적용했는지를 제시할 필요가 있다. 이는 질적 연구방법을 이해하고 있는 사람들에게 연구결과를 보고하거나 새로운 질적 접근방법을 사용할 때 특히 중요하다. 아래에 제시된 두 가지 예 중 하나는 생애사 연구방법을, 다른 하나는 수정된 근거이론(grounded theory)방법을 적용한 사례이다. 첫째 예는 서론에, 두 번째 예는 연구방법에 제시된 것이다. 독자는 두 번째 예에서 연구자가 자신이 적용한 질적 연구방법에 관해 보다 많은 정보를 제공하기 위해 참고문헌을 제시하고 있다는 점에도 유의할 필요가 있다. 여기에서 근거이론 방법이란 어떤 현상에 대해 귀납적으로 유도된 근거이론을 개발하기 위해 체계적인 절차를 이용하는 질적 연구방법이다.
Strauss & Corbin (1990, p. 24).

예

"본 연구는 이상과 같은 문제의식을 바탕으로 체육교사의 삶과 문화를 이해하면서 그들이 어떻게 자기 정체성을 형성하고 있는가를 다음과 같은 방법으로 연구하고자 한다. 먼저 기존의 연구방법이 갖은 한계점을 극복하기 위해 생애사적 연구를 수행하고자 한다. 체육교사의 자기 정체성 형성과정을 심층면담과 참여관찰을 통하여 그들의 관점에서 조명함으로써 기존연구에서 소홀히 했던 체육교사에 대한 새로운 이해와 그들의 문화에 대한 생생한 정보를 얻을 수 있다."
류태호 (2000, p. 7).

예

"이 연구에서는 탐색적 접근방법의 하나인 수정된 근거이론 방법을 사용하였다. 탐색적 혹은 발견지향적 연구방법은 "실제로 일어나고 있는 것을 기술하고 후속연구를 위한 가설을 설정할 목적으로 현상을 체계적으로 탐문하는데 필요한 가장 기본적인 단계이다" (Werstlein & Borders, 1997, p. 122). 전통적으로 근거이론에서는 새로운 가설과 이론을 도출하기 위해 몇 차례의 현장방문 중에 면담을 실시한다(Creswell, 1998). 그러나 이 연구에서는 참여자를 단지 한번만 면담하는 방법으로 수정하였다. 이 방법은 후속연구를 위한 연구문제를 도출하기 위해 수행된 예비연구의 주요 목표와 잘 부합하는 것으로 나타났다."

Linton (2003, pp. 216-217).

12.4 연구목적은 질적 연구방법에 적합한 어휘를 사용하여 간결하고 명료하게 기술해야 한다.

❶ 연구자는 자신의 연구에서 사용한 질적 연구방법(예: 사례연구 혹은 근거이론 연구)이 무엇인지를 기술한다.

❷ 연구 참여자가 개인인지 집단인지 혹은 기관인지 조직인지를 밝힌다.

❸ 연구에서 파악하려는 핵심 개념이나 사실이 무엇인가를 제시 한다.

❹ 질적 연구방법에 적합한 어휘를 사용하여 목적을 기술한다. 예를 들면 이해하다(understand), 기술하다(describe), 발견하다(discover), 생성하다(generate), 혹은 도출하다(develop) 등의 행동언어를 사용한다.

❺ '~의 인과관계를 규명한다.', '~의 관계를 파악한다.' 등의 행동언어를 사용하지 않도록 한다.

유정애(2004, pp. 51-52).

예

"이 (생애사, 현상학적, 근거이론, 문화기술지, 사례)연구는 (한 개인, 과정, 집단, 기관, 프로그램, 분석 단위)의 (연구 초점 혹은 핵심 개념)을 (이해, 기술, 발견, 생성, 도출)하는데 목적이 있다."

유정애(2004, p. 53).

연구목적 진술 예

❶ 생애사 연구: 이 연구는 한 체육교사의 직업정체성 형성과정을 생애사적 측면에서 이해하는데 목적이 있다.

❷ 문화기술지 연구: 이 연구는 특정대학 선수훈련 지도과정에서 선수를 어떻게 관리하고 통제하고 있는가를 문화 기술적으로 이해하는데 목적이 있다.

❸ 사례연구: 이 연구는 축구 우승팀의 선수훈련지도 사례를 심층적으로 기술하는데 목적이 있다.

12.5 연구문제는 '왜'라는 용어보다는 '무엇'과 '어떻게'라는 용어를 사용하여 진술하는 것이 바람직하다.

❶ 질적 연구는 주로 귀납적 추론을 통하여 분석하기 때문에 양적 연구에서 중요하게 활용되고 있는 일방검증 형식의 연구문제는 사용하지 않는다. 또한 양적 연구에서 주로 사용하고 있는 용어인 '영향', '규명', '원인', '관계' 등의 사용을 자제해야 한다.

❷ 연구문제는 '왜'라는 용어보다는 '무엇'과 '어떻게'라는 용어를 사용하여 진술한다.

❸ 연구문제의 수는 5개~7개 이하로 한다.

❹ 연구문제는 연구방법에 적합한 탐색적인 동사로 표현한다. 예를 들면 기초이론에서는 '발견한다(discover)', 문화기술지에서는 '이해한다(understand)', 사례연구에서는 '과정을 탐색한다(explore a process)', 현상학에서는 '경험을 기술한다(describe the experience)', 이야기식(narrative) 연구에서는 '이야기를 기술한다(report the stories)'라고 하는 것이 적절하다.

Croswell (2003)과 Miles & Huberman (1994)을 인용한 유정애(2004, pp. 55) 재인용.

예: 학술논문 사례

"이 연구에서는 사회과 교육과정의 개정과정에 관심을 갖고 다음과 같은 연구문제를 설정하였다.

첫째, 사회과 교육과정 개발에는 누가 참여하였으며 어떻게 진행되었는가?

둘째, 사회과 교육과정 개발과정에서 제기된 문제나 쟁점들은 무엇이며 그것은 어떤 방식으로 해결되었는가?

셋째, 사회과 교육과정 개발과정의 의사소통적 특성은 무엇이며 그 교육적 의미는 무엇인가?"

이혁규(2000)를 인용한 유정애(2004, pp. 56) 재인용.

12.6 독자에게 자신이 누구임을 밝히는 문제를 고려할 필요가 있다.

양적 연구자는 연구결과에 미치는 영향을 최소화하기 위해 연구 참여자와 일정한 거리를 유지하고 판단과정에서 '객관적'이어야 한다고 배운다. 그러나 질적 연구자는 본질적으로 연구의 주관적 성격을 인식해야 한다고 배운다. 뿐만 아니라 대부분의 질적 연구자들은 참여자와 직접 의사소통을 하는 방법(예를 들면 심층면담, 참여관찰, 중심집단 방법)을 이용한다. 왜냐하면 대부분의 질적 연구가 참여자와의 상호작용을 통해 이루어지고 있기 때문에 연구자가 수행하는 연구를 기술할 때 그들 자신이 누구인가에 대해서도 기술하는 것이 필요하다. 예를 들면 다음 예의 연구자는 집단을 참여자 관점에서 연구하기 위해 지원집단(support group)에 참여관찰자로서 참여하였다. 이 연구는, 정신건강에 도움이 필요한 어린이를 둔 가족에 대한 집단지원을 연구하는데 목적이 있기 때문에, 연구자가 자신이 누구임을 밝히는 것은 연구와 관련하여 중요한 의미가 있다.

예

"연구자는 가족 중에 정신병을 앓고 있는 사람이 있고 또 정신병을 앓고 있는 집단에서 일한 경험이 있기 때문에 집단구성원과의 협의 하에 그들의 집단활동에 개인적으로 깊게 참여하는 것이 바람직하다는 결정을 내렸다."

Mohr (2003, p. 678).

12.7 만일 연구대상을 실제로 편의상 표집하였다면 '목적표집 (purposive sampling)'이라고 기술해서는 안 된다.

목적표집은 특정한 연구문제의 해결과 관련하여 의미있는 자료를 얻는데 특히 적합하다고 판단되는 표집방법이다. 다시 말하면 목적표집의 대상은 연구자가 선정한 참여자들의 집단이다. 왜냐하면 참여자들은 특히 관심을 끌만한 특성을 가지고 있기 때문이다.

연구자들은 특정 참여자들을 연구대상으로 선정하는 것이 단순히 편리하다는 이유(예를 들면 자신의 강의에 등록한 학생들)때문이라면 표본대상의 표집은 목적표집이 아니라 '편의표집' 혹은 '임의표집(accidental sampling)'과 같이 편의를 고려한 표집임을 밝혀야 한다.

예

"이 연구의 대상은 방과 후 프로그램에 참여하는 라틴계 청소년과 그 가족을 초청하여 그 중 10 가족을 편의표집 하였다."
Behnke, Piercy, & Diversi (2004, p. 19).

12.8 만일 목적표집 방법이 사용되었다면 참여자 선정원칙을 기술해야 한다.

다음 예는 점수분포의 극단에 있는 사례들을 연구자가 목적을 가지고 선정한 사례이다.

예

"연구자는 과외활동 참여를 가능하게 하는 요인을 탐색하는데 관심을 가지고 있기 때문에 과외활동에의 참여결정을 면담하기 위해 가장 많이 참여하고 능력이 출중한 아동기의 학생들을 목적표집 방법을 이용하여 선정하였다. 표집방법은 참여자 선정방법으로 분포의 양극단에 있는 사례들을 목적표집 방법을 이용하여 선정할 것을 강조한 Patton (1990)의 제안을 따랐다. 왜냐하면 그들은 보다 풍부한 정보를 가지고 있을 가능성이 크기 때문이다. 다른 학자들 역시 수행하고 있는 연구의 전집에 대해 조사할 때 이러한 표집방법을 제안해 왔다."
Fredricks et al. (2002, p. 72).

12.9 참여자의 선정방법을 기술해야 한다.

'편의표집' 혹은 '임의표집(accidental sampling)'방법 중 어느 방법을 사용하든, 독자는 참여자가 어떻게 선정되었는지에 대해 관심을 가질 수 있다. 이 문제는 잠재적으로 민감한 문제를 연구할 때 특히 그렇다. 왜냐하면 서툰 표집방법은 대표성이 매우 낮은 표본을 선정할 수 있기 때문이다. 다음 예는 결혼 후의 갈등에 관한 연구에서 이혼한 사람들의 선정과정을 길고 구체적으로 기술하고 있다. 이 예에서 독자는 연구자가 다양한 표본을 선정하기 위해 하나의 표집방법을 사용하기보다는 여러 가지 선정절차를 사용하였다는 점에 유의할 필요가 있다.

예

"이 연구의 참여자는 다양한 표집방법을 이용하여 New York 북부의 중심지역으로부터 선정하였다. 연구자는 지역신문에 이 연구를 광고하고 참여자 선정을 위해 시청 사무국 컴퓨터에 내장된 빈곤단체 원조계획프로그램의 우편물발송 목록에 등록된 인명부를 사용하였다. 이혼의 부정적인 효과를 최소화하는 문제와 관련하여 법적으로 프로그램에 참여하도록 요청받은 사람들을 면담하였다. 그리고 이혼과 관련하여 많은 갈등을 겪고 있는 참여자들과 균형을 맞추기 위해 자발적으로 중재를 신청한 부부들을 면담하였다."
Walzer & Oles (2003, p. 193).

12.10 참여자의 인구사회학적 정보를 제공해야 한다.

인구사회학적 정보(예: 배경변인)는 독자에게 참여자가 어떤 사람들이라는 것을 알게 하는데 도움을 준다. 인구사회학적 자료는 다양한 통계치(예: 평균치, 표준편차, 빈도, %)를 이용하여 요약 기술할 수 있다. 때로는 다음 예와 같이 몇 가지 단순한 숫자를 이용하여 관련 정보를 제공할 수도 있다.

예

"이 연구의 참여자는 남자 13명, 여자 12명이다. 면담에 응한 참여자의 연령범위는 29세~69세이다. 참여자의 대부분은 백인이었다. 그 중 한 사람은 자신을 라틴계로, 다른 한 사람은 토박이 미국인이라고 소개하였다. 참여자 중에는 거의 수입이 없는 여성 2명과 매우 부자인 남성 2명이 포함되어 있으나 전체적으로 중산층에 속하는 임금 노동자들이다."
Walzer & Oles. (2003, p. 193).

12.11 자료수집 방법에 관한 정보는 구체적으로 제공해야 한다.

면담연구에서 "반 구조화된 심층 면담이 이루어졌다."고 단순히 진술하는 것만으로는 충분하지 않다. 독자는 최초의 질문이 어떻게 만들어졌고 그러한 질문을 통해 확인하고자 하는 주제가 무엇인가를 알고 싶어 하기 때문이다. 따라서 자료수집 방법은 다음 예와 같이 구체적으로 제시할 필요가 있다.

예

"이 연구에서는 자료를 구체적으로 어느 수준까지 수집할 것인가 그리고 참여자들이 자신의 관점을 어느 정도 표출해 낼 수 있는가를 고려하여 면담형식을 결정하였다. 반 구조화 면담형식은 필요한 경우 후속 질문과 그에 대한 검증이 가능하도록 구성하였다. 참여자에게 질문을 통해 가족 구성원의 역할과 이민 이유, 미국에서의 경험을 탐색하였다. 또한 면담과정에 이민과 관련된 처벌과 정신건강 문제에 대한 질문도 포함시켰다.

면담양식은 광범위한 문헌검토를 통해 개발하였다. 질문은 주로 문화조절(Rosenthal & Feldman, 1990, 1996; Padilla et al., 1985)과 문화변용에 관한 연구를 기초로 작성되었다. …. 질문 문항은 아시아계 청소년 이민자를 위해 특별히 작성되었다. 면담자들은 참여자들의 반응이 모호할 경우 계속 확인하도록 하였다."
Yeh et al. (2003, p. 486).

실제 연구에서 사용한 질문들은 반드시 제시할 필요는 없다. 특히 질문의 어법이 참여자에 따라 다르고 질문의 내용이 연구 진행과정에서 변경되었다면 더욱 그렇다. 그러나 모든 참여자에게 공통으로 던져진 질문이 있다면 그러한 질문은 논문에 포함시킬 필요가 있다. 유정애(2004, P. 75)는 "구조화된 혹은 반 구조화된 면담은 면담내용의 형식과 구조에 다소 차이는 있으나 형식이 일정한 면담지를 개발하여 활용하는 것이 가능하기 때문에 학위논문의 경우에는 부록에 첨부할 것을 권고하고 있다. 학술논문인 경우에는 면담내용을 요약하여 간단하게 기술할 수 있으며 구조화된 면담인 경우에는 그대로 제시할 수 있다"고 기술하고 있다. 또한 질문수가 많다면 각 주제 영역별로 한, 두 개의 견본을 각각 선정하여 제시하거나 질문 모두를 하나의 표로 작성하여 제시할 수 있으며 부록에 첨부할 수도 있다.

다음은 연구자가 6개 주제영역(예: "천식에 대한 가족의 반응")과 이를 조사하기 위해 작성된 핵심 질문 17개를 독자에게 참조하게 한 예를 표로 제시한 것이다(예: "당신의 아이가 밤중에 호흡 곤란증세를 나타내는 시간이 언제인지를 말해 주시겠습니까?"). 독자는 또한 1) 연구자가 면담을 실시한 사람의 신원을 밝히고, 2) 언제, 어디에서 면담을 실시하였으며, 3) 면담지침을 개발하기 위한 근거를 제시하고 있다는 점에 유의할 필요가 있다.

예

"연구자는 참여 어린이들의 입원 치료 후 3~6개월 동안 그들의 가정에서 세 차례 가족들과 면담을 가졌다. 가정이 면담 장소로 선정된 이유는 어린이의 부모에게 가장 편리하고 편안한 곳이기 때문이다. 이 연구에서는 Chesla (1988)가 어린이의 만성질환을 극복하는 가족의 연구에서 사용된 면담지침을 수정하여 사용하였다. 부모에게는 1) 그들이 천식의 증후를 어떻게 확인하고 2) 심한 증상을 어떻게 평가하며 3) 호흡이 위태로운 상황일 때 이를 어떻게 관리하고 4) 위급상황에서의 응급처치 단계는 무엇이며 5) 입원 중에 어떻게 반응하였는지를 기술하도록 하였다. 17개 핵심 질문은 〈표 3〉에 제시하였다."
Koenig & Chesla (2004, pp. 59-60).

관찰연구 결과를 보고할 때 자료수집과 관련된 정보를 상세하게 제공하는 것 또한 중요하다. 수집된 자료를 기술할 때 다음과 같은 질문에 어떻게 답할지를 생각해야 한다.

❶ 관찰자는 참여자였는가 아니면 비참여자였는가?
❷ 언제 관찰하였는가?
❸ 얼마나 자주 관찰하였는가?
❹ 자료는 어떻게 기록하였는가?
❺ 연구자는 기본적으로 어떤 유형의 행동을 조사하였는가?
❻ 자료가 수집되고 있을 때 자료수집 방법에 어떤 변화가 일어났는가?

12.12 자료의 진실성(trustworthiness)을 확보하기 위해 취한 단계를 기술하라.

질적 연구자는 자신이 수집한 자료가 신뢰할만하다는 것을 입증하기 위해 다양한 방법을 사용한다. 연구자는 자료가 단순히 자신의 개인적 의견을 반영한 것이 아니라는 점을 독자가 확신할 수 있도록 상세하게 기술할 필요가 있다. 예를 들면 다음과 같이 '참여자 검토(member check)'를 할 때 그러한 활동을 누가 어떻게 하였는가를 기술해야 한다.

예

"이 연구에서는 자료를 분석하기에 앞서 20명의 참여자중 10명에게 연구자가 작성한 핵심주제와 그러한 주제를 이해시키기 위해 선정된 예들을 문서로 제시하였다. 20명 모두에게 이 단계의 연구에 참여하도록 요청하였으나 단지 10명만이 약속 시간에 참여하였다. 참여자 검토의 제 1단계에서는 10명의 참여자들로 하여금 가장 중요하다고 생각되는 핵심주제와 예를 선정하도록 하였다. 또한 그들 생각에 중요하지 않다고 생각되는 것은 제외시키도록 하였다. 제 2단계에서는 참여자들이 선정하고 제외시킨 주제와 예들에 관해 논의하기 위해 각각 5명의 참여자로 구성된 2개의 소집단 회의를 개최하였다. 이러한 활동은 … 가 수행하였다."

마찬가지로 자료원(data sources)의 진실성을 확보하기 위해 삼각검증법(혹은 다각분석법: triangulation)이 사용되었다면, 자료원(예: 부모, 어린이, 교사)은 무엇이고 각 자료원으로부터 자료를 어떻게 수집하였는가를 구체적으로 기술해야 한다. 또한 자료수집 방법으로 삼각검증법(예: 관찰 뿐만 아니라 면담)을 사용하였다면 각각을 명확하게 기술해야 한다.

일반적으로 자료의 진실성을 확보하기 위해 사용된 방법들은, 앞에서 기술하지 않은 방법까지를 포함하여, 논문에 제시할 때 단순히 참고 정도로 해서는 안 되며 좀 더 구체적으로 기술해야 한다.

12.13 자료의 분석방법은 구체적으로 기술해야 한다.

그동안 질적 연구를 통해 수집된 정보를 분석하기 위해 다양한 방법들이 제안되어 왔다. 연구자는 자료수집을 위해 사용된 방법을 제시하고 그러한 방법을 어떻게 적용하였는지를 기술할 필요가 있다. 이와 같은 정보는 연구자가 어떤 방법을 이용하여 자료를 분석하였는가를 독자가 이해하도록 하는데 도움을 준다.

다음 예를 작성한 연구자는 다양한 자료분석 방법을 사용하였음을 알 수 있다. 제시된 예는 자료분석 방법의 하나인 동일비교방법[constant comparative approach: 후에 근거이론(grounded theory)이 됨]이다. 연구자는 이 방법에 대해 구체적인 정보가 필요한 독자를 위해 참고문헌을 제공하고 있다는 점에도 유의할 필요가 있다.

예

"이 연구에서는 자료분석을 위해 다양한 분석방법을 사용하였다. 그 중 주로 사용한 방법은 Glaser & Strauss (1967)가 발전시킨 동일비교방법이다. 이 방법은 자료에 근거한 이론을 개발하는데 중요하다. 연구자는 비교를 통하여 귀납적 방법에 의해 이론을 개발하는데 필요한 소위, 범주화, 코딩, 범주 묘사, 그리고 범주들 간을 연결시킬 수 있다. 이 방법은 자료에서부터 어휘와 개념의 전개에 이르기 까지 순환적 점검을 통하여 필요하다면 개정도 하게 된다. 이 방법은 자료를 읽고 또다시 읽는 과정을 통해 자료에 몰입하고, 충분한 시간을 갖고 생각을 하는 과정에서 떠오른 주제를 검증하고, 자료에 제시된 조건과 맥락, 그리고 결과를 재검토함으로써 결과적으로 하위주제를 확인하는 과정을 거친다. 이외에 사용한 또 다른 방법은 …….”

Colvin, Chenoweth, Bold, & Harding (2004, pp. 51-52).

12.14 두 명 이상의 연구자가 자료분석에 참여하였다면 의견일치에 도달한 방법을 기술해야 한다.

질적 연구에서 흔히 사용되고 있는 기법 중의 하나는 자료분석에 둘 이상의 연구자가 참여한다는 것이다. 이때 독자들은 이들 연구자들 간의 합치도가 어느 정도인지에 대해 관심을 갖게 될 것이며 다음과 같은 질문이 제기 될 수 있다.

❶ 연구자들은 자료를 각기 독립적으로 분석한 후 그 결과를 비교하는가 아니면 처음부터 자료를 함께 분석하는가?

❷ 만일 자료의 해석에서 일부 불일치가 발견되었다면, 그러한 문제를 어떻게 해결하였는가?

❸ 각 연구자는 논문에 제시된 최종 해석에 어느 정도 자신감을 가지고 있는가?

12.15 질적 연구라고 해서 양적 분석을 배제해야 한다는 생각은 잘못이다. 양적으로 기술해야 할 정보가 있다면 양적 분석결과를 결과부분에 제시해야 한다.

특정 방법만을 지지하거나 방어하는 태도는 연구문제 해결에 도움을 주지 못한다. 연구자는 의미있는 정보를 얻기 위해서는 어떠한 방법도 사용할 수 있는 기민

성과 융통성을 가져야 하며 어떻게 하면 자료를 좀 더 잘 해석할 수 있느냐에 무게를 두어야 한다.

질적 연구에서도 단순한 빈도분포 표로부터 복잡한 통계적 기법에 이르기 까지 다양한 양적 연구방법을 적용할 수 있다. 현장에서 일어난 사건, 상황의 정보(빈도)를 요약하는데 빈도분포 표는 보편적으로 사용된다. 특히 행동의 범주를 코드화해서 관찰 도구로 사용할 때 빈도분포 표가 활용되고 있다. 이 때 빈도는 백분율로 환산해서 보고할 수 있다.

다음 예에서 '많은'이라는 용어는 연구자가 어느 정도의 수를 염두에 두고 쓰기 때문에 양을 나타내는 용어이다. 그러나 연구자가 학생수 혹은 학생의 비율(%)을 알고 있는 한 '많은'이라는 용어는 모호한 의미를 가질 뿐이다. 따라서 이러한 용어들은 수정할 필요가 있다.

예

"많은 학생들이 체육통계 수업 중 졸고 있는 것으로 관찰되었다."

수정된 예

"학생들의 약 25%가 체육통계 수업 중 졸고 있는 것으로 관찰되었다."

12.16 질적 연구결과는 독자가 명확하게 이해할 수 있도록 체계적으로 제시해야 한다.

질적 연구에서는 보통 통계치를 보고하지 않는 대신 녹음된 인터뷰 내용과 같은 자료를 주관적, 객관적으로 분석하는 과정에서 나타난 주요 경향(trend)과 주제(theme)를 보고하게 된다. 이러한 결과를 제시할 때는 하위 주제별로 제시하는 것이 바람직하다. 아래의 예는 질적 연구논문의 결과부문에 제시된 첫 문단이다. 이 문단은 독자에게 결과부문을 어떻게 조직하였는가를 기술하고 있다.

예

"이 연구의 결과는 세 개의 절로 구분하였다. 제 1절에서는 부모와 그들 자녀의 교육적, 직업적 열망수준을 제시하였다. 제 2절에서는 청소년의 열망수준에 대한 부모의 인지에 대해 논의하였으며 제 3절에서는 부모와 청소년 관점에서 열망수준을 달성하는데 부딪치는 장벽과 그들의 열망수준을 달성하는데 필요한 자원에 대한 정보를 기술하였다."

12.17 결과의 장을 기술할 때 하위 절은 주 주제(major theme)를 근거로 구성하라.

흔히 질적 연구결과는 주 주제와 부 주제를 구분하여 기술하게 된다. 만일 질적 연구논문의 결과 부분이 너무 길다고 생각된다면, 주 주제들을 결과 장의 하위 절로 명명하여 기술하는 것도 좋다. 이는 연구결과를 독자들이 보다 쉽게 이해하는데 도움을 줄 수 있을 것이다. 다음 예는 질적 연구방법의 특징을 효과적으로 살린 주 주제와 부 주제를 기술한 것이다.

예

V. 체육교사로서의 직업정체성 형성과정(2): 역동적 정체성

1. 첫 번째 학교: 의식전환을 통한 정체성의 인식
    1) 적응: 탐색 그리고 부정
    2) 새로운 만만: 긍정과 부정 사이에서 갈등
    3) 체육교육 새로 보기
    4) 현실에 대한 판정패: 새로 보기의 좌절과 새 생명의 탄생
2. 두 번째 학교: 실천을 통한 정체성의 모색
    1) 체육교사 준비모임의 창립: 실천의 장으로
    2) 입시현장의 체육교사: 피할 수 없는 현실
    3) 정이 있는 학교 신나는 수업: 학생들에 대한 신뢰
3. 세 번째 학교: 운동을 통한 정체성 현실
    1) 정체성의 정체: 자신과 체육교육 되돌아보기
    2) 운동부 감독: 새로운 일과의 만남

3) 일주일에 한번 씩 축구를: 새로 만들어보는 교직 문화
류태호(2000)를 인용한 유정애(2004, p. 103) 재인용.

12.18 인용문을 보고할 때는 그러한 인용문을 선정하게 된 배경을 제시할 필요가 있다.

질적 연구논문에서 발견할 수 있는 특징 중의 하나는 적지 않은 인용문(면담자료, 참여관찰 자료 등)을 수집해서 제시하고 있다는 점이다. 독자는 논문의 결과장에 제시된 제한된 수의 인용문이 어떠한 이유로 선정되었는지를 알고 싶어 한다. 선정된 인용문은 각기 다른 이유가 있을 것이다. 어떤 인용문은 해당 주제를 가장 논리적으로 명확하게 표현하였기 때문이며 또 다른 어떤 것은 가장 감성적이기 때문에 선정되었을 수도 있다. 또한 어떤 논쟁점에 대해 전형적인 반응을 예시하기 위해 제시한 것도 있을 수 있다.

인용문 선정에서 가장 보편적으로 제시되고 있는 이유는 인용문이 어느 정도 '전형적(typical)' 이거나 '대표성(representative)'을 갖고 있기 때문이다. 인용문이 전형적이거나 대표성을 갖고 있다는 점을 주장할 때에는 유사한 소감을 피력한 참여자 수를 제시할 필요가 있다. 다음은 이러한 점을 고려한 예이다.

예

"이 연구의 결과는 표 1에 제시된 바와 같이 각 영역/범주별 사례수를 고려하여 제시하였다. 연구자는 범주가 8명의 참여자 모두에게 부합된 것이면 일반적(general)인 것으로, 참여자 4~7명의 참여자들에게 부합된 것이면 전형적(typical)인 것으로, 그리고 2~3명의 참여자들에게 부합된 것이면 특이한(variant)것으로 기술하였다. 단지 1명의 참여자에게 부합된 범주라면 제외하였다."

표 1 반응 영역과 범주

영역	범주
가족	가. 가족문제가 인정되지 않았다(전형적 n = 4). 나. 참여자의 어머니는 영어 사용에 어려움이 있다(특이 n =3).

Yeh et al. (2003, pp. 487-489).

질적 연구논문의 결과 부분에는 단순히 범주를 열거하거나 관련된 참여자의 수 혹은 비율(%)을 제시하는 것으로 그쳐서는 안 된다. 결과는 설명하고 논의해야 한다. 자료가 정리되지 않고 그 의미를 해석하지 않은 채 제시된다면 기술(describe)이라고 할 수 없다. 질적 연구논문에서 연구자가 유념해야 할 사항은 다양한 인용문을 제시하는 것이 아니라 자료의 의미를 해석하는 것이다. 인용문은 단지 자료에 대한 연구자의 해석을 뒷받침하는데 필요한 것이며 그 자체가 질적 연구의 결과라고 할 수는 없기 때문이다.

질적 연구에서 흔히 발견되고 있는 문제는 '연구결과의 해석이 인용문을 다시 요약하는 것'으로 잘못 이해하고 있는 연구자가 적지 않다는 점이다. 연구결과의 해석이란 인용문을 다시 요약하는 것이 아니라 자료가 함축하고 있는 의미를 새롭게 재구성하는 것이다.

12.19 여러 가지 관점에서 해석 가능한 자료일 경우, 이들 각각을 논의하고 그 중 일부가 왜 제외되었는지를 기술해야 한다.

만일 자료해석에서 양자택일을 해야 할 상황이라면 그 중 하나를 해석에서 제외하게 된 이유를 명확하게 논의해야 한다. 이를 위해 연구자는 선정된 해석과 상반되는 자료 속에 담긴 '이야기나 인용문'을 사용할 수 있을 것이다. 이러한 논의는 둘 중 하나의 해석을 선정하게 된 이유를 설명하는데 도움을 줄 수 있을 것이다.

12.20 질적 연구논문의 논의(discussion)부분에는 양적 연구논문에서와 마찬가지로 '연구결과의 요약', '연구결과의 해석', '시사점'과 '제언'을 기술해야 한다.

❶ 연구결과의 요약 부분에서는 연구결과 부분에 제시된 많은 양을 그대로 나열해서는 안 되며 축약하여 기술한다.

❷ 연구결과의 해석 부분에서는 선행연구 결과와 비교, 분석을 통하여 그 유사점과 차이점을 기술하고 그러한 결과가 어떻게 나왔는가를 심층적으로 분석하여 제시한다.

❸ 시사점 부분에서는 연구결과를 해당 혹은 관련 분야에 실제 적용 가능성이 있는지를 기술한다.

❹ 제언 부분에서는 해당 연구결과를 기초로 새로운 연구문제를 도출함으로써 후속연구의 방향을 제시한다. 동시에 연구과정에서 발생한 연구방법상의 문제를 제시하고 이를 개선할 수 있는 방안을 제시한다.

질적 연구이든 양적 연구이든 연구논문을 효과적으로 쓴다는 것은 전문적이고 숙련된 글쓰기 표현방법과 연습을 통해 습득할 수 있는 예술이다. 연구자가 논문을 잘 쓰기 위해 할 수 있는 가장 중요한 것은 다른 연구자가 쓴 많은 논문들을 각 논문들의 표현법과 상세한 기술에 유의하면서 읽는 것이다. 논문을 대충 훑어보거나 요약만을 읽는 것은 충분하지 않으며 논문 전체를 읽는 노력이 필요하다. 동시에 다른 연구자가 쓴 논문을 비판적으로 읽음으로써 실제 연구논문을 잘 쓸 수 있는 능력을 키울 수 있다.

아래에는 1) 질적 연구방법과 양적 연구방법의 차이점과 2) 질적 연구논문의 질을 평가하는 문항(Bain, 1996)을 제시하였다. 이들 평가문항은 연구자가 자신이 작성한 질적 연구논문을 점검하는데 적절하게 활용할 수 있을 것이다.

● 질적 연구와 양적 연구는 어떻게 다른가? [1)]

비교준거	질적 연구	양적 연구
•연구의 초점	질(nature, essence)	양(how much, how many)
•철학적 근거	현상학, 자연주의, 상징적 상호작용이론	실증주의, 논리적 경험주의
•접근방법	현장연구, 문화기술, 자연주의적, 주관적, 총체적, 복합적, 개인적	실험적, 경험적, 통계적, 개별적, 일방적, 인과적
•연구목적	이해, 기술, 발견, 가설의 일반화, 근거이론의 개발	예언, 통제, 기술, 확인, 가설 검증, 이론의 검증
•상황	자연적, 친숙함	인위적, 딱딱함
•표본	작고, 임의적, 이론적	크고, 무선적, 대표성
•자료수집도구	일차적으로 연구자, 면접, 관찰	무생물의 각종도구(척도, 검사, 조사, 질문지, 컴퓨터
•분석유형	귀납적(순환적 분석)	연역적(통계적 분석)
•연구결과의 적합성	진실가치 혹은 신빙성	내적 타당도(internal validity)
•연구결과의 일반화	전이 가능성(transferability)	외적 타당도(external validity)
•측정도구/연구절차의 일관성/안정성	의존 가능성(dependability)	신뢰도(reliability)
•연구자의 자료해석 일치도	확인 가능성(confirmability)	객관도(objectivity)
•결과보고	포괄적, 전체적, 광의적	정밀성, 축소 지향적, 협의적

1. 강상조 (1994, p. 438)와 유정애 (2004, p. 88)

Evaluating the Quality of Qualitative Research

Linda L. Bain
California State University, Northridge
AAHPERD, Indianapolis

Definition of the Problem

___ Purpose is clearly stated
___ Focuses on a significant issue
___ Seeks to understand meaning of experiences for the participants
___ Provides holistic view of the setting

Data Collection

___ Researcher has training in methods used
___ Pilot work done in similar setting using similar methods
___ Rationale provided for selection of the sample
___ Researcher has trusting, collaborative relationship with participants
___ Methods for data collection are unobtrusive, where appropriate
___ Data collection procedures provide thorough description of events
___ Prolonged engagement in field

Data Analysis

___ Analysis done during and after data collection
___ Triangulation of data sources and search for convergence
___ Search for negative cases
___ Provides interpretation and theory as well as description of events
___ Provides opportunity for participants to corroborate interpretation (member check)
___ Arranges for peer evaluation of procedures and interpretation

Preparation of Report

___ Complete description of setting
___ Complete description of procedures
___ Includes description of researcher's values, assumptions, and bias and how each was addressed
___ Uses vignettes and quotes to support conclusions and interpretation

General Assessment

___ Internal validity: How much confidence do you have in the quality of the description and interpretation of events in the particular research setting?
___ External validity: What is your assessment of the extent to which the results of this study apply to a different setting with which you are familiar?

Reprinted, by permission, from L.L. Bain, 1992, *Evaluating the quality of qualitative research*, 350.

연습문제

一 '질적'이라는 용어는 주 제목과 부 제목 중 어느 곳에 넣는 것이 적합한가?

二 '양적 연구방법이 아닌 질적 연구방법을 선택하게 된 이유'는 어느 장에 기술해야 하는가?

三 질적 연구는 보통 참여자와 직접적인 상호작용을 하기 때문에 연구자가 면담 과정에서 고려해야 할 사항은 무엇인가?

四 질적 연구에서 '목적표집(purposive sampling)'은 어떻게 정의되고 있는가?

五 연구자는 어느 경우에 표본을 '편의표본(sample of convenience)'으로 부를 수 있는가?

六 질적 연구에서 연구대상의 인구사회학적 정보를 제시하기 위해 통계적 방법을 사용하는 것은 필요한가?

七 진실성을 확보하기 위해 사용된 방법은 연구논문에 단순히 그 방법을 제시하는 수준으로 끝나서는 안 된다는 견해가 지배적이다. 그렇다면 어떻게 기술하는 것이 적절한가?

八 자료분석에 두 사람 이상의 연구자가 참여하였다면 연구자는 연구논문에 기술해야 할 사항은 무엇인가?

九 질적 연구논문의 결과 장에 양적 정보를 보고하는 것은 바람직한가?

十 질적 연구논문의 결과를 보고할 때 인용문은 어떤 기준을 토대로 선정하는 것이 가장 일반적인가?

十一 질적 연구논문에서는 여러 가지 관점에서 해석 가능한 자료일 경우 어떻게 정리해야 하는가?

十二 질적 연구논문의 논의 장에서 반드시 기술해야 할 사항은 무엇인가?

13 참고문헌

참고문헌(參考文獻: reference)은 일반적으로 연구논문의 마지막 장에 '참고문헌'이라는 제목 하에 기술하게 된다. 연구자는 자신의 연구에서 직접 인용했거나 참고한 모든 자료를 정리해서 참고문헌 목록을 작성하게 된다. 사회과학과 행동과학 분야의 연구에서 가장 일반적으로 사용되고 있는 참고문헌 인용방법은 '저자-출판연도 방법'으로도 알려진 'Harvard 방법'이다. 참고문헌의 인용양식은 미국심리학회(American Psychological Association: APA)에서 제정한 출판요강(Publication Manual)을 많은 학술단체와 대학에서 적용하고 있다. 그러나 이외에도 학문분야에 따라 아래와 같이 각기 다르게 적용하고 있는 참고문헌 인용양식이 있다. 이 책에서는 APA 방법에 준하여 참고문헌 인용방법을 제시하고자 한다.

상이한 인용양식
different citation styles

- 가장 보편적으로 사용되고 있는 5가지 인용양식

❶ **APA: American Psychological Association**
- 과학 및 사회과학 분야
- *Publication Manual of the American Psychological Association*

❷ **MLA: Modern Language Association**
- 인문학, 문학, 예술 분야
- *MLA Style Manual and Guide to Scholarly Publishing*

❸ **Turabian:**
- 역사, 다 학문 분야
- *Manual for Writers of Term Papers Theses, and Dissertations by Kate Turabian*

❹ **Chicago:**
- 역사, 다 학문 분야
- *Chicago Manual of Style*

❺ **AMA: American Medical Association**
- 건강, 의학 및 생물학
- *American Medical Association Manual of Style*

앞의 6장 (서론 및 문헌분석)에 기술한 바와 같이 문장 중에서 문헌을 인용할 경우 저자의 성명(외국인인 경우, 성)과 출판연도는 다음과 같은 두 가지 방법으로 인용할 수 있다.

"Doe (2004)는 X는 Z보다 크다고 보고하였다."
"X는 Z보다 크다고 보고되어 왔다 (Doe, 2004)."

연구자들은 보통 논문을 작성할 때 학술지에 게재된 논문을 주로 인용한다. 왜냐하면 학술지 논문들이 가장 독창적이고 일차적인 논문들이기 때문이다. 이 장에서는 이러한 이유를 고려하여 학술지 논문과 단행본의 인용방법을 기술하고자 한다. 이외의 문헌 자료에 대한 인용방법은 아래에 기술된 미국심리학회 (APA: 2003) 출판요강을 참고하기 바란다.

13.1 본문에서 문헌을 인용할 때에는 한국인은 성과 이름 전부를, 외국인은 성을 발행연도와 함께 괄호 속에 표시한다.

다른 저자의 책 혹은 출간된 연구물에서 인용한 자료 등은 문자 그대로 표기한다. 보통 40 단어 이하의 짧은 인용은 본문 속에 포함시키고 직접 인용부호("....")를 붙인다. 40 단어 이상의 인용문은 인용부호는 생략하되 본문과 별도의 문단을 구성하여 제시하고 왼쪽, 오른쪽을 각각 5자씩 들여 쓴다. 인용을 할 때 본문에는 저자, 연도 그리고 페이지만 표기하고 참고문헌에 완전한 출처를 제시한다. 저자가 단체일 경우 처음 인용할 때는 단체명을 모두 쓰고 그 이후부터는 약어로 표기한다(한국체육학회, 2004).

1

> Thus, constructivists argue that *nothing* is learned in isolation. In fact, to be included in developing knowledge structures, "...all ideas or concepts must be connected or related to something else of meaning or value to the learner to be remembered and applied" (Shuell, 1986, p. 416). Therefore, both the prior experience and informal and formal knowledge learners bring to new situations play a critical role in facilitating or constraining conceptual change. It is the instructor's role to

2

✍ 참고문헌 인용방법

1 저자가 1인 또는 2인일 경우에는 한국인은 성과 이름 모두, 외국인은 성을 인용할 때마다 본문 내에 모두 표기한다.

- 이수일과 심순애(2007)는 ....
- Safrit & Wood (1995)는 ....

2 저자가 3인 이상 5인까지인 경우, 첫 인용일 때는 한국인은 성과 이름 전부, 외국인은 성을 전부 표기한다. 그리고 같은 문헌을 반복 인용할 경우, 한국인

> During the next few years, Massachusetts School Board Reports included persuasive arguments by Horace Mann, the first secretary of the nation's first Board of Education, about the educational value of and need for instruction in physiology and hygiene:
>
>> The study of Human Physiology, however—by which I mean both the Laws of Life, and Hygiene or the rules and observances by which health can be preserved and promoted—has claims so superior to every other…that I shall ask the indulgence of the Board, while I attempt to vindicate its title to the first rank in our schools, after the elementary branches (Mann, 1843, p. 57).

은 첫 저자의 성과 이름 전부와 등(等), 외국인은 첫 저자의 성과 et al. 그리고 연도를 표기한다.

- 첫 인용 ➲ 이수일, 심순애 및 김악돌(2007)은 ....
- 반복인용 ➲ 이수일 등(2007)은.........
- 첫 인용 ➲ Safrit, Wood, & Zhu (2002)는 ....
- 반복인용 ➲ Safrit et al. (2002)은 ....

3 저자가 6인 이상인 경우, 한국체육학회(2004)는 첫 인용부터 한국인은 첫 저자의 이름 전부와 등, 외국인은 첫 저자의 성과 et al. 그리고 연도를 표기한다. 그러나 APA (2003)는 처음 3명의 성과 et al. 그리고 연도를 표기한다. 참고문헌에는 6명의 저자 이름까지는 모두 표기하고 7번째 이후의 저자들은 한국인은 등, 외국인은 et al. 로 표기한다.

- 본문인용[1] ➲ 이수일 등(2007)은 금반지의 효과를 추정하기 위한 연구에서...
- 본문인용[1] ➲ 이혼가정의 어린이에 관심을 보여 온 Wolchik et al. (2002)은...
- 본문인용[2] ➲ Kosslyn, Koenig, Barrett, et al. (1996)
- 참고문헌[2] ➲ 이수일, 심순애, 김중배, 이악돌, 심난해, 배신감 등(2007). 금반지가 좋은 이유. **가극단학회지,** 2(2), 13-22.

• 참고문헌[2] ➲ Wolchik, K. J., West, S. G., Sandler, I. N., Tein, J., Coatsworth, D., Lengua, L., et al. (2000). An experimental evaluation of theory-based mother and mother-child programs for children of divorce. *Journal of Consulting and Clinical Psychology, 68*, 843-856.

1. 한국체육학회 출판요강(2004).
2. APA Publication Manual (2003).

4 동일한 저자의 문헌을 둘 이상 인용할 경우에는 (,)을 이용하여 연대순으로 제시한다.

• 국문인 경우 ➲ (박재현, 2006, 2007).
• 영문인 경우 ➲ (Morrow, 2002, 2005).

5 같은 해에 동일 저자가 두 편 이상 출판한 문헌을 인용할 경우, 년도를 기입한 후 a, b, c, 등을 연도 뒤에 첨부한다.

• 국문인 경우 ➲ (강민수, 2006a, 2006b).
• 영문인 경우 ➲ (Morrow, 2005a, 2007b).

6 여러 명의 저자를 본문에 인용할 경우에는 한국인을 먼저 인용한다. 그리고 한국인은 가, 나, 다 순으로, 외국인은 알파벳순으로 [;]를 이용하여 인용한다.

• 세대 간 변화를 조사한 연구들(강상조, 1998; 박재현과 강상조, 2003; Maclaren, 1990; Morrow, 2002; Norton & Olds, 2001; Sachare, 1994)은 ....

13.2 참고문헌의 목록은 게재하고자 하는 학술지 혹은 학위논문의 출판요강을 참고하여 작성해야 한다.

학술지 혹은 학위논문의 출판요강에는 원고작성 개요(글자 모양, 크기, 간격 등)와 표지작성, 원고작성 기준, 본문내용의 인용방법, 인용, 표와 그림, 참고문헌 작성 등이 제시되어 있다. 따라서 연구자는 게재하고자 하는 학술지의 출판요강 (즉, 원고작성 지침)을 자세하게 확인하여 원고를 작성할 필요가 있다. 학술지의 편집자들은 투고된 논문의 참고문헌이 부적절하게 작성되었을 경우 임의적으로 수정할 수 없기 때문에 저자에게 반송할 수밖에 없게 된다.

아래에 제시된 참고문헌 목록은 미국심리학회(APA)에서 출간한 출판요강(2003)을 기초로 작성된 것이다. 이 책에서는 정기간행물과 단행본에 한정하여 국영문의 참고문헌 작성방법을 소개하고자 한다. 독자는 참고문헌을 작성하는 것이 그렇게 간단하고 쉬운 일이 아니라는 것을 알 수 있을 것이다. 예를 들면 모든 저자들의 성을 먼저 쓰고 그 뒤에 이름은 머리글자만을 사용하며 저자가 두 명 이상일 경우 이들을 연결하기 위해 'and' 가 아니라 '&'를 사용하게 된다. 또한 학술지 게재논문의 페이지 번호 '216-224' 앞에는 'pp'를 사용하지 않는다. APA 양식에 익숙해 있는 연구자들은 참고문헌 목록의 맨 마지막에 페이지 번호를 기록하고 마침표로 끝낸다는 것을 알고 있을 것이다.

✍ 참고문헌 작성방법

정기간행물(Periodical)의 작성양식

- 저자 (출판연도). 논문제목. 학술지명, 권(번호), 페이지번호.
- Cothran, D. J., & Kulinna, P. H. (2007). Students' reports of misbehavior in physical education. *Research Quarterly for Exercise and Sport, 78,* 216-224.
- 최윤선 (2008). 신체표현활동 전공 여자대학생 집단의 체질량지수와 신체상 불만족 간의 관계. **한국체육측정평가학회지, 10**(2), 1-14.

1 논문의 저자

외국문헌: Cothran, D. J., & Kulinna, P. H.

한국문헌: 최윤선

– 모든 외국 저자들은 성을 먼저 쓰고 그 뒤에 이름의 머리글자를 기입한다. 한국인은

성과 이름을 모두 기입한다.

- 저자와 저자 간 그리고 성과 이름의 머리글자를 구분하기 위해서 쉼표(,)를 찍는다. 저자가 2인 이상일 경우 외국인은 마지막 저자 앞에 '&'를 삽입한다. 한국인은 쉼표로 대신한다.
- 저자가 없는 연구물을 참고문헌으로 이용할 때는 제목을 성명기입 자리에 쓰고 저자의 이름으로 대용한다.

2 발행일: (2007).

- 논문이 발행된 연도를 표기한다. 그러나 출판되지 않은 연구물의 경우에는 작성된 연도를 표기하게 된다. 잡지와 신문은 연도 다음에 월, 일을 표기한다.
- 날짜는 괄호 안에 넣는다.
- 마침표로서 내용을 끝낸다.

3 논문제목

외국문헌: Students' reports of misbehavior in physical education.

한국문헌: 신체상표현활동 전공 여자대학생 집단의 체질량지수와 신체상 불만족 간의 관계.

- 제목과 부제목 그리고 고유명사의 첫 단어에만 대문자를 쓴다. 제목에 밑줄을 긋거나 따옴표와 같은 어떤 편집도 해서는 안 된다.
- 마침표로서 내용을 끝낸다.

4 학술지 제목 및 출판정보

외국문헌: *Research Quarterly for Exercise and Sport, 78*, 216-224.

한국문헌: **한국체육측정평가학회지.** 10(2), 1-14.

- 외국 학술지의 제목은 대문자와 소문자를 이용하여 이탤릭체로 모두 기입한다.
- 우리나라 논문의 제목은 이탤릭체 대신 진하게 표기한다.
- 통권수는 외국문헌의 경우 이탤릭체로 표기하지만 한국문헌에서는 진하게 표기한다.
- 통권수를 기입하되 앞에 'Vol'이라는 문자를 쓰지 않는다. 학술지의 각 호별로 새로운 페이지 번호가 1부터 시작된다면 통권 다음에 괄호로 그 호수를 기입한다. 각 호와는

관계없이 전호에 이어 페이지 번호가 일련번호로 매겨졌다면 그 호수를 기입할 필요가 없다.

– 마침표로 내용을 끝낸다.

단행본(Books)의 작성양식

- 저자 혹은 편집자 (출판연도). 서적제목. 출판도시: 출판사.
- Safrit, M. J., & Wood, T. M. (1995). *Introduction to measurement in physical education and exercise science* (3rd ed.). Boston: McGraw-Hill.
- 강상조 (2006). 체육통계(2판). 서울: 21세기교육사.

1 저자 혹은 편집자

외국문헌: Safrit, M. J., & Wood, T. M.

한국문헌: 강상조

– 정기간행물 작성양식과 동일하다. 모든 외국 저자들은 성을 먼저 쓰고 그 뒤에 이름의 머리글자를 기입한다. 한국인은 성과 이름을 모두 기입한다.

– 편집된 서적에 대한 참고문헌에는 저자의 위치에 편집자의 이름을 기입하고 마지막 편집자의 이름 뒤에 편집자가 한명일 경우 '(Ed.)' 여러 명일 경우 '(Eds.)' 라는 약자를 기입한다.

– 괄호 끝에 마침표를 찍는다.

2 발행일: (2006).

– 정기간행물 작성양식과 동일하다.

3 서적제목

외국서적: *Introduction to measurement in physical education and exercise science* (3rd ed.).

한국서적: 체육통계(2판).

– 제목과 부제목 그리고 고유명사의 첫 단어만을 대문자로 쓰고 모두 이탤릭체로 표기한다.

– 확인 및 검색에 필요한 가외 정보를 제목 바로 다음에 괄호를 치고 기입한다. 예컨대 (3rd ed.) 또는 (Vol. 2)로 표기한다. 제목과 괄호안의 정보 사이에는 마침표를 찍지 않는다.
– 끝에 마침표를 찍는다.

4 출판정보 (출판도시: 출판사.)

외국서적: Boston: McGraw-Hill.

한국서적: 서울: 21세기교육사.

– 출판도시 명을 기입하고 ' : '를 표기한다.
– 출판사의 이름은 알아볼 수 있을 정도로만 기입한다. 학회나 대학 출판사의 이름은 생략하지 말고 모두 기입해야 하지만 '출판사, Co., 또는 Inc.'와 같은 용어들은 생략한다.
– 둘 이상의 출판사가 기입된 경우에는 책에서 첫 번째로 열거된 지명이나 출판사의 위치를 기입한다.
– 끝에 마침표를 찍는다.

위의 예에서 알 수 있는 바와 같이 참고문헌을 작성할 때 둘째 줄부터는 들여쓰기를 해야 한다는 것을 잊어서는 안 된다. 첫째 줄을 내어 쓰는 것은 참고문헌 목록에서 저자의 이름을 확인하기 용이하도록 하기 위한 것이다. 아래한글에서 '내어쓰기'를 하려면 '모양➲문단모양➲여백➲내어쓰기'를 선택하면 된다. 영문인 경우 Microsoft Word 에서 'Format➲Indents and Spacing➲Paragraph➲Hanging'을 선택하면 된다.

13.3 영문인 경우, 책 제목과 동일하게 학술지의 이름(title)에는 밑줄을 긋거나 이탤릭체로 표기한다.

대학 도서관은 보통 연간 간행되는 학술지의 모든 호수를 수집한 후 년 단위로 제본을 하게 된다. 년별로 제본된 학술지는 '책'과 동일하게 취급하게 된다. 참고문헌을 작성할 때 학술지와 책의 제목에 밑줄을 긋는 이유는 학교에서 영어를 처음 배울 때 책 제목에 밑줄을 긋는 관행 때문이다.

타자기를 사용하여 논문을 작성했던 시절에 대부분의 타자기는 이탤릭체를 제공할 수 없었기 때문에 단어에 밑줄을 그어 이탤릭체와 동일하게 취급하였다. 따라서 인쇄과정에서 인쇄공은 밑줄이 그어진 단어를 이탤릭체로 변환하였던 것이다. 그러나 현재와 같이 아래한글이나 Microsoft Word Program을 이용하여 논문을 작성할 때 이탤릭체는 쉽게 표기할 수 있기 때문에 밑줄을 긋는 형식은 거의 사용하지 않는다.

13.4 학술지의 권 번호(volume numbers)는 학술지에 게재된 논문을 찾는데 중요한 반면, 호수(issue number)는 크게 중요하지 않다.

한 해에 출판된 모든 학술지는 동일한 권 번호(volume number)를 갖게 된다. 아래의 예에서 권 번호 78은 출판이 중단된 경우가 없는 한 해당 학술지가 출간된 지 78년이 되었다는 것을 의미한다. 그리고 같은 해에 출판된 학술지는 출판될 때마다 호수(issue number)를 갖게 되는데 매년 처음 출판되는 학술지에 대해서는 '1', 다음으로 출판되는 학술지에 대해서는 '2'의 호수 번호를 매기는 것이 관례이다.

> Cothran, D. J., & Kulinna, P. H. (2007). Students' reports of misbehavior in physical education. *Research Quarterly for Exercise and Sport, 78*, 216-224.

출판된 학술지는 페이지 번호를 갖게 된다. 일반적으로 새로운 해에 처음 출간되는 학술지 1호의 첫 번째 논문은 페이지 번호 1번부터 시작하게 된다. 그리고 1호에 게재된 마지막 논문의 페이지 번호가 210번으로 끝났다면 2호 첫 번째 논문은 211번부터 시작하게 된다. 따라서 한 해에 출판된 호(issue)를 모두 모아 한 권으로 제본하게 되면 해당 학술지는 일련번호를 갖게 된다. 이와 같은 원칙을 갖고 편집된 학술지의 게재논문은 권 번호만 알면 호수는 몰라도 별 어려움 없이 해당 논문을 찾을 수 있다. 따라서 많은 저자들은 작성된 논문의 참고문헌 목록에 호수를 흔히 생략하고 있다. 그러나 이러한 관례를 지키지 않는 학술지(예를 들면 한국체육학회지를 포함한 국내에서 출판되고 있는 다수의 학술지들)도 적지 않게 발견되고 있다. 이 경우 참고문헌 목록에는 반드시 '*78*(2)' 와 같이 권 번호 다음의 괄호 속에 호수를 표기해야 한다.

13.5 작성된 참고문헌 목록은 출판양식을 참조하여 구두점과 대문자 표기가 정확한지를 이중으로 점검해야 한다.

참고문헌 작성양식에는 참고문헌에 표기해야 할 다양한 요소 [저자명. (출판연도). 논문제목. 학술지명, 권 번호, 페이지 번호.]들의 제시 순서와 제시방법, 구두점 등이 구체적으로 기술되어 있다. 예를 들어 출판연도는 괄호 안에 표기해야 하며 마침표를 찍어야 한다. 이때 마침표가 아닌 쉼표를 찍어서는 안 된다.

APA 출판양식에 의하면 영문제목의 경우, 주 제목의 첫 단어 첫 자만 대문자로 표기하도록 하고 있다. 부 제목이 있다면 마찬가지로 첫 단어의 첫 자만 대문자로 표기한다. 영문제목의 모든 주요 단어들의 첫 자를 대문자로 표기하는 것은 APA 양식이 아니다. 만일 이러한 원칙이 없이 참고문헌 목록을 작성한다면 어떠한 일이 벌어질까를 상상해 보라. 실제 투고된 논문의 참고문헌 기술방법에 문제가 있을 경우 낮은 점수를 받게 될 뿐만 아니라 내용심사를 받기도 전에 반송된다는 점도 유념할 사항이다.

13.6 참고문헌 목록에는 본문에서 인용한 논문만을 제시해야 한다.

참고문헌에는 독자들에게 권하고 싶은 문헌들을 제시하는 것으로 착각해서는 안 된다. 참고문헌에는 논문의 본문에서 실제로 인용한 문헌들을 제시하는 것이다. 따라서 참고문헌의 목록을 작성한 후에는 반드시 본문에 인용한 문헌과 참고문헌 목록에 제시된 문헌을 이중으로 점검해야 한다. 점검할 때는 1) 본문에서 인용한 문헌이 참고문헌 목록에 포함되었는가? 2) 저자명이 동일한가? 3) 출판연도가 동일한가? 4) 참고문헌 기술내용에 오자는 없는가? 등을 확인해야 한다.

연습문제

一 다음 참고문헌에서 빠진 사항은 무엇인가?

Cothran, D. J., & Kulinna, P. H. (2007). Students' reports of misbehavior in physical education. *Research Quarterly for Exercise and Sport*, 216-224.

二 다음 참고문헌에서 빠진 사항은 무엇인가?

Cothran, D. J., Kulinna, P. H. (2007). Students' reports of misbehavior in physical education. *Research Quarterly for Exercise and Sport*, *78*, 216-224.

三 다음 참고문헌에서 이탤릭체는 적절하게 사용되었는가?

Cothran, D. J., & Kulinna, P. H. (2007). *Students' reports of misbehavior in physical education.* Research Quarterly for Exercise and Sport, 78, 216-224.

四 다음 참고문헌에서 제외해야 할 것은 무엇인가?

Cothran, D. J., & Kulinna, P. H. (2007). Students' reports of misbehavior in physical education. *Research Quarterly for Exercise and Sport*, *78*, pp. 216-224.

五 다음 참고문헌에서 바꾸어야 할 것은 무엇인가?

Cothran, Donetta J., & Kulinna, Pamela H. (2007). Students' reports of misbehavior in physical education. *Research Quarterly for Exercise and Sport*, *78*, 216-224.

六 다음 참고문헌에서 구두점이 잘못 표기된 것은 어느 것인가?

Cothran, D. J., & Kulinna, P. H. (2007), Students' reports

of misbehavior in physical education. *Research Quarterly for Exercise and Sport, 78,* 216-224.

⑦ 다음 참고문헌에서 대문자 표기가 잘못된 것은 어느 것인가?

Cothran, D. J., & Kulinna, P. H. (2007). Students' Reports of Misbehavior in Physical Education. *Research Quarterly for Exercise and Sport, 78,* 216-224.

⑧ 다음 인용에서 잘못 표기된 부분은 무엇인가?

and team levels, were explored to determine which competency measure would be the independent variable. This approach was congruent with a relevant recommendation put forth by Myers et al. (2006):

> **Because subscale scores are likely to be highly related and cause problems associated with multicollinearity when used as a set of independent variables, theory and bivariate correlations between the dependant variable(s) and competency scores should be explored to determine which competency measure should be used. (p. 117)**

14 연구윤리

최근 우리 사회에서는 과거 연구에서 범했던 논문기술의 표절, 자료의 조작, 피검사자 권리 침해 등의 문제들 때문에 어려움에 처해 있는 연구자들이 적지 않다. 10년 혹은 20년 전에 행해졌던 비윤리적인 연구행위에 대해 과거보다 엄격한 오늘날의 윤리잣대로 그 행위를 평가하는 것이 옳은지에 대한 논의는 접어두더라도 각 학문영역에서 연구윤리가 중요하다는 인식이 확산되고 있음은 부정할 수 없는 사실이다. 연구자는 연구과정에서 "무엇을 발견하였는가?" 보다 "어떻게 발견하였는가?"에 대해 깊은 관심을 보일 때 방법론적 혹은 윤리적 측면에서 연구과정의 타당성뿐만 아니라 연구결과의 신뢰성을 보장받을 수 있다. 이 장에서는 연구를 수행할 때 지켜야 할 연구윤리에 대하여 몇 가지 사항을 알아보고자 한다.

14.1 표절과 인용을 정확하게 구분하여야 한다.

연구자는 연구논문을 작성할 때, 연구논문의 모든 내용이 연구자의 지식만으로 구성될 수 없다는 사실을 이해하고 받아들여야 한다. 연구논문의 어떤 부분이 연구자의 독창적 아이디어이며 어떤 부분이 다른 연구자로부터 얻은 지식인지를 구분하여야 한다.

표절(plagiarism)은 "다른 사람의 사고, 개념, 글 혹은 그림 등을 자기 것처럼 사용하는 것으로 정의" 하고 있고 표절의 어원은 라틴어의 'plagiarius'로써 유괴범(kidnapper)의 뜻을 지닌 무시무시한 용어이다. 즉, 다른 사람의 사고, 개념, 글 혹은 그림 등을 자기 것으로 사용하는 표절행위는 어린아이를 유괴하는 정도에 해당하는 중범죄로 인식할 필요가 있다. 따라서 다른 사람의 사고, 개념, 글 혹은 그림 등을 사용할 때는 그 출처를 밝혀야 한다.

- "다른 저자의 논문 혹은 사전에 출판된 자신의 논문으로부터 직접 따 붙인 자료"는 그 인용 사실을 반드시 밝혀야 한다.
- "Materials directly quoted from another author's work or from one's own previously published work..." need to be cited.

APA (2003, p. 117)

14.2 무엇을 인용하여야 하는가?

❶ 특정한 사람이나 기관에서 제공된 사실

예

"우리나라 전체 국민 중 32.4%만이 일주일에 2회 이상 규칙적인 운동에 참가하고 있을 뿐, 66.6%가 월 1회 이상 간헐적으로 운동에 참가하거나 전혀 운동에 참가하지 않는다(한국체육과학연구원, 2000)는 결과는 시사 하는바가 크다."
박재현 (2001, p. 48)

예

"통계청에서 발표한 2005년 고령자통계에 따르면 1995년 이후 5년 동안 우리나라 전체

인구가 3.4% 증가한데 반해 65세 이상 노인인구는 27.7%가 증가하여 전체 인구의 7.3%를 차지하는 것으로 나타났으며 노인인구의 비율은 2000년 10.1%에서 2030년에는 37.3%까지 증가할 것으로 추정하고 있다(통계청, 2005)"
강상조 (2007, p.724)

❷ 다른 연구자의 글이나 아이디어

예

생물학적 측면에서 노화란 "시간이 경과함에 따라 한 개체의 전신 또는 국부적 기능이 점진적으로 퇴화함으로써 개체의 상망확률이 증가하는 진행과정"이라고 정의(Nouwen, Gaffney, & Bosch, 1974)하고 있다.
강상조 (2007, p. 724)

❸ 원자료에서 직접 따온 통계표나 그림

Table 18.2 True Experimental Designs and Their Control of the Threats to Validity

Validity threat	Randomized groups	Pretest–posttest randomized groups	Solomon four-group
Internal			
History	+	+	+
Maturation	+	+	+
Testing	+	+	+
Instrumentation			
Statistical regression	+	+	+
Selection	+	+	+
Experimental mortality	+	+	+
Selection × maturation	+	+	+
Expectancy	?	?	?
External			
Testing × treatment	+	–	+
Selection biases × treatment	?	?	?
Experimental arrangements	?	?	?
Multiple treatments			

Note. + = strength; – = weakness; blank = not relevant; ? = questionable.

Campbell, Donald T. and Julian C. Stanley, *Experimental and Quasi-Experimental Designs for Research*. Copyright © 1963 by Houghton Mifflin Company. Used with permission.

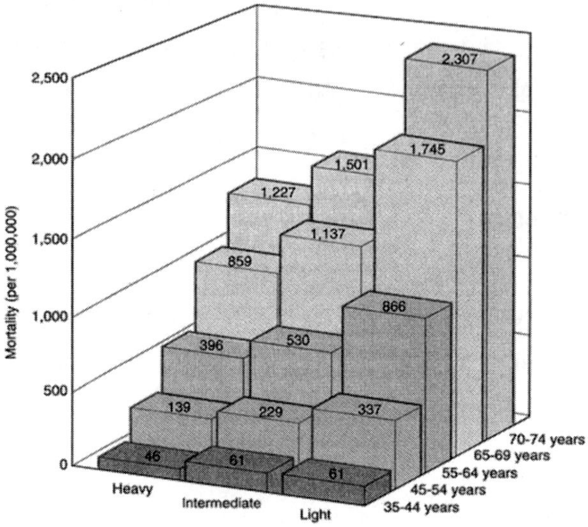

Figure 1 Heart disease mortality in heavy, intermediate, and light occupational activity categories by age group among men: England and Wales, 1930–1932.
Reprinted with permission from Elsevier (The Lancet, 1953, Vol. 262, No.6796, pp.1111-1120).

14.3 어떻게 인용하여야 하는가?

인용(quoting)은 흔히 원저자가 사용한 용어에 의미를 부여하고 싶을 때, 반론을 제기하고 싶을 때, 특히 설득력 있거나 감동적인 구(phrase)나 문장을 강조하고 싶을 때, 특정한 관점을 비교하거나 대비시키고자 할 때, 그리고 중요한 선행연구를 기술하고 싶을 때 이루어진다.

표절을 피하기 위해서 연구자는 논문인용 방식에 대해 숙지하고 있어야 한다. 다른 사람의 지식 등을 인용하는 다양한 방법이 학문분야별로 활용되고 있지만 체육 및 무용학 분야에서는 미국심리학회(American Psychological Association: APA)의 출판요강을 가장 보편적으로 사용하고 있다. 일부 분야에서는 학문적 특성을 잘 반영하는 출판요강을 사용하는 예도 적지 않다. 학문분야에서 가장 보편적으로 사용되고 있는 5가지 인용양식은 다음과 같다.

상이한 인용양식
different citation styles

- 가장 보편적으로 사용되고 있는 5가지 인용양식

❶ **APA: American Psychological Association**
- 과학 및 사회과학 분야
- ***Publication Manual of the American Psychological Association***

❷ **MLA: Modern Language Association**
- 인문학, 문학, 예술 분야
- ***MLA Style Manual and Guide to Scholarly Publishing***

❸ **Turabian:**
- 역사, 다 학문 분야
- ***Manual for Writers of Term Papers Theses, and Dissertations by Kate Turabian***

❹ **Chicago:**
- 역사, 다 학문 분야
- ***Chicago Manual of Style***

❺ **AMA: American Medical Association**
- 건강, 의학 및 생물학
- ***American Medical Association Manual of Style***

다음은 APA 출판요강에 잘못된 인용사례로 지적된 세 가지 사례(APA, 2003)이다.

❶ 타인의 글을 직접 인용하면서 인용부호(quotation mark)를 사용하지 않는 경우

예

인용하고자 하는 글의 원문내용과 서지사항
전통적인 통계분석에서 적용하는 가설검증 방법은 사전에 정해진 수만큼의 표본을 측정한 후, 결과를 바탕으로 영가설을 수용하든지 혹은 연구가설을 수용(영가설 기각)하든지 두 가지 중 하나를 반드시 선택해야 한다. 그러나 ㉠<u>SPRT 형 컴퓨터 맞춤검사는 영가설을 수용 혹은 기각이라는 두 가지 선택 이외에 또 다른 대안을 가지고 있다.</u>

박재현 (2005). 체육의 심동적 영역 평가를 위한 SPRT형 컴퓨터 맞춤검사모형. **한국체육측정평가학회지,** 7(2), 89-102.

위 원문에서 밑줄 친 ㉠ 부분을 직접 인용할 때 잘못된 인용(표절)과 바른 인용의 사례는 다음과 같다.

잘못된 인용(표절)

SPRT 형 컴퓨터 맞춤검사는 영가설을 수용 혹은 기각이라는 두 가지 선택 이외에 또 다른 대안을 가지고 있는 것(박재현, 2005)이다.

바른 인용

"SPRT 형 컴퓨터 맞춤검사는 영가설을 수용 혹은 기각이라는 두 가지 선택 이외에 또 다른 대안을 가지고 있는 것"(박재현, 2005, p.90)이다.

위의 예에서처럼 타인의 글을 직접 인용할 경우 인용부호(따옴표)와 페이지가 제시되어야 한다는 사실을 주의하기 바란다.

❷ 40단어 이상인 타인의 글을 인용하면서 구획인용(block quotation)하지 않고 인용부호만을 사용한 경우

예

인용하고자 하는 글의 원문내용과 서지사항

건강관련 체력의 노화시점은 한국인과 일본인간에 특징적인 차이를 발견하지는 못하였음에도 불구하고 한국과 일본 공통적으로 유연성의 노화가 17세에 나타나 다른 항목보다 다소 이른 노화의 경향을 발견할 수 있었다. 이는 근지구력과 순발력의 노화시점이 18세와 19세의 범위에 발견되고 있음을 고려한다면 건강관련체력항목 중에서 유연성의 노화가 가장 일찍 시작되는 것으로 볼 수 있다.

강상조 (2001). 한 · 일간 건강관련체력의 노화시점 및 노화계수의 비교. **한국체육학회지,** 46(1), 723-736.

위 원문의 한 문단 전체를 직접인용 할 경우 잘못된 인용(표절)과 바른 인용의 사례는 다음과 같다.

잘못된 인용(표절)

"건강관련 체력의 노화시점은 한국인과 일본인간에 특징적인 차이를 발견하지는 못하였음에도 불구하고 한국과 일본 공통적으로 유연성의 노화가 17세에 나타나 다른 항목보다 다소 이른 노화의 경향을 발견할 수 있었다. 이는 근지구력과 순발력의 노화시점이 18세와 19세의 범위에 발견되고 있음을 고려한다면 건강관련체력항목 중에서 유연성의 노화가 가장 일찍 시작되는 것으로 볼 수 있다."(강상조, 2001).

바른 인용 (13.1 참조)

강상조(2001, p.734)는 다음과 같이 기술하고 있다. :

> 건강관련 체력의 노화시점은 한국인과 일본인간에 특징적인 차이를 발견하지는 못하였음에도 불구하고 한국과 일본 공통적으로 유연성의 노화가 17세에 나타나 다른 항목보다 다소 이른 노화의 경향을 발견할 수 있었다. 이는 근지구력과 순발력의 노화시점이 18세와 19세의 범위에 발견되고 있음을 고려한다면 건강관련체력항목 중에서 유연성의 노화가 가장 일찍 시작되는 것으로 볼 수 있다.

❸ 본인의 글로 고쳐 쓰더라도 핵심용어에 인용부호를 사용하지 않은 경우

'고쳐 쓰기(paraphrasing)'는 원저자의 글을 읽고 이해한 후 연구자 자신의 글로 표현하는 것이다. 적절한 '고쳐 쓰기'는 표절로부터 연구자를 지켜줄 수 있으며 원자료를 이해하는 데도 도움을 준다. 또한 연구자의 필력을 향상시키는데 도움을 준다. 그러나 연구자는 다른 사람의 글을 자신의 글로 다시 고쳐 쓰더라도 사용한 핵심용어가 원저자가 최초로 사용한 의미있는 용어라든지 혹은 원저자가 조작한 특수한 개념이라면 첫 번째 사용할 때 인용부호를 달아야 한다.

예

The "good-outcome" variable...... the good-outcome variable...

[첫 번째 사용할 때 인용부호를 사용하고 두 번째부터는 생략함. *Concise rules of APA Style,* p.34.]

APA (2005).

14.4 학술지를 이중으로 출판한 경우 그 사실을 표기해야 한다.

판권을 가진 특정 학술지에 발표된 논문을 다른 학술지(학술잡지, 학술저서 포함)에 다시 발표하는 것을 이중출판이라 한다. 학술지 편집장의 의도에 따라 이미 특정학술지에 발표된 논문을 이중출판으로 재출판을 요청하는 경우와 연구자가 자신의 연구결과를 상이한 독자층에 소개하려는 목적으로 이중출판을 고려하는 경우도 있다(APA, 2003, p. 352). 어떠한 경우라도 판권을 가진 특정 학술지에 발표된 연구결과를 다른 학술지에 발표한다면 이중출판임을 반드시 표시하여야 한다. 이 사실을 표시하지 않고 학술지에 발표하는 것은 연구윤리를 크게 위반하는 것임을 알아야 한다.

예

이중출판 사실을 표시한 사례

영문) This paper is reprinted from the Westminster Theological Journal, 13(2) by permission. The Journal retains all rights of reproduction.

국문) 이 연구는 한국체육측정평가학회지 8권 1호에 발표된 논문으로써 한국체육측정평가학회의 허락에 의해 재 출판된 것입니다. 이 연구의 모든 권리는 한국체육측정평가학회에 있음을 밝혀둡니다.

APA(2003) 출판요강에는 이중출판 사례와 관련하여 다음과 같은 주의사항을 기술하고 있다.

- 연구자는 다른 출판물에 게재된 내용의 상당한 부분이 포함된 논문을 출판하여서는 안된다.
- 하나의 논문으로 의미있게 정리할 수 있는 자료들은 별도로 분리하기 보다는 하나의 논문에 함께 제시해야 한다.
- 한 번의 연구에서 얻은 결과를 몇 편으로 분리하여 출판하는 것은 바람직하지 않다.

대부분의 학술지에서는 "투고하는 논문이 사전에 다른 학술지에 발표된 적이 없어야 하며 편집위원이 심사를 진행하는 동안 타 학술지에 발표하지 않겠다."는 진술을 요구한다. 따라서 한번 발표된 논문을 다른 언어로 번역하였다고 할지라도 다시 발표하는 것은 이중출판임을 표시하지 않는 한 허용되지 않는다.

14.5 연구가설을 지지하지 않는 일부자료를 누락시키거나 조작해서는 안 된다.

연구를 수행하는데 큰 예산이 투입되는 분야에서는 연구자가 의도하는 데로 결과가 나타나지 않을 때 난처한 상황에 놓이는 경우가 적지 않다. 즉, 큰 비용을 들여서 연구를 수행하였음에도 만족할만한 성과를 얻지 못하였기 때문에 연구가설을 지지하지 않는 일부자료를 누락시키거나 혹은 자료의 위조, 변조를 통하여 임의의 자료를 만들어 내는 경우를 가끔 볼 수 있다. 2005년 우리나라에서 발생한 줄기세포 관련 일부연구는 연구결과 못지않게 결과산출 과정에서 연구윤리의 중요성을 일깨워주는 사례이다. 또한 아래와 같이 특정 가설을 지지하지 않는다는 이유로 자료를 제외하는 행위, 일부의 자료를 고의적으로 수정 혹은 누락시키는 행위 역시 윤리적 측면에서 논의가 있어야 할 주제로 생각된다.

- "bad" data와 "cooking" data
  - 검사실시의 오류 혹은 잘못된 검사조율(calibration)로 잘못된 측정치를 얻었다면 이 자료는 "bad" 자료이다.
  - 자료를 분석할 때 연구목적에 부합하지 않는다고 판단되는 일부 자료를 연구자가 임의적으로 자료를 변경하였다면 이 자료는 조작된 즉, "cooking" 자료이다.
- 이탈치(outliers)를 "bad" data로 간주하고 임의로 제거
  - 이탈치는 연구결과에 영향을 미치기 때문에 처리방법에 대한 고찰이 필요하다. 흔히 자료를 분석할 때 이탈치를 제거하기 위하여 양극배제방법을 적용하고 있으나, 이는 합리적인 방법으로 볼 수 없다. 이탈치가 발견되었을 경우 비모수적 분석방법(nonparametric analysis method)을 사용하는 것도 한 가지 고려대상이 될 수 있다.
- 연구가설을 지지하지 않는 결과의 일부를 고의로 보고하지 않거나 누락시키는 행위

14.6 측정 자료는 원자료 형태로 보관해 두어야 한다.

자료는 원래 기록된 대로 저장하거나 보존하여야 하며 임의적으로 고치는 행위는 허용되지 않는다. 원자료는 검토가 가능하도록 보존해야 하며 대부분의 학술단체에서는 학술지 출판 후 적어도 3년간 보존할 것을 권고하고 있다. 논문심사 과정에서 심사자는 필요에 따라 연구자에게 연구관련 자료(원자료 및 사진 등)를 요구할 수 있으며 연구자는 요구된 자료를 제공할 의무가 있기 때문에 원자료의 보존은 중요하다. 다음 사항은 자료수집 과정에서 발생할 수 있는 오류를 기술한 것이다.

- 연구의 요건에 적합하지 않는 피험자로부터 계속적으로 자료를 수집
  (예: 낮은 연구참여 동기, 피험자로서 지켜야할 합의내용을 지키지 않음)
- 기능이 불량한 도구 사용
  (예: 잘못된 조율 혹은 타당도 낮은 검사도구 사용)
- 부적합한 피험자 처치
  (예: Human Subjects Committee의 지침을 따르지 않음)
- 부정확한 측정 자료의 기술
  (예: 코딩 오류 등)

14.7 연구자는 연구 수행과정에서 피험자의 권리를 먼저 생각해야 한다.

피험자는 자신의 프라이버시를 보호 받을 권리와 피해를 받는다고 느낄 때에는 실험에 불참할 권리를 가지고 있다(Tuckman, 1978). 연구를 진행하면서 연구 참가자(혹은 피험자)에게 불필요한 정보를 요청해서도 안 된다. 그리고 연구자는 사전에 피험자로부터 실험에 참여한다는 동의를 얻어야 한다. 만약 연구에 참가하는 피험자가 미성년자인 경우 반드시 법적 보호자의 동의를 받아야 한다. 그동안 국내 학문분야에서는 연구 참여자의 권리보호에 무관심한 사례가 적지 않았다. 최근

국내외 학술단체에서는 사람을 대상으로 한 연구에서 반드시 기관연구윤리심사위원회의 심의를 거칠 것을 요구하는 경우가 적지 않다. 이때 피험자(보호자)의 동의는 필수이며 피험자는 자발적 연구대상 참여 여부를 반드시 표시하여야 한다(구체적으로는 8.1~8.3 참조). 연구 참여자의 권리는 다음과 같다.

- 익명(匿名)으로 연구에 참여할 권리
  - 연구자는 피험자에게 수집된 자료는 개인자료가 아닌 집단자료로 사용된다는 점을 사전에 설명해 주어야 한다.
  - 피험자가 검사(설문)지 등에 자신의 신분을 밝히기를 원치 않을 경우 개인정보를 밝히지 않을 수 있다는 점도 알려 주어야 한다.
- 자신의 비밀을 보장 받을 권리
  - 피험자는 자신의 검사결과가 타인에게 공개되지 않도록 연구자에게 요구할 수 있다.
- 연구와 관련하여 궁금한 사항을 연구자에게 요구할 권리
  - 연구에 참여한 피험자가 연구목적을 모르고 검사를 수행하였다면 검사 후 연구자에게 설명을 요구할 수 있다.
  - 연구자는 참여자의 요구가 있다면 반드시 설명해 주어야 한다.

14.8 공동연구의 저자 순서는 연구실행 전에 결정해야 한다.

일반적으로 공동연구의 작업에서 아이디어 제공자가 첫 번째 저자가 되고 다음은 연구활동의 기여도 순서에 따라 결정하게 된다. 그러나 공동 저자 결정방법은 하나의 관행적인 것이며 위와 같은 방법에 따라 저자 순서가 반드시 결정되어야 하는 것은 아니므로 때에 따라서는 공동저자 간 저자 순서와 관련하여 분쟁이 발생하는 사례도 있다. 따라서 분쟁의 소지를 최소화하기 위해서는 공동작업을 시작하기 전에 저자의 순서를 결정하는 것이 바람직하다.

학술지에 게재된 논문의 저자 수는 전공영역에 따라서는 1명부터 7명 이상까지 다양하게 나타나고 있다. 현실적으로 볼 때, 대부분 논문은 1~2명의 저자가 집필

하게 된다. 공동 저자 중 나머지 저자들은 논문 작업을 검토하거나 연구설계 혹은 자료분석에 도움을 주게 된다. 경우에 따라서는 공동 저자의 일부는 그들의 지위나 승진을 이유로 논문을 출판해야 한다는 압박 때문에 저자로 포함되는 사례가 있다.

그렇다면 연구논문에는 '어떤 사람이 공동 저자가 되어야 하는가?' 그리고 '학위논문의 지도교수는 대학원생의 논문에 반드시 공동저자가 되어야 하는가?'. 이 문제 역시 학계에서 여전히 논란이 되는 사항이기도 하다. APA (2003) 가이드라인과 Research and Publication in Respiratory Care (2004)는 위의 문제를 다음과 같이 정리하고 있다.

- 공동 저자의 조건
  - 연구계획 혹은 연구설계, 자료의 수집, 분석과 해석에 참여하거나 보고서를 직접 작성한 자
  - 논문을 구성하고 있는 각 장(chapter) 중 최소한 한 장 이상의 작성에 참여한 자
  - 논문의 초안 작성 또는 매우 중요한 내용의 수정에 참여한 자
  - 출판될 논문의 원고에 대해 최종적으로 승인(approval)한 자
  - 자료 (또는 기타 증거) 수집에만 참여하고 논문의 작성에 참여하지 않은 자는 공동 저자가 될 수 없음. 이 경우는 감사의 글(Acknowledgment)에 그들의 이름을 밝히고 공헌도를 기술해야.

- 지도교수가 공동 저자가 될 수 있는 조건
  - 학위논문의 두 번째 저자는 지도교수만 가능
  - 주요변인 선정 혹은 해석, 보고서 작성에 기여했을 때
  - Database를 제공하였을 때
  - 연구설계, 측정과정에 실제 참여했을 때

- 지도교수가 공동 저자가 될 수 없는 조건
  - 단지 격려, 물리적 편의, 재정적 지원만을 제공했을 때
  - 문제제기 혹은 편집에 기여했을 때

연 습 문 제

一 표절과 인용의 차이는 무엇인가?

二 일반적인 상식이나 자료처리방법에 대한 기술은 인용할 필요가 있는가?

三 40단어 이상의 문장을 인용하면서 인용부호(따옴표)를 이용하였다. 올바른 인용인가? 그 이유는 무엇인가?

四 짧은 문장을 직접 인용하는 경우 출처만 밝힌다면 인용부호는 생략하여도 된다. 사실인가?

五 학술지가 이중출판이 가능하려면 반드시 기술해야 하는 내용은 무엇인가?

六 "bad" data와 "cooking" data는 어떻게 다른가?

七 연구에 참가하는 피험자는 연구목적과 연구 참여에 따른 불편사항이 무엇인지 연구자에게 알려달라고 할 권리가 있는가?

八 공동연구자는 언제 정해져야 하는가? 연구논문의 시작단계인가? 혹은 마지막 단계인가?

九 학위논문의 지도교수는 공동연구자가 될 수 있는가? 그 이유 혹은 조건은 무엇인가?

참고문헌

강상조 (2006). 체육통계(2판). 서울: 21세기 교육사.

강상조 (2007). 한·일 간 건강관련체력의 노화시점 및 노화계수의 비교. **한국체육학회지**, 46(1), 723-736.

강상조, 박재현, 강민수 (2006). 체육연구방법(2판). 서울: 21세기 교육사.

박재현 (2001). **범이론적 변화모형의 타당도**. 한국체육대학교 박사학위논문.

박재현 (2005). 체육의 심동적 영역 평가를 위한 SPRT형 컴퓨터 맞춤검사모형. **한국체육측정평가학회지**, 7(2), 89-102.

류태호 (2000). 체육교사의 직업정체성 형성에 관한 생애사연구. 서울대학교 박사학위논문.

유정애 (2004). 체육학에서의 질적연구 논문작성법. 서울: 무지개사.

이혁구 (2001). 제7차 사회과 교육과정 개정과정에 대한 문화기술적 연구. **질적연구**, 1(2), 74-108.

조정환 (1991). 일반화가능도 이론에 의한 피하지방검사, 농구기능검사의 신뢰도 추정. 한국체육대학교 박사학위논문.

Altman, J. C. (2003). A qualitative examination of client participation in agency-initiated services. *Families in Society: The Journal of Contemporary Human Service, 84,* 471-479.

Anatomy of Research Paper. (2004). *Research and Publication in Respiratory Care, 49* (10).

American Psychological Association. (2020). *Publication manual of the American Psychological Association* (7th ed.). Washington, DC: Author.

American Psychological Association. (2010). *Publication manual of the American Psychological Association* (6th ed.). Washington, DC: Author.

American Psychological Association. (2003). *Publication manual of the American Psychological Association* (5th ed.). Washington, DC: Author.

American Psychological Association. (2006). *Concise rules of APA style.* Washington, DC: Author.

Bobcock, J. C., & Steiner, R. (1999). The relationship between treatment, incarceration, and recidivism of battering: A program evaluation of Seattle's coordinated community response to domestic violence. *Journal of Family Psychology, 13,* 46-59.

Bakari, R. (2003). Preservice teachers' attitudes toward teaching African American students: Contemporary research. *Urban Education, 38,* 640-654.

Behnke, A. O., Piercy, K. W., & Diversi, M. (2004). Educational and occupational aspirations

of Latino youth and their parents. *Hispanic Journal of Behavioral Sciences, 26,* 16-35.
Branson, R. D. (2004). Anatomy of a research paper. *Respiratory Care, 49,* 1222-1228.
Buchki, K. J., & Witzig, T. F., Jr. (2003). Relationship between God-image and religious behaviors. *Psychological Reports, 93,* 1141-1148.

Buckner, J. C., Bassuk, E. L., Weinreb, L. F., & Brooks, M. G. (1999). Homelessness and its relation to the mental health and behavior of low-income school-age children. *Developmental Psychology, 35,* 246-257.
Bushman, B. J., & Bonacci, A. M. (2002). Violence and sex impair memory for television ads. *Journal of Applied Psychology, 87,* 557-564.
Caetano, R., Ramisetty-Mikler, S., & McGrath, C. (2004). Acculturation, drinking, and intimate partner violence among Hispanic couples in the United States: A longitudinal study. *Hispanic Journal of Behavioral Science, 26,* 60-78.
Cohen, J. (1988). *Statistical power analysis of the behavioral sciences* (2nd ed.). New York: Erlbaum.
Colvin, J., Chenoweth, L., Bold, M., & Harding, C. (2004). Caregivers of older adults: Advantages and disadvantages of Internet-based social support. *Family Relations, 53,* 49-57.
Day, R. D. (1983). *How to write and publish a scientific paper* (2nd ed.). Philadelphia: ISI Press.
Diemer, M. A. (2002). Constructions of provider identity among African American men: An exploratory study. *Cultural Diversity and Ethnic Minority Psychology, 8,* 30-40.
Eisenberg, A. R. (2002). Maternal teaching talk within families of Mexican descent: Influences of task and socioeconomic status. *Hispanic Journal of Behavioral Sciences, 24,* 206-224.
Faul, F., Erdfelder, E., Lang, A.-G. & Buchner, A. (2007). G*Power 3: A flexible statistical power analysis program for the social, behavioral, and biomedical sciences. *Behavior Research Methods, 39,* 175-191
Fitzgerald, J. (2001). Can minimally trained college student volunteers help young at-risk children to read better? *Reading Research Quarterly, 36,* 28-47.
Fredricks, J. A., Alfeld-Liro, C., Hruda, L. Z., Eccles, J. S., Patrick, H., & Ryan, A. M. (2002). A qualitative exploration of adolescents' commitment to athletics and the arts. *Journal of Adolescent Research, 17,* 68-97.
Golden, C., Golden, C. J., & Schneider, B. (2003). Cell phone use and visual attention. *Perceptual and Motor Skills, 97,* 385-389.
Graham, S., & Juvonen, J. (2002). Ethnicity, peer harassment, and adjustment in middle school: An exploratory study. *Journal of Early Adolescence, 22,* 173-199.
Hess, D. R. (2004). How to write an effective discussion. *Respiratory Care, 49,* 1238-1241.
Hughes, R. B., Nosek, M. A., Howland, C. A., Groff, J. Y., & Mullen, P. D. (2003). Health promotion for women with physical disabilities: A pilot study. *Rehabilitation*

Psychology, 48, 182-188.

Johnstone, K. M., Ashbaugh, H., & Warfield, T. D. (2002). Effects of repeated practice and contextual-writing experiences on college students' writing skills. *Journal of Educational Psychology, 94,* 305-315.

Kang, S. J. (2006). Evaluation criteria to help abstract reviewers of sport science conference. Paper presented at 88 Seoul Olympic International Sport Science Conference.

Koening, K., & Chesla, C. A. (2004). Asthma management among low-income Latino and African American families of infants and young children. *Family Relations, 53,* 58-67.

Lightsey, O. W., & Hulsey, C. D. (2002). Impulsivity, coping, stress, and problem gambling among university students. *Journal of Counseling Psychology, 49,* 202-211.

Lindsey, E. W. (1998). The impact of homelessness and shelter life on family relationships. *Family Relations, 47,* 243-252.

Linton, J. M. (2003). A preliminary qualitative investigation of group processes in group supervision: Perspectives of master's level practicum students. *Journal for Specialists in Group Work, 28,* 215-226.

Lowis, M. J., & Mooney, S. (2001). Examination performance and graphological analysis of students' handwriting. *Perceptual and Motor Skills, 93,* 367-381.

McCreary, D. R., & Sadava, S. W. (2001). Gender differences in relationships among perceived attractiveness, life satisfaction, and health in adults as a function of body mass index and perceived weight. *Psychology of Men and Masculinity, 2,* 108-116.

Mohr, W. K. (2003). The substance of a support group. *Western Journal of Nursing Research, 25,* 676-692.

Muraven, M., Collins, R. L., & Lienhaus, K. (2002). Self-control and alcohol restraint: An initial application of the self-control strength model. *Psychology of Addictive Behaviors, 16,* 113-120.

O'Connell, K. A. Gerkovich, M. M., Bott, M. J., Cook, M. R., & Shiffman, S. (2002). The effect of anticipatory strategies on the first day of smoking cessation. *Psychology of Addictive Behaviors, 16,* 150-156.

Pierson, D. J. (2004). How to write an abstract that will be accepted for presentation. *Respiratory Care, 49*(10), 1206-1212.

Pyrczak, F., & Bruce, R. R. (2005). *Writing empirical research reports* (5th ed.). Glendale, CA: Pyrczak Publishing.

Ramanaiah, N. V., Rielage, J. K., & Sharpe, J. P. (2001). Spiritual well-being and personality. *Psychological Reports, 89,* 659-662.

Reese, R. J., Conoley, C. W., & Brossart, D. F. (2002). Effectiveness of Telephone Counseling: A Field-Based Investigation. *Journal of Counseling Psychology, 49,* 233-242.

Rice, K, G., Cunningham, T. J., & Young, M. B. (1997). Attachment to parents, social competence, and emotional well-being: A comparison of Black and White late adolescents. *Journal of Counseling Psychology, 44,* 89-101.

Robazza, C., Bortoli, L., & Hanin, Y. (2006). Perceived effects of emotion intensity on athletic performance: A contingency-based individualized approach. *Research Quarterly for Exercise and Sport, 77,* 372-385.

Schneider, M. E., & Ward, D. J. (2003). The role of ethnic identification and perceived social support in Latinos' adjustment to college. *Hispanic Journal of Behavioral Sciences, 25,* 539-554.

Schumm, W. R., Bell, D. B., & Resnick, G. (2001). Recent research on family factors and readiness: Implications for military leaders. *Psychological Reports, 89,* 153-165.

Strauss, A., & Corbin, J. (1994). Grounded theory methodology: An overview. In N. Denzin & Y. Lincoln (Eds.), *Handbook of qualitative research* (pp. 273-285). Thousand Oak, CA: Sage Publications.

Thiede, H., Valleroy, L. A., MacKellar, D. A., Celentano, D. D., Ford, W. L., Hagan, H., Koblin, B. A., LaLota, M., McFarland, W., Shehan, D. A., & Torian, L. V. (2003). Regional patterns and correlates of substance use among young men who have sex with men in seven US urban areas. *American Journal of Public Health, 93,* 1915-1921.

Thomas, J. R., Nelson, K. T., & Silverman, S. J. (2005). *Research methods in physical activity* (5th ed.). Champaign, IL: Human Kinetics.

Toselli, M., Farneti, P., & Grossi, E. (2001). Role of motor imitation in traversability of surfaces by walking infants. *Perceptual and Motor Skills, 93,* 523-530.

Tuckman, B. W. (1978). Conducting Educational Research (2nd ed.). NY: Harcourt Brace.

Wainer, H. (1992). Understanding graphs and tables. *Educational Researcher, 21*(1), 14-23.

Wallace, J. M., Forman, T. A., Caldwell, C. H., & Willis, D. S. (2003). Religion and U.S. secondary school students: current patterns, recent trends, and sociodemographic correlates. *Youth & Society, 35,* 98-125.

Walzer, S., & Oles, T. P. (2003). Managing conflict after marriages end: A qualitative study of narratives of ex-spouses. *Families in Society: The Journal of Contemporary Human Service, 84,* 192-200.

White, J. V. (1984). *Using charts and graphs: 1000 ideas for visual persuasion.* New Providence. NJ: R. R. Bowker Co..

Whiting, J. B., & Lee, R. E., III. (2003). Voices from the system: A qualitative study of foster children's stories. *Family Relations, 52,* 288-295.

Wiggins, M. S. (2002). Psychophysiological comparison of self-efficacy and resting heart rate. *Perceptual and Motor Skills, 94,* 720-722.

Williams, R., Doctor, J., Patterson, D., & Gibran, N. (2003). Health outcomes for burn survivors: A 2-year follow-up. *Rehabilitation Psychology, 48,* 189-194.

Yeh, C. J., Arora, A. K., Inose, M., Okubo, Y., Li, R. H., & Greene, P. (2003). The cultural adjustment and mental health of Japanese immigrant youth. *Adolescence, 38,* 481-500.

Yip, K., Ngan, M., & Lam, I. (2003). A qualitative study of parental influence on and response to adolescents' self-cutting in Hong Kong. *Families in Society: The Journal of Contemporary Human Services, 84,* 405-416.

찾아보기

ㅊ

ㅌ

ㅍ

ㅎ

개정판

연구논문

어떻게 작성할 것인가?

연습문제

이 책에 제시된 연습문제는 각 장을 학습한 후 독자가 얼마나 많은 지적 정보를 습득하였는가를 평가해보는 목적 이외에도 문제 풀이를 통하여 학습한 내용을 재확인하는데 또 다른 목적이 있다. 이 문제집은 사전검사를 포함하여 총 470여 문항으로 구성되어 있다. 이 문제집의 전반부와 후반부에는 이 책에 포함된 14개 장과 관련된 문제 외에 연구논문의 작성과 관련하여 적지 않게 참고가 될 수 있는, 알아두면 좋은, 내용을 별도로 제시하였다. 체육연구방법(강상조, 박재현, 강민수, 2010)의 1장 과학의 본질과 2장 연구유형, 그리고 14장 조사연구, 16장 실험연구, 실험설계에 해당하는 문제가 이에 해당한다.

실험연구와 실험설계에 대해 학습할 기회를 갖지 못한 독자에게는 이들 문제를 해결하는데 다소 어려움을 가질 수 있을 것이다. 그러나 저자들은 문제집의 작성 과정에서 학습자가 문제를 풀면서 관련 지식을 습득할 수 있도록 하는데 유념하였다. 정답과 함께 공부한다면 학습내용을 이해하는 데 크게 도움을 받을 것으로 확신한다. 덤벼보시기 바랍니다.

사전검사
Pre-test

1. 관찰을 통하여 구체적 가설을 설정하고 많은 검증과정을 통하여 일반화된 설명이 가능한 이론을 도출하는 추론방법은?

a. 연역적 추론　　b. 귀납적 추론
c. 인과적 추론　　d. 논리적 추론

2. 연구논문은 일반적으로 ____, _____ 시제로 쓴다.

a. 일인칭, 과거　　b. 일인칭, 미래
c. 삼인칭, 과거　　d. 삼인칭, 현재

3. 연구의 주목적(main goal)은 무엇인가?

a. 지식체계에 공헌　　b. 연구논문의 출판
c. 이론정립　　d. 가설검증

4. 과학적 지식과 비과학적 지식의 차이점은 ___ 에 의해 결정된다.

a. 결과의 해석　　b. 얻은 결과 (result)
c. 참고문헌　　d. 얻게 되는 과정 (process)

5. 다음 중 인과관계(cause & effect)를 규명할 수 있는 연구방법은?

a. 기술방법　　b. 상관연구
c. 종단적 연구　　d. 실험연구

6. **논문에서 연구문제와 관련하여 선행연구 결과를 논의하는 장은?**

a. 서론과 관련문헌 분석　　b. 연구방법
c. 결과　　d. 논의

7. **학술정보원(KISS)은 다음 중 어떤 유형의 정보자료원인가?**

a. 색인　　b. 개요지
c. 온라인 학술 논문검색　　d. 문헌전달 Service

8. **APA(미국심리학회: American Psychological Association) 출판양식에 의하면 참고한 문헌을 본문에 제시할 때 기술하는 내용은?**

a. 저자명과 출판연도　　b. 참고문헌 번호(number)
c. 저자명　　d. 참고문헌 번호와 이름

9. **KCI 등재논문에서 KCI가 의미하는 것은?**

a. Korea Contents Information　　b. Korea Citation Index
c. Korea sCicentific Index　　d. Korea Contents Index

10. **색인(index)에는 어떤 유형의 정보가 제시되는가?**

a. 검색에 필요한 참고정보 (reference information; 저자별, 주제별)
b. 전체 논문내용과 참고정보
c. 요약
d. 참고정보와 요약

11. **여러분들에게 대학생들의 흡연에 대한 조사를 요청하였다고 가정하자. 시간을 절약하기 위해 학생회관 앞에 검사대를 설치하고 회관에 들어오는 학생에게 질문지를 실시하였다면 이러한 표집방법은?**

a. 단순 무선표집(simple random)　　b. 할당표집 (quota)
c. 군집표집 (cluster)　　d. 임의표집 (accidental)

12. 비타민C 투여량(none, 500mg, 1000mg)과 직업형태(실내, 실외)가 감기 감염빈도에 미치는 효과를 검증하였다. 이 경우 독립변인[independent variable(s); IV]은?

a. 감기 감염빈도 b. 감기 감염빈도와 직업형태
c. 비타민 C 투여량 d. 비타민C 투여량과 직업형태

13. 종속변인(dependent variable; DV)을 측정할 때 측정오차를 포함한 일관성 없이 나타나는 변산(inconsistent variation)은 무엇이라고 부르는가?

a. 일차적 변량 b. 이차적 변량
c. 오차변량 d. 측정변량

14. 실험연구에서 종속변인의 변화가 다른 외적 변인의 개입이 아닌 실험처치 변인에 의해 나타난 정도를 기술한 용어는?

a. 외적 타당도(external validity) b. 생태학적 (ecological) 타당도
c. 내적 타당도(internal validity) d. 실험적 타당도.

15. 위의 12번 문제에서 종속변인(dependent variable; DV)은?

a. 감기 감염빈도 b. 감기 감염빈도와 직업형태
c. 비타민 C 투여량 d. 비타민 C 투여량과 직업형태

16. 실험연구에서 연구결과의 일반화(generalization) 가능성 정도를 나타내는 용어는?

a. 생태학적 타당도 b. 외적 (external) 타당도
c. 실험적 타당도. d. 내적 (internal) 타당도

17. 가장 간단한 실험연구에서 독립변인 수, 독립변인의 하위수준 (level) 종속변인 수는 각각 최소한 몇이어야 하는가?

a. 1 2 1 b. 2 1 2
c. 1 2 2 d. 2 1 1

18. Caffeine 투여가 근력에 미치는 효과를 검증하기 위해 투여 전과 투여 후 2시간 만에 악력을 측정하였다. 이러한 반복측정 설계(repeated measure design)를 사용할 때 고려해야 할 주요 문제는?

a. 피험자 성숙　　　　b. 이월효과 (carry over effect)

c. 역사　　　　d. 피험자 탈락

19. 근력훈련을 고단백 식사제공과 함께 실시했을 때 근질량(muscle mass)이 증가된다면 연구자가 내릴 수 있는 결론은?

a. (근력) 훈련과 (고단백) 식사의 상호작용효과

b. 식사효과

c. 훈련효과

d. 훈련효과 없음

20. 다음 중 어느 학문 분야가 질적 연구와 가장 밀접하게 관련이 있는가?

a. 자연과학　　　　b. 사회과학

c. 생물과학　　　　d. 정답 없음

21. 다음중 Likert 척도를 이용한 조사 질문지를 가장 잘 나타낸 것은?

a. 진술형 응답　　　　b. 진위형 응답

c. 정답 없음　　　　d. 사전에 결정된 척도점수에 응답

22. 평형설계(counter-balanced design)는 어떤 유형의 실험설계인가?

a. 독립집단 설계　　　　b. 사후검사 설계

c. 반복측정 설계　　　　d. 솔로몬 설계

23. '경기유형 (단체경기, 개인경기)'이라는 변인은 다음 중 어느 측정 척도에 속하는가?

a. 명명척도　　　　b. 서열척도

c. 동간척도　　　　d. 비율척도

24. 다음 중 추리통계에 해당하는 통계치는?

a. 최빈치　　b. *F*비

c. 표준편차　　d. 범위

25. 통계분석 결과 “$F(1, 75) = 5.5$, $p = .05$에서 유의한 차이가 있다.”에서 (1, 75) 는 무엇을 의미하는가?

a. 제1종 오류를 범할 확률　　b. 자유도

c. *F*값　　d. 의의도 수준 (α)

사전검사_정답

1. b	2. c	3. a	4. d	5. d	6. a	7. c	8. a	9. b	10. a
11. d	12. b	13. c	14. c	15. a	16. b	17. a	18. b	19. a	20. b
21. d	22. c	23. a	24. b	25. b					

정답수	이 책에 관한 공부를 하지 않고 검사를 받았다면,
21 - 25	• 이 책을 통해 특별히 배울 게 많지 않음. 그러나 이 말 그대로 믿으면 안 됨. 이 분야 전공을 권함.
15 - 20	• 좋은 논문을 작성할 가능성이 매우 큼.
10 - 14	• 연구논문 작성에 관한 이해도가 적지 않게 높음.
5 - 9	• 연구논문 작성에 관한 관심과 준비 자세가 갖추어 짐.
0 - 4	• 4개 정답이 어디 그냥 받을 수 있는 점수입니까? 지극히 정상적인 점수입니다. 지금부터 시작입니다.

체육연구방법

제1장 과학의 본질

Nature of science

1. '훈련효과를 증대시키기 위해서 처벌을 가하는 것은 당연하다.'라는 생각은 다음 중 어떤 오류에 해당하는가?

a. 상식 (common sense)
b. 개인적 경험 (experience)
c. 직관 (intuition)
d. 집착 (tenacity)
e. 권위 (authority)

2. 개인의 경험이란 ___ 되기 전에 믿기 어려운 지식이다. 경험은 ___ 과 오류를 낳을 가능성이 크다. 객관화되지 못한 경험적 지식을 선수 학생에게 가르친다면 ___ 을 어렵게 만들고 시간과 에너지를 소모시키는 결과를 초래할 수 있다.

a. 객관화, 선입견, 대중화
b. 대중화, 선입견, 문제해결
c. 객관화, 편견, 문제해결
d. 대중화, 편견, 문제해결

3. 전문가의 직관 (딱 보면 안다, 한번 보면 성공 여부를 알 수 있다는 판단) 에 의해 인간능력을 평가할 수 ___, 직관은 과학이라는 이름으로는 설명이 ___ 하다.

a. 있으나, 가능
b. 없으나, 가능
c. 있으나, 불가능
d. 없으나, 불가능

4. 일부 학자나 지도자들은 검증되지 않은 지식임에도 불구하고 그들이 옳다고 보는 것은 진리라고 확신하고 일반화하는 경향이 있다. 이러한 집착은 ___ 과 일반성을 동시에 갖춘 체계적인 지식이 아니므로 개인의 ___ 이나 선입견일 가능성이 크다.

a. 객관성, 고집
b. 객관성, 편견
c. 주관성, 편견
d. 주관성, 직관

5. 훈련방법과 경기운영에서 나타나고 있는 낡고 구태의연한 전술이 여과 없이 존속되고 있는 이유는 지도자의 ___때문이다.

a. 경험 고수 b. 집착
c. 편견 d. 권위의식

6. 과학적 지식과 비과학적 지식의 차이점은 ___ 에 의해 결정된다.

a. 결과의 해석
b. 얻은 결과 (result)
c. 참고문헌
d. 얻게 되는 과정 (process)

7. _____ 는 (은) 지식을 객관적 사실에 근거를 두고 반복적으로 검토, 수정하는 절차를 밟아 획득하는 것이다.

a. 일반성 b. 과학
c. 연구 d. 경험

8. 스포츠 및 운동과학 분야의 연구는 인간 행동을 ___ 하기 위한 것이다.

a. 기술 b. 예언
c. 통제 d. 설명
e. 모두 정답

9. "남자는 여자보다 유산소 능력이 좋다." 는 진술은 행동을 ___ 하는 예이다. 반면 '남자는 호흡 순환계 조직이 크기 때문에 유산소 능력이 좋다.'는 진술은 행동을 ___ 하는 예이다.

a. 통제, 기술 b. 기술, 설명
c. 설명, 통제 d. 통제, 예언

10. 언어의 기본 단위인 개념(concept) 중 '인간, 신장, 체중' 등과 같이 직접 관찰을 통해 식별이 가능한 개념은?

a. 관찰적 용어(observational term)
b. 가설적 구인(hypothetical construct)
c. 이론적 구인(theoretical construct)
d. 조작적 정의

11. '근지구력'을 가장 잘 나타내주는 개념(concept)은?

a. 관찰적 용어(observational term)
b. 가설적 구인(hypothetical construct)
c. 이론적 구인(theoretical construct)
d. 조작적 정의

12. 다음 중 가설적 구인(hypothetical construct)에 해당하는 개념은?

a. 인간
b. 체력
c. 자아개념
d. 가치(value)

13. 다음 중 이론적 구인(theoretical construct)에 해당하는 개념은?

a. 인간
b. 체력
c. 자아개념
d. 신장

14. 어떤 개념의 구성내용이 다르게 정의되고 측정될 때(예: 체력의 구성요소는 학자에 따라 다르게 정의됨), 이러한 개념을 ______(이)라고 부른다.

a. 정리
b. 가설
c. 법칙
d. 구인

15. 사물 내에 잠복해 있지만, 그것의 존재를 실제 관찰할 수 없는 개념은?

a. 관찰적 용어
b. 가설적 구인
c. 이론적 구인
d. 조작적 정의

16. 따라서 이들 개념을 측정하기 위해서는 ___ 정의(definition)가 필요하다.

a. 과학적
b. 개념적
c. 새로운
d. 조작적

17. '두 개 이상의 개념이 문법에 맞게 결합되어 자연현상의 어떤 상태를 나타내는 문장을 명제(proposition)'라고 한다. 하나의 명제가 이론적으로나 경험적으로 모두 사실로 판명되었다면, 이 명제는?

a. 구인(construct)
b. 가설(hypothesis)
c. 법칙(law)
d. 정리(theorem)

18. 가설을 설정하기 전에 반드시 거쳐야 할 단계는?

a. 연구설계(research design)
b. 연구의 제한점(limitation) 기술
c. 문제(problem)의 진술
d. 연구결과(research result)의 해석

19. 개별적 관찰을 통해 구체적 가설을 설정한 후 많은 검증과정을 통하여 하나의 이론을 도출하는 추론방법은?

a. 연역적 추론
b. 귀납적 추론
c. 인과적 추론
d. 논리적 추론

20. 가설은 경험적으로 사실(fact)이라고 밝혀진 두 개의 ___ 을 토대로 검증이 가능한 형태로 제시되어야 한다.

a. 개념
b. 구인
c. 이론
d. 법칙

21. 가설은 ___ 과 (와) 관련되어 있지만, 이론은___ 과 (와) 밀접하게 관련되어 있다.

a. 통제, 예언
b. 예언, 설명
c. 설명, 통제
d. 설명, 예언

22. 지식은 행동과 사건의 관찰결과에 근거해야 한다고 주장하는 과학적 공리 (axiom)는?

a. 경험주의
b. 정량화 가능성(quantifiability)
c. 도덕성
d. 일관성

23. 지식은 항상 도전이나 비판을 받는다고 주장하는 과학적 공리(axiom)는?

a. 회의론
b. 경험론
c. 주관성
d. 객관성

24. 모든 사건은 이유가 있기 때문에 발생한다는 과학적 공리(axiom)는?

a. 회의론(skepticism)
b. 주관론(subject theory)
c. 경험론(empiricism)
d. 결정론(determinism)

25. 연구의 주목적은?

a. 지식체계에 공헌하기 위해
b. 연구논문을 출판하기 위해
c. 이론을 정립하기 위해
d. 가설을 검증하기 위해

26. 과학적 문제해결 방법의 순서는?

a. 가설설정 → 문제진술 → 연구설계 → 연구결과 해석
b. 연구설계 → 가설설정 → 문제진술 → 연구결과 해석
c. 문제진술 → 가설설정 → 연구설계 → 연구결과 해석
d. 가설설정 → 연구설계 → 문제진술 → 연구결과 해석

27. 어떤 이론을 기술하거나 언급한 하나의 논문을 선정한 후, 다음 각각의 문제에 대한 답을 제시해 볼 것.

1) 저자. 논문명. 학술지명, 출판연도와 쪽 번호
2) 논문의 내용을 요약
3) 제시된 이론의 명칭을 기술
4) 이론이 설명하고 있는 행동 혹은 현상을 기술
5) 이론을 증명할 수 있는 증거를 기술.

체육연구방법

제2장 연구의 유형

Type of research

1. 단일집단의 피험자들을 대상으로 장기간 추적 조사하는 연구방법은?

a. 질적(qualitative) 연구
b. 실험(experimental)연구
c. 종단적(longitudinal) 연구
d. 횡단적(cross-sectional) 연구

2. "있는 그대로" 일어나는 행동을 관찰하는 연구방법은?

a. 질적 연구 b. 사례연구(case study)
c. 조사연구(survey research) d. 모두 정답

3. "흡연이 심폐지구력에 미치는 영향" 은 어떤 연구방법에 해당하는가?

a. 기초연구(basic research) b. 양적(quantitative) 연구
c. 종단적 연구 d. 질적 연구

4. "국가대표 양궁선수의 긴장이완 전략"은 어떤 연구방법에 해당하는가?

a. 기초연구 b. 양적 연구
c. 종단적 연구 d. 질적 연구

5. 질적 연구방법은 다음 중 어떤 연구유형과 관련이 있는가?

a. 실험(experimental)연구 b. 기초연구
c. 응용(applied)연구 d. 정답 없음

6. **연구자가 대학생의 운동습관이 일정 기간 어떻게 변화하고 있는지를 조사하기 위해 대학 1, 2, 3, 4학년으로부터 표본을 추출한 후, 일시에 운동습관을 조사하였다면 이 연구는 어떤 유형에 속하는가?**

a. 실험연구　　b. 기초연구
c. 횡단적 연구　　d. 종단적 연구

7. **특정한 주제와 관련된 선행연구 결과들을 효과크기(effect size: ES)라는 통계치를 이용하여 양적으로 분석, 종합하는 연구방법은?**

a. 문헌연구(literature review)　　b. 조사연구
c. 메타분석(meta-analysis)　　d. 질적 연구

8. **인과관계를 규명하는 연구방법은?**

a. 기술(descriptive)연구　　b. 상관(correlational)연구
c. 종단적 연구　　d. 실험연구

9. **동물을 실험대상으로 하는 연구의 주요 장점은?**

a. 인간을 대상으로 할 때 제기될 수 있는 윤리적 문제를 고려할 필요가 없으므로
b. 잘 통제된 실험이 가능하므로
c. 동물연구 결과는 언제든지 인간에게 적용할 수 있으므로
d. 모두 정답

10. **변인 간의 관계를 통계적으로 분석하고 해석하는 데 중점을 둔 연구방법은?**

a. 실험연구　　b. 상관연구
c. 조사연구　　d. 양적 연구

11. **새로운 지식을 창조하는데 주 관심을 둔 연구유형은?**

a. 양적 연구　　b. 응용연구
c. 기초연구　　d. 질적 연구

12. 기초연구의 연구대상은 ___ 이며 연구상황은 ___ 이다

a. 인간, 실제 상황
b. 동물, 실제 상황(field)
c. 인간, 실험실
d. 동물, 실험실

13. 사례연구(case study)의 일차적인 목적은?

a. 전체인구의 발병률을 조사하기 위해
b. 과거의 사건을 조사하기 위해
c. 연구대상의 특성이나 문제들을 깊이 있게 조사하기 위해
d. 변인 간의 관계를 규명하기 위해

14. 상관연구(correlational study)의 일차적인 목적은?

a. 전체인구의 발병률을 조사하기 위해
b. 과거의 연구결과를 종합하고 양적으로 기술하기 위해
c. 연구대상의 특성이나 문제들을 심도있게 조사하기 위해
d. 변인 간의 관계를 규명하기 위해

15. 조사연구(survey research)를 가장 잘 기술한 것은?

a. 실험적(experimental)
b. 역사적(historical)
c. 기술적(descriptive)
d. 상관적(correlational)

16. 메타분석(meta-analysis)의 일차적인 목적은?

a. 전체인구의 발병률을 조사하기 위해
b. 과거의 연구결과를 종합하고 양적으로 기술하기 위해
c. 연구대상의 특성이나 문제들을 깊이 있게 조사하기 위해
d. 변인 간의 관계를 규명하기 위해

17. **역학연구(epidemiological research)의 일차적인 목적은?**

a. 과거의 사건을 연구하기 위해

b. 전체인구의 발병률을 조사하기 위해

c. 연구대상의 특성이나 문제들을 심도있게 조사하기 위해

d. 변인 간의 관계를 규명하기 위해

연구논문 어떻게 작성할 것인가?

제1장 논문의 구조
Structure of thesis

1. 연구논문의 서론에서 주로 기술하는 내용은?

a. 연구결과
b. 연구문제
c. 실험설계
d. 관련 참고문헌

2. 새로운 연구문제와 관련하여 선행연구 결과에 대해 논의하는 장은?

a. 서론과 관련문헌 분석
b. 연구방법
c. 결과
d. 논의

3. 서론, 관련문헌 분석(혹은 이론적 배경)과 본질적으로 연계된 장은?

a. 요약
b. 연구방법
c. 결과
d. 논의

4. 연구의 변인(variables)에 대해 구체적으로 기술한 장은?

a. 서론(Introduction)
b. 연구방법(Methods)
c. 결과(Results)
d. 논의(Discussion)

5. 연구방법 장에서 일반적으로 제시되고 있는 하위제목은?

㉠ 피험자(대상) ㉡ 도구 ㉢ 절차 ㉣ 자료분석(처리) 방법

a. ㉠, ㉢
b. ㉡, ㉣
c. ㉠, ㉢, ㉣
d. 모두 정답

6. 자료분석 방법을 기술하는 부분은?

a. 서론 b. 연구방법
c. 결과 d. 논의

7. 도표와 통계치를 주로 제시하는 장은?

a. 서론 b. 연구방법
c. 결과 d. 논의

8. 후속연구를 위한 제안은 다음 중 어느 장에서 기술하는가?

a. 서론 b. 연구방법
c. 결과 d. 논의

9. 연구 결론과 시사점(implication)은 어느 부분에 제시하는가?

a. 서론 b. 연구방법
c. 결과 d. 논의

10. 다음 중 학술지에 게재된 논문의 결과 부분에서 발견할 수 없는 내용은?

a. 분석되지 않은 원자료 b. 기술통계
c. 추리통계 d. 표와 그림

11. APA(American Psychological Association) 출판양식에서 인용, 참고된 논문을 표기하는 방법은?

a. 참고문헌 번호 b. 저자명과 출판연도
c. 저자명 d. 참고문헌 번호와 저자명

12. APA 출판양식에서 출판연도 앞에는 무엇이 있는가?

a. 저자명 b. 논문 제목
c. 페이지 번호 d. 학술지 제목

13. 연구결과 부분에 제시된 기술통계는 발견된 ___ 하기 위한 것이며 추리통계는 ___ 하기 위해 제시된다.

a. 사실(fact)을 지원, 자료(data)를 요약
b. 자료를 요약, 자료를 요약
c. 사실을 지원, 사실을 지원
d. 자료를 요약, 사실을 지원

14. 논문의 전체 내용을 요약 제시한 부분은?

a. 요약
b. 서론
c. 방법
d. 결과
e. 논의

15. 연구논문의 작성 형식은?

a. 요약, 서론, 결과, 방법, 논의, 참고문헌
b. 요약, 서론, 방법, 결과, 논의, 참고문헌
c. 요약, 참고문헌, 서론, 방법, 결과, 논의
d. 요약, 참고문헌, 서론, 결과, 방법, 논의

16. "조깅을 하는 사람은 하지 않는 사람보다 깊은 잠(delta sleep)을 잔다."라고 기술한 잡지기사를 읽었다면, 연구자로서 먼저 어떤 조처를 하겠는가?

a. 모든 친구에게 조깅을 권한다.
b. 진술된 내용을 사실로써 받아들인다.
c. 관련 연구를 분석해 본다.
d. 해당 연구를 반복해 본다.

17. 연구를 시작하는 첫 번째 단계는 무엇인가?

a. 연구문제의 발견
b. 가설의 설정
c. 서론의 작성
d. 연구목적의 진술

18. 연구문제가 구체화하면 어떠한 조건에서 실험을 시행할 것인가와 측정하려는 변인이 무엇이며 어떤 방법으로 측정할 것인가를 ___ 으로 정의해야 한다.

a. 과학적　　b. 객관적

c. 조작적(operationally)　　d. 임의적

19. 다음 중 진술이 바르지 않은 것은?

a. 연구제목에는 연구변인을 포함해야 한다.

b. 연구방법 장은 반드시 4개의 하위 절(연구대상, 도구, 절차, 자료처리방법)로 구분하여 제시해야 한다.

c. 각 장의 하위제목은 지나치게 제한을 두고 정할 필요는 없다.

d. 학술지 논문에는 서론과 이론적 배경을 상호 중복되는 내용 때문에 별개의 장으로 기술할 필요가 없다.

20. 연구논문은 일반적으로 ___ , ___ 시제로 쓴다.

a. 일인칭, 과거　　b. 일인칭, 미래

c. 삼인칭, 과거　　d. 삼인칭, 현재

21. 예비연구(pilot study)는 일반적으로 어떤 경우에 수행해야 하는가?

a. 연구계획서가 논문심사 위원회에 의해 통과되었을 때

b. 연구주제가 새로운 교수·훈련방법의 효과를 검증하는 것과 관련이 있을 때

c. 반복연구를 하고자 할 때

d. 연구에 새롭게 개발한 측정도구/검사를 사용하고자 할 때

연구논문 어떻게 작성할 것인가?

제2장 연구제목

Title

1. 연구논문의 제목(title)은 연구변인을 포함하되 간결하게 작성하는 것이 일반적이다.

a. 그렇다　　　　　　　　　b. 아니다

2. 학생들의 운동에 대한 태도가 성별, 지역별, 사회경제적 지위에 따라 차이가 있는지를 구명하려고 한다. 다음 중 적절한 제목은?

a. 학생들의 성별, 지역별, 사회경제적 지위에 따른 운동에 대한 태도 차이에 관한 연구

b. 학생들의 인구통계학적 특성과 운동에 대한 태도 간의 관계

c. 학생들의 성별, 지역별, 사회경제적 지위와 운동에 대한 태도 간의 관계

d. 학생들의 운동에 대한 태도는 성별, 지역별, 사회경제적 지위에 따라 차이가 있는가?

3. 논문제목에는 연구의 결과 혹은 결론이 아닌 ___을 나타낼 수 있도록 작성해야 한다.

a. 연구목적　　　　　　　　b. 연구내용

c. 연구가설　　　　　　　　d. 연구문제

4. 연구의 목적과 방법을 부연 설명하고자 한다면 부제목을 사용할 수 있다.

(예; 역동적 치료가 부상선수의 재활에 미치는 효과: 현장실험)

a. 그렇다　　　　　　　　　b. 아니다

5. 연구제목에 '효과' 또는 '영향'이라는 용어는 '인과관계'를 구명한 ___ 에서만 사용할 수 있다.

a. 조사연구 b. 철학적 연구
c. 기초연구 d. 실험연구

6. 다음 중 불필요한 내용이 기술된 연구제목은?

㉠ ~에 관한 연구 ㉡ ~에 관한 분석 ㉢ ~에 관한 조사 ㉣ ~에 관한 기술

a. ㉠, ㉢ b. ㉡, ㉣
c. ㉠, ㉢, ㉣ d. 모두 정답

7. 비 실험연구에 '~가 ~에 미치는 영향'이라는 제목을 붙이는 것은 옳지 않다.

a. 그렇다 b. 아니다

8. 연구변인의 수가 적을 경우, 제목에는 해당변인을 포함시키는 것이 옳다.

a. 그렇다 b. 아니다

9. 연구변인의 수가 많을 경우, 제목에는 ___을/를 제시하여야 한다.

a. 모든 변인 b. 변인의 유형
c. 대표적 변인 1개 d. 연구방법

10. 학술지의 논문 제목은 간결성을 요구하기 때문에 부 제목을 사용할 수 없다.

a. 그렇다 b. 아니다

11. 질문형 제목으로 적절한 논문 제목은?

a. 윗몸일으키기 검사는 근지구력을 측정하는가?
b. 윗몸일으키기 검사는 근지구력을 어느 정도 타당하게 측정하는가?
c. 윗몸일으키기 검사는 타당한가?
d. 윗몸일으키기 검사는 타당하게 근지구력을 측정하는가?

12. 연구가 특정 모형이나 이론을 검증하였어도 이를 연구 제목에 기술하는 것은 적절하지 않다.

a. 그렇다 b. 아니다

13. 연구제목에는 지역 및 연령대의 특색을 고려하여 사투리나 은어, 두문자어 (acronyms)를 포함시킬 수 있다.

a. 그렇다 b. 아니다

14. 연구제목은 독자들의 흥미를 유발하기 위한 목적이 크기 때문에 연구가설, 연구문제 등과 다른 내용을 작성하여도 무방하다.

a. 그렇다 b. 아니다

15. 특정유형의 전집을 연구대상으로 한정하였다면 연구제목에 해당 대상을 제시할 수 있다.

a. 그렇다 b. 아니다

연구논문 어떻게 작성할 것인가?

제3장 서론

Introduction

1. 서론을 기술할 때는 연구하려는 문제가 ___ 는 점을 입증할 수 있어야 한다.

㉠ 선행연구에서 충분히 밝혀지지 않고 있다 ㉡ 수행할 만한 가치가 있다 ㉢ 연구의 중요성으로 제시한 근거가 충분하다

a. ㉠, ㉢　　b. ㉡, ㉢

c. ㉠, ㉡　　d. 모두 정답

2. 서론에서 연구의 중요성을 기술할 때 '이 연구와 관련된 선행연구는 전무'하기 때문이라고 진술하였다면?

a. 적합한 표현이다　　b. 부적합한 표현이다

c. 논리적 표현이다　　d. 필요한 표현이다

3. 서론에서 '연구주제의 중요성'을 기술할 때는

㉠ 객관적 지표(비율, 평균치 등)를 이용하여 구체적으로 진술해야 한다. ㉡ 서론의 첫 문단(paragraph)에 기술해야 한다. ㉢ 해당 연구주제와 직접 관련이 있어야 한다.

a. ㉠, ㉢　　b. ㉡, ㉢

c. ㉠, ㉡　　d. 모두 정답

4. 서론은 크게 네 부분 즉, 연구의 중요성, 관련문헌의 분석결과, ___, 연구목적으로 구분하여 기술한다.

a. 연구의 필요성　　b. 용어의 정의
c. 연구가설　　d. 연구문제의 유도

5. 서론에서 연구문제를 유도 (즉, 해당 연구변인에 대한 선행연구가 있음에도 불구하고 이 연구를 수행하게 된 이유를 끌어내기) 하기 위해 진술한 내용 중 합리적인 것은?

a. 해당 연구변인과 관련하여 "그동안 성인을 대상으로 한 연구는 있으나 청소년을 대상으로 한 연구는 없으므로"로 진술하였을 때
b. "성인을 대상으로 한 연구결과를 청소년에게 그대로 적용할 수 없는 이유"를 관련 이론 혹은 관련 연구결과를 근거로 제시할 때

6. 서론에 제기된 연구문제로서 합당한 것은?

a. 선행연구에서 충분히 밝혀진 연구문제 제시
b. 답이 분명하고 상식적인 연구문제 제시
c. 해당 분야의 지식에 의미 있게 공헌하지 못하고 있는 연구문제 제시
d. 수행된 선행연구 결과를 일반화하는 데 제한이 있는 연구문제 제시

7. 서론에서 ① 이 연구가 왜 중요하고, ② 그동안 이 연구주제와 관련하여 어떤 연구들이 무엇을 밝혀냈는가를 확인했다면, ③ 단계로서 연구자가 기술해야 할 내용은 무엇인가?

a. 연구의 가설은 무엇인가?
b. 이 연구가 선행연구와 어떤 점에서 차이가 있는가?
c. 어떤 방법으로 이 연구를 수행할 것인가?
d. 연구목적은 무엇인가?

8. 서론에서 관련 문헌을 제시하는 방법으로 합당한 것은?

a. 관련문헌들을 종합하여 공통점과 차이점을 분석한 결과를 기술
b. 관련문헌을 많이 제시하면 좋은 연구이기 때문에 관련 모든 문헌을 제시
c. 관련문헌의 연구목적, 방법, 결과들을 모두 제시
d. 학술지보다는 단행본만을 참고하여 제시

9. 문헌분석 결과의 기술로 합당한 것은?

a. 객관성을 위해 분석한 문헌의 결과를 요약하여 모두 제시
b. 분석한 문헌들을 평론(essay)형식으로 제시

10. 관련문헌에 대한 인용으로 합당한 것은?

a. 인용은 연구수행의 적절성을 나타내는 지표로서 길이에 제한을 받지 않고 모두 제시한다.
b. 이론 혹은 결과를 지지하는 공통적인 몇몇 연구와 상이한 몇몇 핵심연구만을 제시한다.

11. 문헌분석에서는 최근의 연구동향 보다는 과거에 수행된 연구들의 결과를 보다 상세하게 기술하는 것이 적합하다.

a. 그렇다. b. 아니다.

12. '불안수준이 경기력에 미치는 영향'이라는 연구를 위해 관련연구 문헌을 검색하려고 한다. 다음 중 어느 사이트를 이용할 수 있는가?

㉠ 한국교육학술정보원(RISS) ㉡ 한국학술정보(KISS) ㉢ 한국학술지인용색인(KCI)

a. ㉠, ㉢ b. ㉡, ㉢
c. ㉠, ㉡ d. 모두 정답

13. 관련문헌을 검토(review)하는 방법으로써 가장 비효율적인 방법은?

a. 최근 색인(index) 검토　　b. 무작위로 선정된 학술지 살펴보기
c. 최근 요약(abstract) 검토　　d. 검색사이트를 이용한 자료검색

14. 논문을 작성할 때 연구 초보자들이 보편적으로 범하고 있는 오류는?

㉠ 관련분야에 대한 지식을 얻기 위해 학술지보다는 책을 참고한다.
㉡ 현재 논의되고 있는 전공분야 주제에 대한 이해 없이 연구주제를 선정한다.
㉢ 무엇을 어떻게 기술해야 할지에 대한 계획이 없이 쓴다.
㉣ 선행연구를 왜 참고해야 하는지 모르고 쓴다.

a. ㉠, ㉢, ㉣　　b. ㉡, ㉢
c. ㉠, ㉡, ㉣　　d. 모두 정답

15. 색인(Index)에서 제공하고 있는 정보의 유형은?

a. 관련문헌과 참고문헌 정보　　b. 참고문헌 정보
c. 요약　　d. 참고문헌 정보와 요약

16. 적절한 연구주제를 찾기 위해서는 최근 쟁점이 되고있는 주제를 확인하기 위해 먼저 우수학술지에 게재된 논문을 읽어야 한다.

a. 그렇다　　b. 아니다

17. 연구주제의 선정 전 혹은 후에 우수학술지를 읽어야 하는 이유는?

㉠ 전공분야에서 어떤 연구가 그동안 진행되었고/되고 있는가를 알기 위해
㉡ 우수학술지를 인용하여 나의 연구가 보다 의미 있음을 평가받기 위해
㉢ 하나의 주제에 관한 연구가 지속되고 있다면 무엇을 어떤 이유로 밝혀내려고 하였는지를 알기 위해

a. ㉠, ㉡　　b. ㉡, ㉢
c. ㉠, ㉢　　d. 모두 정답

18. 관련문헌을 분석할 때 가장 유념해야 할 사항은?

a. 참고한 1차 문헌자료가 인용한 2차 자료는 읽지 않아도 제시해야
b. 관련문헌들의 요약(abstract)이 아닌 비판적인 문헌분석 결과를 제시해야
c. 참고한 문헌자료는 내용과 방법 측면에서 10년이 지난 문헌도 많이 참고해야
d. 참고문헌에는 본문에 인용하지 않은 문헌도 필요하다면 포함시켜야

19. 자신의 연구주제와 관련된 문헌을 분석해야 하는 이유는?

㉠ 어떤 이론이 정립되어 있는가를 알기 위해 ㉡ 그동안 어떤 연구들이 수행됐고 또 수행되고 있는가를 알기 위해 ㉢ 선행연구는 연구문제 해결을 위해 어떤 방법을 사용하고 있는가를 알기 위해 ㉣ 자신의 연구주제는 선행연구들과 어떤 점에서 차이가 있는가를 알기 위해

a. ㉠, ㉡, ㉣
b. ㉡, ㉢
c. ㉡, ㉣
d. 모두 정답

20. 연구계획 단계에서 관련문헌을 분석해야 할 이유로 적합하지 않은 것은?

a. 연구문제(problem)의 발견
b. 연구결과의 논의에 필요한 자료로 활용
c. 연구방법(methods) 결정
d. 참고문헌 수를 늘리기 위해

연구논문 어떻게 작성할 것인가?

제4장 가설

Hypothesis

1. '불안수준이 높은 선수들과 낮은 선수들의 경기기록 간에는 차이가 있을 것이다.'라고 진술한 가설은?

a. 일방검증 가설
b. 연구가설(research hypothesis)
c. 영가설(null hypothesis)
d. 객관적 가설

2. '운동집단과 비 운동집단의 심폐지구력 간에는 차이가 없다.'라고 진술한 가설은?

a. 일방검증 가설
b. 연구가설
c. 영가설
d. 객관적 가설

3. 영가설은 어떤 목적으로 설정하는가?

a. 연구가설을 검증하기 위해
b. 연구문제에 대한 해답을 얻기 위해
c. 통계적 검증을 위해
d. 차이가 없다는 것을 확인하기 위해

4. 다음 진술문 중 바르게 기술되지 않은 것은?

a. 연구가설이란 진술된 연구문제에 대한 잠정적인 해답이다.
b. 연구가설은 두 변인 간의 관계로 진술해야 한다.
c. 연구논문에는 영가설을 제시해야 한다.
d. 연구논문에는 연구가설을 제시해야 한다.

5. 연구가설은 양방검증(two-tailed test)과 일방검증(one-tailed test) 중 하나로 진술해야 한다. 비록 선행연구 결과는 있으나 자신의 연구와 연구대상과 방법이 다르다면 ___을, 선행연구 없이 최초로 이루어지는 연구라면, 그리고 차이가 있느냐에만 관심이 있다면 _____방법로 진술해야 한다.

a. 양방검증, 일방검증　　b. 일방검증, 양방검증
c. 양방검증, 양방검증　　d. 일방검증, 일방검증

6. 학술지의 경우, 가설은 ___의 마지막에 하나의 문단으로 제시한다.

a. 관련문헌 분석　　b. 서론
c. 연구방법　　d. 연구결과

7. 가설은 독립변인과 ___ 간의 관계를 검증할 수 있는 형태로 진술해야 한다.

a. 중개변인　　b. 인구통계학적 변인
c. 종속변인　　d. 통제변인

8. '운동집단과 비 운동집단의 심폐지구력 간에는 차이가 있을 것이다.'라는 가설의 검증방법은?

a. 일방검증　　b. 양방검증

9. '운동집단의 심폐지구력은 비 운동집단의 심폐지구력보다 높을 것이다.'라는 가설의 검증방법은?

a. 일방검증　　b. 양방검증

10. '학습부진아를 가르칠 때 실기교재로 가르치는 교사는 이론교재로 가르치는 교사보다 자신의 학급에 학습부진아를 받아들이려는 의지가 클 것이다.'라는 가설에서 독립변인(independent variable: IV)은 무엇인가?

a. 교사가 가르치는 실기교재　　b. 교사가 가르치는 교재유형
c. 교사가 가르치는 이론교재　　d. 학습부진아를 받아들이려는 교사의 의지

11. 위의 가설에서 종속변인(dependent variable: DV)은 무엇인가?

a. 교사가 가르치는 실기교재　　b. 교사가 가르치는 교재유형
c. 교사가 가르치는 이론교재　　d. 학습부진아를 받아들이려는 교사의 의지

12. 위의 가설은 양방검증인가 일방검증인가?

a. 일방검증　　b. 양방검증

13. 다음 가설 중 검증 가능한 형태로 진술된 것은?

a. 지능과 동기수준이 높으면 경기력도 높을 것이다.
b. 상류, 중류, 하류계층간의 스포츠 참여기회나 빈도는 차이가 있을 것이다.
c. 상류계층과 하류계층간의 스포츠 참여기회는 같을 것이다.
d. 동기수준이 높으면 스포츠 참여기회도 높을 것이다.

14. 연구가설의 진술로 합당한 것은?

㉠ 가설은 측정 자료를 분석한 후 결과에 따라 설정해야 한다. ㉡ 하나의 가설에는 하나의 변인 간 관계만을 검증하도록 진술한다. ㉢ 가설은 검증할 수 있는 형태로 진술해야 한다. ㉣ 가설은 상대가설의 형태로 진술해야 한다.

a. ㉠, ㉡, ㉣　　b. ㉠, ㉣
c. ㉡, ㉢　　d. 모두 정답

15. 연구가설에서 변인과의 관계에 대한 진술로 합당한 것은?

㉠ 선언적 문장으로 진술 **("자아개념과 운동능력 간에는 정적 관계가 있을 것이다.")** ㉡ 의문형 문장으로 진술 **("자아개념과 운동능력은 어떠한 관계인가?")** ㉢ 가정법 문장으로 진술 **("자아개념이 긍정적이면 운동능력 수준이 높을 것이다.")**

a. ㉠, ㉡　　b. ㉠, ㉢
c. ㉡, ㉢　　d. 모두 정답

연구논문 어떻게 작성할 것인가?

제5장 연구목적, 연구문제
Purpose, Problem

1. 연구목적, 연구문제, 연구가설은 진술하는 방법에 차이가 있을 뿐 내용은 동일하다고 볼 수 있다.

a. 그렇다 b. 아니다

2. 연구목적, 연구문제, 연구가설 제시와 관련하여 잘못된 진술은?

a. 이들은 진술하는 방법에 차이가 있을 뿐 내용은 동일하다.
b. 연구문제 혹은 연구가설이 여러 개일 경우 연구목적은 이들을 축약해서 기술한 것이다.
c. 학술지에서는 이들을 구분하여 기술하는 것이 일반적이다.
d. 학위논문에서는 이들을 구분하여 기술하는 것이 일반적이다.

3. 연구목적을 기술할 때는 두 개 혹은 그 이상의 변인 간의 관계로 진술해야 한다.

a. 그렇다 b. 아니다

4. 질적 연구에서는 ___ 를(을) 진술하지 않는 것이 일반적이다.

a. 연구목적 혹은 연구문제 b. 연구변인
c. 연구가설 d. 연구의 제한점

5. 질적 연구를 수행하는 연구자들은 연구과정 및 절차를 사전에 확정하지 않고 연구를 수행하기 때문에 연구과정에서 ____ 를(을) 수정하기도 한다.

a. 연구목적 혹은 연구문제 b. 연구변인
c. 연구가설 d. 연구의 제한점

6. 두 변인 간의 관계를 설명할 수 있는 충분한 증거가 없다면 ___ 를(을) 제시할 수 있다.

a. 연구목적 혹은 연구문제
b. 연구변인
c. 연구가설
d. 연구의 제한점

7. 서로 관련된 두 개 이상의 연구목적 혹은 연구문제들을 진술할 때는 '일련번호'를 주어 제시할 필요가 있다.

a. 그렇다
b. 아니다

8. 측정도구에 친숙하지 않은 독자들에게 구체적으로 기술된 연구목적은 연구에 대한 이해를 어렵게 할 수 있다. 다음 중 양호하게 진술한 연구목적이라고 평가할 수 있는 것은?

a. '이 연구는 대학생들을 대상으로 Voloskovoy 자아존중척도 점수와 Smith-Doe의 문화적 포용척도 점수 간의 상관도를 확인하는 데 목적이 있다.'
b. '이 연구는 대학생들의 자아존중척도 점수와 문화적 차이의 포용척도 점수 간에 상관도를 확인하는 데 목적이 있다.'
c. '이 연구는 대학생들의 자아존중감과 문화적 차이의 포용력 간에 상관도를 확인하는 데 목적이 있다.'

9. 연구문제를 진술할 때는 단순히 "예" 혹은 "아니오"의 답을 유도하는 진술문은 피해야 한다는 지침을 위배하고 있는 연구문제는?

a. 신약 'P'는 구약 'P'보다 혈압을 어느 정도 강하시키는가?
b. 대학생들의 자아존중감과 문화적 차이의 포용력 간에 상관도는 어느 정도인가?
c. 체육학과 졸업시험은 교육과정 이수자격을 판정하는 데 어느 정도 타당한가?
d. 신약 'P'는 혈압을 강하시키는가?

10. 연구목적 혹은 연구문제들을 제시하기 위해서는 ___를(을) 논리적으로 설득할 수 있는 문단이 선행되어야 한다.

a. 해당 연구목적과 관련하여 '구명해낸 선행 연구결과가 없다는 것'
b. '이러한 연구목적 혹은 문제를 구명해야 하는 이유가 무엇인가?'
c. '누구를 대상으로 어떤 도구를 사용하여 이 연구를 수행할 것인가?'
d. '어떤 분석방법을 이용하여 이 연구를 수행할 것인가?'

11. "Internet은 지리를 공부하는 데 유용한가?"라는 연구문제는 다음 중 어떤 지침을 위배하고 있는가?

a. '연구문제가 여러 개일 때는 일련번호를 제시해야 한다.'
b. '연구목적 혹은 문제의 진술은 가능한 한 구체적이되 간결해야 한다.'
c. '연구문제를 진술할 때는 단순히 "예" 혹은 "아니오"의 답을 유도하는 진술문은 피해야 한다'
d. '연구문제보다는 연구가설로 제시해야 한다.'

12. 해결이 가능한 연구문제로 성립되는 조건에서 가장 거리가 먼 것은?

a. 반드시 기존의 이론 체계와 관련이 있어야 한다.
b. 실증적 검증이 가능해야 한다.
c. 관찰이 가능한 현상과 연관성을 보여야 한다.
d. 연구대상이 되는 현상에 명확한 규정이 되어야 한다.

13. 연구문제를 서술하는 요령으로 틀리게 설명한 것은?

a. 연구문제는 의문문 형태로 서술한다.
b. 단순명료하게 문제를 지적하는 것이 좋은 방법이다.
c. 변수 간의 관계에 대해 서술한다.
d. 두 가지 이상의 답이 나오도록 반드시 서술한다.

14. 연구문제를 선정하는 과정에서 연구자가 피해야 할 결정은?

a. 연구자가 흥미를 느끼는 주제를 선정한다.
b. 자신에게 경험이 있거나 사전 지식이 있는 주제를 선정한다.
c. 광범위한 주제에서 완벽한 주제로 선정한다.
d. 연구를 뒷받침해 줄 이론적 배경이 있는 주제를 선정한다.

15. 연구문제가 설정된 후, 연구문제를 정의하는 과정을 바르게 나열한 것은?

① 문제의 배경을 검토한다. ② 무엇을 측정할 것인지 결정한다. ③ 문제의 하위영역, 구성요인을 확립한다. ④ 관련 변수들을 결정한다. ⑤ 연구목적과 관련된 하위목적을 설정한다. ⑥ 연구목적, 하위목적들에 대한 예비조사를 수행한다.

a. ① → ② → ③ → ④ → ⑤ → ⑥
b. ① → ③ → ② → ④ → ⑤ → ⑥
c. ① → ④ → ③ → ⑤ → ② → ⑥
d. ① → ⑤ → ③ → ④ → ② → ⑥

연구논문 어떻게 작성할 것인가?

제6장 정의

Definition

1. 개념적 정의(conceptual definition)와 관련하여 잘못 기술된 것은?

a. 보통 '서론'에 제시한다.
b. 추상적인 개념을 측정 가능한 형태로 제시된 정의이다.
c. 사전적(dictionary) 정의와 유사하다.
d. 개념의 의미는 조작적으로 정의하면 구체화 된다.

2. 조작적 정의(operational definition)와 관련하여 잘못 기술된 것은?

a. 보통 연구방법 장에 제시한다.
b. 추상적인 개념을 측정 가능한 형태로 제시된 정의이다.
c. 사전에 나타난 정의이다.
d. 개념의 의미를 측정 가능한 형태로 구체화 시킨 것이다.

3. 개념(특히, 가설적, 이론적 구인)은 조작적으로 어떻게 정의하느냐에 따라 측정방법은 다를 수 있다.

a. 그렇다　　b. 아니다

4. 연구자는 서론에서 용어를 정의할 때 다음 중 어느 곳에 언급된 용어를 정의해야 하는가?

a. 연구목적　　b. 연구문제
c. 연구가설　　d. 모두 정답

5. 하나의 변인은 하나의 개념적 정의(conceptual definition)를 갖지만, 조작적 정의 (operational definition)은 여러 개일 수 있다.

a. 그렇다　　　　　　　　　　b. 아니다

6. 전집의 특성(소위 통제변인, 연구대상)을 정의한 다음 예 중 적절한 것은?

a. '성인교육 학습자'란 공교육 프로그램에 등록한 성인이다.

b. '성인교육 학습자'란 서울시 교육청 산하 성인학교에서 하나 이상의 교과에 등록한 18세 이상 성인이다.

c. '성인교육 학습자'란 사교육 프로그램에 등록한 성인이다.

7. 근지구력을 "근육(군)에 부하가 주어진 상태에서 주어진 동작을 반복해서 피로할 때까지 수행할 수 있는 신체적 능력"이라고 정의하였다면?

a. 개념적 정의　　　　　　　　b. 조작적 정의

8. 근지구력을 "누운 자세에서 무릎을 90도로 굽히고 양손을 머리 뒤로 깍지 낀 자세에서 1분 동안 윗몸일으키기를 실시한 횟수"라고 정의하였다면?

a. 개념적 정의　　　　　　　　b. 조작적 정의

9. 심폐지구력은 일반적으로 '심장과 폐의 기능'으로 정의된다. 그러나 실제 심폐지구력을 측정하기 위해서는 조작적으로 정의할 필요가 있는데 다음 중 타당하지 않은 것은?

a. 최대산소섭취량(VO_2Max).

b. 2000m 달리기

c. 1200m 달리기

d. 400m 달리기

10. 독립변인과 종속변인이 명확히 구분되는 실험연구(예; 흡연은 근지구력을 저하시킬 것이다)에서 조작적 정의는 학술지 논문인 경우, 독립변인인 '흡연'은 ___ 에, 종속변인인 '근지구력'은 ___ 에 제시하는 것이 일반적이다.

a. 서론 장의 용어의 정의 부분, 서론 장의 용어의 정의 부분
b. 서론 장의 용어의 정의 부분, 연구방법 장의 측정도구 절
c. 연구방법 장의 실험설계 부분, 연구방법 장의 측정도구 절
d. 연구방법 장의 실험설계 부분, 서론 장의 용어의 정의 부분

11. 독립변인과 종속변인이 명확히 구분되는 실험연구(예; 흡연은 근지구력을 저하시킬 것이다)에서 조작적 정의는 학위논문인 경우, 독립변인인 '흡연'은 ___ 에, 종속변인인 '근지구력'은 ___ 에 제시하는 것이 일반적이다.

a. 서론 장의 용어의 정의 절, 서론 장의 용어의 정의 절
b. 서론 장의 용어의 정의 절, 연구방법 장의 실험설계 부분
c. 연구방법 장의 실험설계 부분, 연구방법 장의 측정도구 절
d. 연구방법 장의 실험설계 부분, 서론 장의 용어의 정의 절

12. 독립변인과 종속변인의 구분이 어려운 조사연구나 상관연구(예; 신문읽기 습관과 문화적 교양 간에는 상관이 있을 것이다)에서 조작적 정의는 학술지 논문인 경우, 논문의 어느 부분에 제시하는 것이 일반적인가?'

a. 모두 연구방법 장의 측정도구 절에
b. 모두 서론 장의 용어의 정의 항에

13. 독립변인과 종속변인의 구분이 어려운 조사연구나 상관연구(예; 신문읽기 습관과 문화적 교양 간에는 상관이 있을 것이다)에서 조작적 정의는 학위논문인 경우, 논문의 어느 부분에 제시하는 것이 일반적인가?'

a. 모두 연구방법 장의 측정도구 절에
b. 모두 서론 장의 용어의 정의 항에

14. 특정 변인을 측정하기 위해 이미 출판된 검사, 도구를 사용하였다면, 해당 도구의 ___를 인용하고 이들 변인은 ___ 해야 한다.

a. 저자, 출판연도와 출판사, 개념적으로 정의

b. 저자, 출판연도와 출판사, 조작적으로 정의

c. 저자와 출판사, 개념적으로 정의

d. 출판연도와 출판사, 조작적으로 정의

15. 아래에 기술된 내용 중 조작적 정의를 기술해야 할 때 유념해야 할 사항은?

a. 조작적 정의는 다른 연구자가 해당 연구를 반복할 수 있도록 이해하기 쉽고 구체적이어야 한다.

b. 기술된 조작적 정의는 동료의 검토과정을 거쳐야 한다.

c. 추가적인 정보 없이 동일한 방법으로 동일한 연구를 수행할 수 있는지의 여부를 확인해야 한다.

d. 모두 정답

16. 출판되지 않은 검사, 도구를 사용하였다면, 도구의 전체 혹은 일부분은 반드시 논문에 ___ .

a. 제시해야 한다. b. 제시할 필요가 없다.

연구논문 어떻게 작성할 것인가?

제7장 가정, 범위, 제한점

Assumption, Delimitation, & Limitation

1. '운동에 대한 태도'를 평가하는 연구를 수행하기 위해서는 '운동에 대한 태도는 표현할 수 있으며 신뢰롭게 측정할 수 있다.'라는 ___ 이(가) 필요하다.

a. 범위(delimitation)
b. 가정(assumption)
c. 제한점(limitation)
d. 검사(test)

2. 다음 중 연구의 제한점(limitation)을 바르게 설명한 것은?

a. 연구자가 사전에 의도적으로 결정한 제한점(연구대상을 특정 종목에 한정)
b. 연구과정에서 통제할 수 없거나 지나치게 한정된 범위 때문에 나타나게 되는 약점이나 영향

3. 다음 중 연구의 범위(delimitation)를 바르게 설명한 것은?

a. 연구자가 사전에 의도적으로 결정한 제한점(연구대상을 특정종목에 한정)
b. 실험이나 조사가 수행되는 도중이나 끝마친 후 나타나게 되는 연구의 단점
c. 연구과정에서 통제할 수 없거나 지나치게 한정된 범위 때문에 나타나게 되는 약점이나 영향

4. 연구설계와 연구방법의 제한점은 어느 장에 기술해야 하는가?

a. 결과
b. 연구방법
c. 논의
d. 서론

5. 만일 연구자가 신체구성(body composition)을 측정하기 위해 사용된 도구의 측정 눈금에 일관성이 없고 피험자들은 검사자의 지시내용을 잘 이해하지 못하고 있음을 발견하였다면, 이 두 가지 사항은?

a. 제한점과 범위(delimitation)　　b. 모두 제한점

c. 범위와 제한점　　d. 모두 범위

6. 운동에 대한 생리학적 적응을 규명하기 위한 연구가 해발 8,000피트에서 여자 운동선수를 대상으로 수행되었다면, 제한점(limitation)과 범위(delimitation)에 해당하는 변인은 각각 무엇인가? 이때 고도는 조사대상이 아니라고 가정)

a. 고도 - 제한점 : 성 - 범위　　b. 고도, 성 모두 제한점

c. 고도, 성 모두 범위　　d. 고도 - 범위 : 성 - 제한점

7. 다음 진술 중 옳지 않은 것은?

a. 연구의 가정을 진술할 때는 이 가정이 왜 필요한가를 제시해야 한다.

b. 연구는 관련 변인을 '신뢰롭고 타당하게 측정할 수 있다'는 가정이 만족될 수 있을 때만 가능하다.

c. 연구의 가정은 전통적으로 학위논문에서 기술하도록 요구하고 있다.

d. 연구의 가정은 학술지 논문에서는 제시할 필요가 없다.

8. "신명감을 측정하는 척도는 신뢰롭고 타당하다고 가정하였다."라고 기술된 가정이 안고 있는 문제는?

a. 이 가정이 왜 필요한가에 관한 기술이 없다.

b. 이 가정이 진실이라고 믿을 만한 근거가 기술되지 않고 있다.

c. 모두 정답

9. 중요한 제한점 때문에 연구에 심각한 결함이 발생한다면 해당 연구는 ___ 로 명명할 필요가 있다.

a. 질적연구(qualitative study)　　b. 예비연구(pilot study)

c. 반복연구(repetitive study)　　d. 일차연구(first study)

10. 연구의 제한점이 제시되었다면, 그러한 제한점이 연구결과에 미치는 영향은 반드시 기술해야 한다.

a. 그렇다　　b. 아니다

11. 연구의 범위에 포함되는 정보는?

a. 연구대상　　b. 연구대상 수

c. 검사 및 도구　　d. 모두 정답

12. 연구의 가정을 위한 기본전제로 기술할 수 없는 것은?

a. 연구의 대상자는 검사를 수행하는데 자신의 능력을 최대한 발휘할 것이다.

b. 검사자들은 표준화된 절차에 따라 검사를 정확히 실시하였을 것이다.

c. 사전-사후검사 동안에 피험자 능력은 동일할 것이다.

d. 측정결과의 해석은 검사의 신뢰도와 타당도 범위 내로 한정해야 할 것이다.

13. 연구가 수행되는 도중이나 끝마친 후 나타나게 되는 연구의 약점이나 영향을 기술하는 부분은?

a. 범위(delimitation)　　b. 가정(assumption)

c. 제한점(limitation)　　d. 검사(test)

14. 연구 가정의 진실성에 의문이 있다면 이를 ___에 기술해야 한다.

a. 범위(delimitation)　　b. 정의(definition)

c. 제한점(limitation)　　d. 검사(test)

15. 다음 중 연구의 제한점에 해당하는 것은?

a. 선정된 피험자　　b. 선정된 피험자의 실험 중 탈락

c. 선정된 검사 및 도구　　d. 역사적 연구에서 문헌정보의 선정

❐ 연구의 범위는 제한점이 될 수 있다.

운동선수를 대상으로한 연구 에에서

- **모든 종목을 다 포함시킬수 없기 때문에 일부종목(예: 구기종목)을** 연구대상으로 한정시켰다면
- 이것은 연구의 범위인가 제한점인가? ➲ **범위**
- 그런데 구기종목은 모든 스포츠 종목을 대표할 수는 없기 때문에 이때 연구범위 자체는 무엇이 되는가? ➲ **제한점**

example

"이 연구에서 운동선수들의 성격특성은 전갑돌(2010)이 제작한 성격검사를 이용(한정)하여 측정하였다 **(연구의 범위)**. 따라서 성격측정 결과의 해석은 이 검사의 신뢰도와 타당도 범위 내로 한정시켜야 한다. **(연구의 제한점)" 로 기술할 수 있다.**

제8장 연구방법
Method

1. 연구방법 장에서 일반적으로 제시되고 있는 하위제목은?

a. 피험자 (대상)
b. 도구
c. 절차
d. 자료처리방법
e. 모두 정답

2. 연구 대상자에 대한 정보는 독자가 ____을 확인하는 데 어려움이 없도록 구체적으로 기술해야 한다.

a. 연령수준
b. 성별
c. 사회경제적 지위
d. 모두 정답

3. 전집으로부터 얻은 측정치는 ___ 라고 부르며, 표본집단에서 얻은 측정치는 ___ 라고 부른다.

a. 모수치 : 통계치
b. 통계치 : 모수치
c. 통계치 : 통계치
d. 모수치 : 모수치

4. 대학 교양체육 실기교과로서 배드민턴 종목에 대한 학생들의 선호도를 평가하기 위해 전체 대학생으로부터 100명을 무작위로 선정하였다면 이 표집방법은?

a. 체계적 표집(systematic)
b. 할당표집(quota)
c. 단순무선표집
d. 임의표집(accidental)

5. 위의 배드민턴 종목에 대한 학생들의 선호도 평가에서 시간을 절약하기 위해 학생회관에 들어오는 학생들에게 질문지를 실시하여 조사했다면?

a. 단순무선표집　　　　b. 체계적 표집
c. 할당표집　　　　d. 임의표집

6. 잘 설계된 표집방법은 ___ 결과를 얻는 데 중요하다

a. 정밀한(precise)　　　　b. 흥미있는
c. 타당한(valid)　　　　d. 신뢰로운(reliable)

7. 다음 중 표본추출 과정에 명확한 결점이 있다면?

a. 그로 인해 연구결과를 일반화하는데 제한이 따른다는 점을 밝혀야 한다.
b. 이러한 사실을 밝히지 않을 경우, 자신의 연구에 내재된 중요한 제한점을 감추는 결과를 초래할 수 있다.
c. 이러한 문제는 논의(discussion)에 제시한다.
d. 모두 정답

8. 조사의 타당도와 신뢰도는 각각 무엇에 근거를 두고 있는가?

a. 표본수(sample size) : 표본의 대표성(sample representativeness)
b. 표본수 : 표본수
c. 표본의 대표성 : 표본의 대표성
d. 표본의 대표성 : 표본수

9. 연구자가 수행하고자 하는 연구에 대해 기관연구윤리위원회(IRB)의 승인을 받아야 할 이유는 무엇인가?

a. 연구계획이 과학적 연구로서의 기준에 맞는지를 확인하기 위해
b. 연구설계가 관련 학술단체가 요구하는 기준에 맞는지를 확인하기 위해
c. 해당기관의 규정에 맞도록 설계되었는지를 확인하기 위해
d. 모두 정답

10. IRB의 승인을 받기 위해 연구자가 유념해야 할 사항이 아닌 것은?

a. 모든 참여자는 불리한 조건 없이 연구 참여를 철회할 수 있다.

b. 연구가 끝난 후에 계획서와 함께 결과보고서를 제출해야 한다.

c. 피험자 혹은 학부모로부터 받는 동의서는 법적으로 유효해야 한다.

d. 피험자가 연구 참여과정에서 얻을 수 있는 이점을 제시해야 한다.

11. 연구 대상자로부터 동의서를 받은 절차를 연구논문에 제시할 때, 반드시 지키지 않아도 IRB의 승인을 받는 데 문제가 되지 않은 것은?

a. 모든 참여자는 불리한 조건 없이 연구 참여를 철회할 수 있음을 알려주고 동의서에 서명하도록 해야.

b. 연구 참여에 동의한 사람의 비율(%) 혹은 수를 보고해야.

c. 선정된 피험자로부터는 반드시 100% 동의를 받아야.

d. 피험자가 연구 참여과정에서 얻을 수 있는 이로운 점과 해로운 점을 제시해야.

12. 연구 참여자들의 인구통계학적 정보(성, 나이, 신장, 체중 등의 통계자료)를 논문에 제시할 때는?

a. 모든 참여자의 동의를 구한 후 제공해야 한다.

b. 독자가 해당 연구를 이해하는 데 불편이 없도록 구체적으로 기술해야 한다.

c. 비밀사항이므로 제시해서는 안 된다.

d. 연구자의 요구가 있을 때 제공해 준다.

13. 다음 기술 내용 중 적절하지 못한 것은?

a. 표본을 전집으로부터 추출하였을 때는 전집과 표집방법을 기술해야 한다.

b. 표본 추출과정에 결점이 있다면, 그러한 사실을 반드시 보고해야 한다.

c. 표본 추출과정에 결점이 있다면, 연구결과를 일반화하는데 제한이 따른다.

d. 표본을 추출할 때는 어떠한 결점도 있어서는 안 된다.

14. 피험자 탈락과 관련하여 제시해야 할 정보는 무엇인가?

a. 탈락자 수
b. 탈락자 비율
c. 탈락된 이유
d. 실험, 비교집단의 피험자 탈락률에 차이가 있다면, 그 이유
e. 모두 정답

15. 연구에 사용한 측정 도구(instrument)를 잘못 정의한 것은?

a. 관찰 혹은 측정하기 위해 사용된 것을 모두 포괄한 개념이다.
b. 도구는 정의된 구인(construct)을 측정하기 위해 사용한다.
c. 질문지나 면담을 제외한 모든 검사, 척도, 측정기구를 포괄한 개념이다.
d. 연구방법의 2절을 '도구'로 기술하는 것이 적절하다.

16. 일반적으로 특정 '구인'을 측정하는 도구 간의 상관도(공인타당도: concurrent validity)는?

a. 구인을 어떻게 정의하느냐에 따라 상관도는 높을 수도 낮을 수도 있다.
b. 0.80 이상으로 높다.
c. 0.00에 가까울 정도로 낮다.
d. 모두 정답

17. 연구자가 연구목적에 적합한 도구가 없다는 판단하에 측정도구를 개발하여 사용할 경우 다음 중 적합하지 않은 것은?

a. 개발된 도구의 신뢰도, 타당도에 관한 정보를 제공해야 한다.
b. 철저한 문헌 조사를 통하여 기존 도구 중 하나와 같이 사용해야 한다.
c. 개발된 도구가 측정하는 특성, 형식, 가능한 점수범위를 기술해야 한다.
d. 개발된 도구의 질문지는 부록에 포함시켜야 한다.

18. 선정된 도구가 '해당 변인을 측정하는 도구로써 적합하다'라는 것을 증명할 수 있는 증거로서 적합하지 않은 것은?

a. 측정 도구의 견본을 부록에 제시
b. 검사의 신뢰도와 타당도에 관한 정보를 본문에 제시
c. 채점방법, 답안지(혹은 응답지)를 부록에 제시
d. 모두 정답

19. 실험연구에서 연구자가 수행한 연구의 실험절차, 장비 등에 관한 정보는 해당 연구를 ___ 하는 데 지장이 없는 범위에서 ___ 기술해야 한다.

a. 반복 수행, 간단하게
b. 반복 수행, 상세하게
c. 홍보, 상세하게
d. 홍보. 간단하게

20. 예비연구(pilot study)는 일반적으로 어떤 경우에 수행해야 하는가?

a. 연구계획서가 논문심사 위원회에 의해 통과되었을 때
b. 연구자가 충분한 실험 경험을 가지고 있지 않을 때
c. 반복연구를 하고자 할 때
d. 연구에 새롭게 개발한 측정도구/검사를 사용하고자 할 때

21. 실험연구에서 연구절차는 일차적으로 ___ 를(을) 통하여 가장 적합한 방법을 찾아야 한다.

a. 실험과정
b. 예비연구
c. 관련문헌의 분석
d. 반복연구

22. '자료처리방법' 절에 반드시 제시할 필요가 없는 내용은?

a. 관련변인과 산출방법
b. 연구목적 및 연구설계와 일치하는 자료분석 방법
c. 적용된 통계적 방법의 구체적 기술
d. 공식과 계산방법

23. 전후검사통제집단설계를 적용한 실험연구에서 실험처치 효과를 검증하기 위한 통계적 방법은 *t* 검증, 반복측정 ANOVA, ANCOVA가 있다. 이들 방법의 사용과 관련하여 제안된 아래의 답지 중 가장 적합한 것은?

a. 두 집단 간의 동등성(homogeneity) 여하와 관계없이 가장 많이 알려진 *t* 검증방법을 사용하는 것이 효과적이다.

b. 두 집단 간의 동등성 여하와 관계없이 반복측정 ANOVA를 사용하는 것이 효과적이다.

c. 두 집단 간의 동등성 여하와 관계없이 어떠한 방법을 사용해도 좋다.

d. 두 집단 간의 동등성 여하에 따라 사용하는 방법에 차이가 있을 수 있다

24. 가설을 검증하는 연구에서 대상수를 결정하고자 할 때 보고해야 할 사항은?

a. 제1종 오류(α)를 범할 확률

b. 통계적 검증력(1-β)

c. 효과크기(ES)

d. 모두 정답

25. 통계적 검증력(1-β; 차이가 있을 때 차이가 있다고 확신할 수 있는 확률)은 다음 중 어떤 통계치를 기반으로 산출할 수 있는가?

a. 제1종 오류(α)를 범할 확률

b. 표본 사례수

c. 효과크기(ES)

d. 모두 정답

26. Cohen (1988)이 제안한 수용 가능한 통계적 검증력의 수준은 몇 %인가?

a. 99%

b. 95%

c. 80%

d. 5%

27. 아래의 연구대상과 관련하여 기술된 내용으로부터 연구자에게 제기할 수 있는 문제는 무엇인가?

> 본 연구의 대상자는 경기도 소재 S고등학교 축구선수로, 훈련군 18명과 통제군 12명으로 구성하였다. 신체조건이 유사하고 선수경력 4년이상, 평균연령은 15.88±0.97세로, 경기도 지역축구협회의 지원으로 본 훈련 프로그램에 참여하였다. 대상자들의 신체적 특성은 <표 1>과 같다.

a. 피험자 수가 훈련집단과 통제집단 간에 차이가 있는 이유는 무엇인가?
b. 두 집단의 피험자는 무선배정(random assignment)한 것인가?
c. 중도 탈락자가 있다면 어떤 특성을 가진 피험자가 어떤 이유로 탈락했는가?
d. 집단별이 아닌 전체 피험자의 평균연령을 보고한 이유는 무엇인가?
e. 모두 정답

28. 아래의 연구대상 및 표집방법과 관련하여 기술된 내용으로부터 연구자에게 제기할 수 있는 문제는 무엇인가?

> **연구방법**
>
> **1. 연구대상 및 표집방법**
>
> 본 연구의 조사 대상은 2006년 4월 경기도에 소재한 중·고등학교에 재직 중인 체육교사 320명을 대상으로 하였다. 표집은 유의 추출법(Purposive Sampling)을 사용하였으며, 설문지의 작성은 자기평가 기입법(Self administration method) 으로 하였다.

a. 경기도 소재 중,고등학교 재직 체육교사 전체 수(전집)는 몇 명이며 그중 320명을 연구대상으로 선정한 근거는 무엇인가?
b. 전집 중 320명을 표집했을 때의 신뢰도와 오차범위는 어느 정도인가?
c. 어떤 이유로 목적표집(purposive sampling)방법을 적용하였는가?
d. 이 연구에서 적용한 표집방법은 목적표집(purposive sampling)인가, 임의표집(accidental sampling)인가?
e. 모두 정답

29. 출판 여부와 관계없이 측정도구와 관련하여 반드시 보고해야 할 두 가지 유형의 정보는 무엇인가?

a. 저자와 출판연도
b. 출판연도와 출판사
c. 신뢰도와 타당도
d. 신뢰도와 객관도

30. 실험결과, 아래 표와 같이 실험집단과 비교집단의 피험자 탈락률에 차이가 있다면, 자료분석을 위해 다음 중 어느 것이 적절한 조치인가?

	탈락자		전체
	비만형	근육형	
실험집단	4 (50%)	0 (0%)	4
비교집단	2 (25%)	2 (25%)	4
전　체	5	3	8

a. 각 집단의 탈락자 중 일부를 무선표집한 후 면담을 통해 그 이유를 규명하여 제시해야.
b. 각 Cell별 탈락자 비율을 고려하여 비 탈락자 집단에서 무선적으로 제거해야.
c. 모두 정답

연구논문 어떻게 작성할 것인가?

제9장 연구결과

Result

1. 측정변인에 따라 차이는 있겠으나 자료 분석결과 얻은 통계치(예: 평균치)는 어느 수준까지 보고하는 것이 일반적인가?

a. 실제로 측정한 단위(cm까지 측정하였다면 cm단위)까지만 보고 한다.
b. 실제로 측정한 단위보다 한 단계 아래 자리까지 보고한다.
c. 실제로 측정한 단위와 관계없이 소수 두 자리까지 보고한다.
d. 컴퓨터 Output(출력결과)에 제시된 단위까지 보고한다.

2. 그러나 분석결과 얻은 통계치(예: 평균치)는 어느 수준까지 보고하는 것이 실용적이고 바람직한가?

a. 실제로 측정한 단위(cm까지 측정하였다면 cm단위)까지만 보고 한다.
b. 실제로 측정한 단위보다 한 단계 아래 자리까지 보고한다.
c. 실제로 측정한 단위와 관계없이 소수 두 자리까지 보고한다.
d. 컴퓨터 Output(출력결과)에 제시된 단위까지 보고한다.

3. 멀리뛰기 기록은 어느 수준까지 측정하고 그 평균치는 어느 수준까지 보고하는 것이 바람직한가?

a. 소수 첫 자리까지 측정(예: 125.4cm)하고 평균은 소수 두 자리 (예:133.42cm)까지 보고한다.
b. 정수(예: 125cm)단위로 측정하고 평균은 소수 한 자리(예: 143.4cm)까지 보고한다.
c. 정수(예: 125cm)단위로 측정하고 평균도 측정단위(예: 143cm)까지 보고한다.
d. 모두 정답

4. 왜냐하면, 멀리뛰기 기록을 mm 단위까지 측정하는 것은 가능하지 않지만, 가능하다 하더라도 그 값에 실용성이 없기 때문이다.

a. 그렇다　　　　b. 아니다

5. 통계프로그램을 이용한 t 검증결과, t = 14.73, df = 22, p = .00023과 같이 소수점 3자리 이하에서 통계적으로 유의한 차이가 있는 것으로 나타났다고 가정해 보자. 다음 중 이 결과를 논문에는 어떻게 보고해야 하는가?

a. $t_{(22)}$=14.73, p〈 .000
b. $t_{(22)}$=14.73, p〈 .001
b. $t_{(22)}$=14.73, p= .001
c. $t_{(22)}$=14.73, p = .00023

6. 다음은 한국 가정의 평균 가족 수를 제시한 것이다. 어느 통계치를 제시하는 것이 옳은가?

a. 3.56명　　　　b. 3.6명
c. 4명　　　　d. 4.0명

7. 그렇다면 그 이유는 무엇인가?

a. 인간은 하나의 완전한 개체단위로서만 존재할 수 있기 때문이다.
b. 사람의 측정단위는 한 명이며 이 단위는 그 이상 분리할 수 없는 가장 작은 최소 단위이다.
c. 인간에게 소수 이하 단위의 숫자는 실제 의미가 없기 때문이다.
d. 모두 정답

8. t 검증결과 산출된 p 값이 .042로 나타났다. 다음 중 APA가 요구하는 형식에 맞게 제시된 것은 어느 것인가?

a. p〈.05　　　　b. p=.042
c. p=.05　　　　d. p〈.042

9. t 검증결과 산출된 통계치 중 가장 먼저 제시해야 할 통계치는?

a. t 검증 통계치
b. p값
c. 자유도
d. 집중경향치와 변산도, 편포도

10. 표를 작성할 때 준수해야 할 기본규칙 중 적절하지 않은 것은?

a. 표에는 본문에 언급이 안 된 내용을 제시한다.
b. 표에서 변인 등은 가능한 한 횡렬로 배치한다.
c. 하나의 표에는 네 개 이상의 변인을 포함하지 않도록 한다.
d. 본문 참조 없이도 표를 이해할 수 있게 작성한다.

11. 그림(figure)을 작성할 때 준수해야 할 기본규칙 중 적절하지 않은 것은?

a. 본문 내용을 복사한 것이어서는 안된다.
b. 시각적으로 명료해야 한다.
c. 이해하기 쉬워야 한다.
d. 자료의 변산도를 평가하는 방법을 반드시 함께 제시해야 한다.

12. 표나 그림의 제시와 관련하여 다음 중 적절하지 않은 것은?

a. 중요한 표나 그림은 본문에 제시한다.
b. 상대적으로 중요성이 떨어지는 표나 그림은 부록에 제시한다.
c. 표와 그림은 본문의 내용을 독자가 이해하는 데 도움을 줄 수 있어야 한다.
d. 표와 그림은 결과를 이해하는 데 도움이 될 수 있도록 많이 제시해야 한다.

13. 표와 그림을 작성할 때 지켜야 할 사항은?

a. 연구자의 독창적인 아이디어를 이용하여 제시해야 한다.
b. 독자의 혼란을 피하기 위해 학회(혹은 APA)가 제시하고 있는 출판양식에 맞게 작성해야 한다.
c. 분석결과 얻은 측정치는 모두 표에 제시해야 한다.
d. 컴퓨터 Output에 제시된 분석결과 표를 복사해서 제시해야 한다.

14. 학술지에 통계분석 결과를 게재할 경우, 다음 중 반드시 지켜야 할 사항이 아닌 것은?

a. 반드시 필요하다고 판단되는 표와 그림만을 선정하여 본문에 제시한다.

b. 보편화되어 있는 통계적 방법(예: r, t, F)은 표 없이 통계치를 결과에 포함시켜 제시한다.

c. 보편화되어 있는 통계적 방법이라 할지라도 통계표는 반드시 제시한다.

d. 학술지 게재논문에서는 논문의 양에 제한을 두기 때문에 분석내용이 단순한 것일 때 표 없이 통계치를 결과에 본문 안에 제시한다.

※ 다음은 t 검증 결과표를 본문에 문장으로 표현하는 것이 좋은 예이다.

표 1. 인산투여 여하별 턱걸이 횟수의 평균, 표준편차, t

집단	n	$\overline{X}$	s	t	p
실험집단	15	17.3	4.7	3.31	.031
비교집단	15	12.1	3.9		

이 표 대신에 "턱걸이 평균횟수는 실험집단($\bar{X}$=17.3, s=4.7)이 통제집단($\bar{X}$=12.1, s=3.9)보다 [$t_{(28)}$=3.31, p=.031] 수준에서 통계적으로 유의하게 높다."라는 하나의 문장으로 표현할 수 있다.

15. 다음 중 상호작용 효과를 그림으로 제시한 좋은 예는?

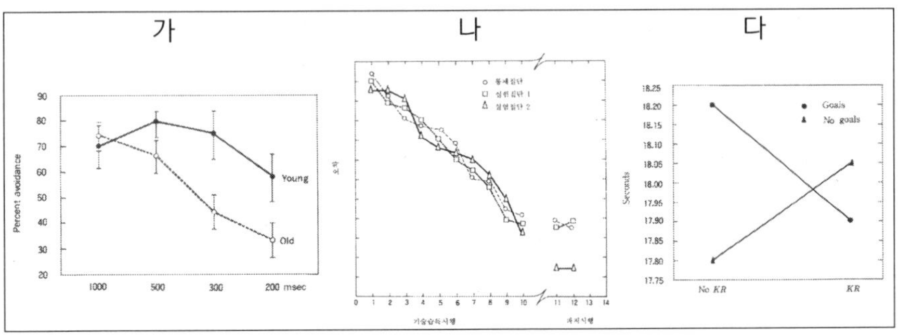

a. 가

b. 나

c. 다

d. 가, 다

16. 두 독립변인 간의 상호작용 효과를 그림으로 제시할 때는?

a. 독립변인은 X축에, 종속변인은 Y축에 제시한다.
b. 독립변인은 Y축에, 종속변인은 X축에 제시한다.
c. Y축의 점수 간격을 가능한 한 세분해서 많은 급간으로 나누어 제시한다.
d. 자료의 변산도를 평가할 수 있도록 표준편차 Bar를 반드시 함께 제시해야 한다.

17. 위의 그림에서 그림만 보면 유의한 상호작용 효과가 있다고 해석할 수 있음에도 불구하고 그림 '다'가 정답이 될 수 없다면, 그 이유는?

a. 독립변인을 X축에, 종속변인을 Y축에 제시하였기 때문에.
b. 자료의 변산도를 평가할 수 있도록 표준편차 Bar를 함께 제시하지 않았기 때문에.
c. 종속변인 Y축의 점수 간격을 8~12 정도의 급간으로 나누어 제시하였기 때문에.
d. Y축의 수치가 실제적 유의성에 의문이 있을 정도로 1초를 5/100초 단위로 지나치게 세분하여 제시하였기 때문에.

18. 다음 중 적절하지 못한 진술은?

a. 표 제목에는 관련변인과 표에 포함된 통계치의 이름을 제시해야 한다.
b. 표와 그림에 제시한 모든 결과를 본문에 반복 기술하는 것은 피해야 한다.
c. 표에 제시된 통계치는 가장 중요한 사항만을 기술해야 한다.
d. 결과를 진술할 때는 결과를 평가하는 용어를 사용해야 한다.

19. 연구자의 가치판단이 배제된 나타난 사실만을 객관적으로 기술하는 장은?

a. 서론
b. 결과
c. 논의
d. 결론

20. 다음 통계 기호 중 바르게 표기한 것은?

a. r
b. t
c. F
d. p

21. 피험자의 일반적 특성을 나타낸 아래 표에서 발견할 수 있는 문제는?

표 1. 피험자의 일반적 특성 (M±SD)

Group	N	Age (yrs)	Weight (kg)	BMI (kg/m^2)	WHR
Player group	78	25.9 ±7.99	54.7 ±5.81	20.06 ±1.7	0.73 ±0.6
Experienced group	66	27.5 ±9.20	56.3 ±7.06	21.24 ±2.2	0.75 ±0.6
General group	72	24.2 ±4.87	52.7 ±9.34	20.40 ±6.1	0.72 ±0.4

a. 연령과 체중의 평균과 표준편차의 소수점 이하 자릿수가 다름.

b. BMI와 WHR의 평균과 표준편차의 소수점 이하 자릿수가 다름.

c. 각 변인의 소수점 이하 자릿수 표기와 관련된 일관된 기준이 없음.

d. 모두 정답.

22. 다음 중 사전검사와 사후검사가 서로 다를 때 제시할 수 있는 그림은?

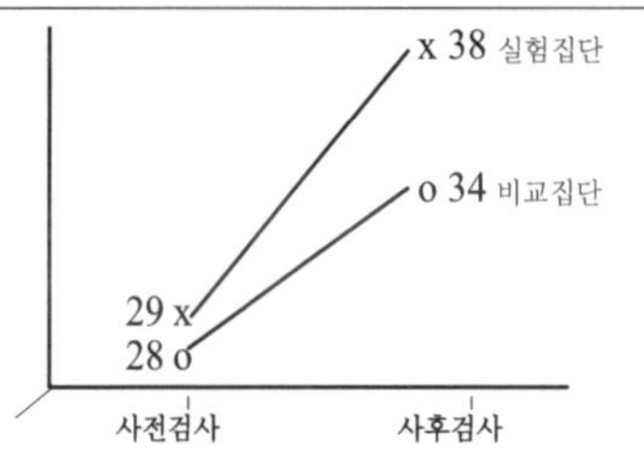

그림 1 실험, 비교집단의 사전, 사후검사 결과

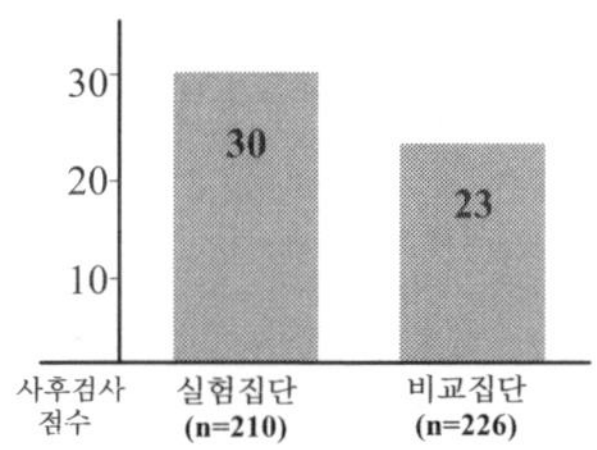

그림 2 실험, 비교집단의 사후검사 결과

a. 그림 1

b. 그림 2

c. 그림 1과 2

d. 정답 없음

23. A 체지방측정기를 이용하여 나의 체지방을 측정한 결과, 잴 때마다 동일한 값이 나타났다. 그러나 다른 체지방측정기(예; DEXA)로 측정한 결과와는 차이가 있는 것으로 나타났다. 그렇다면 A 체지방측정기는?

a. 신뢰도와 타당도가 모두 낮은 도구

b. 신뢰도는 낮지만, 타당도는 높은 도구

c. 신뢰도는 높지만, 타당도는 낮은 도구

d. 신뢰도와 타당도가 모두 높은 도구

24. 동일한 검사라 할지라도 적용대상 집단(예; 청소년과 성인)에 따라 그 검사의 신뢰도와 타당도는?

a. 적용대상과 관계없이 같다.

b. 차이가 나타날 수 있다.

25. 그렇다면, 다양한 집단을 대상으로 측정 도구의 신뢰도와 타당도가 보고되지 않은 도구를 사용할 경우, 최선의 방법은?

a. 인종, 성, 연령이 다르다고 할지라도 선행연구에서 보고된 신뢰도와 타당도가 있다면 인용, 보고한다.

b. 인종, 성, 연령이 다르다고 할지라도 검사 개발자가 검증, 보고한 신뢰도와 타당도를 보고한다.

c. 해당 연구대상 집단을 대상으로 신뢰도와 타당도를 검증, 보고한다.

연구논문 어떻게 작성할 것인가?

제10장 논의
Discussion

1. 연구결과에 관한 연구자 자신의 견해와 기대, 판단을 기술하는 장은?

a. 서론 b. 결과

c. 논의 d. 결론

2. 논의(discussion)의 장에서는?

a. 연구자의 주관적 견해를 비교적 자유스럽게 표현

b. 자신이 수행한 연구결과를 선행 연구결과와 비교, 검토한 후 결과에 대한 일반화의 한계, 문제점을 기술

c. 후속 연구자에게 연구 수행과정에서 범하기 쉬운 오류 등을 참고하도록 기술

d. 연구자는 논의에 무엇을 기술할 것인가를 연구계획 단계에서 생각해 두어야

e. 모두 정답.

3. 논문에 따라서 논의는 다음과 같은 제목 중의 하나로 기술된다. 이 중 적합하지 않은 제목은?

a. 논의(discussion)

b. 논의와 결론(discussion and conclusion)

c. 해석과 논의(interpretation and discussion)

d. 결론과 시사점(conclusion and implication)

4. 논의를 기술할 때는?

a. 논의는 논문 내용의 가장 중요한 부분에 대한 요약부터 시작
b. 논문 분량이 많은 학위논문에서는 연구내용을 요약하여 제시하는 것이 일반적
c. 논문 분량이 적은 학술지에서는 전체 연구내용의 요약은 불필요하다고 하지만 연구목적, 연구가설을 간단하게 기술하면서 시작하는 것은 필요
d. 모두 정답.

5. 논의의 시작은 논문 내용의 '가장 중요한 부분'에 대한 간단한 기술부터 시작한다'에서 논문 내용의 가장 중요한 부분이란?

a. 연구목적, 연구가설(혹은 연구문제)
b. 연구방법
c. 수집된 자료의 분석결과
d. 연구내용 각각을 구체적으로 반복 기술

6. 논의에 기술하는 내용 중 불필요한 것은?

a. 연구결과가 서론에 기술된 선행연구 결과 또는 이론과의 일치 여부를 기술
b. 서론에 없는 새로운 자료 혹은 참고문헌을 논의 부분에 제시
c. 연구결과를 해석(interpretation)하고 설명(explanation)
d. 수행한 연구의 중요한 장점과 약점을 언급

7. 자신의 연구결과를 다른 연구결과와 비교한 후 결과를 일반화시키고자 할 때 기술해야 할 내용은?

a. 표집이나 측정도구의 문제 등, 연구방법의 문제를 기술
b. 자신이 수행한 연구결과를 선행연구, 가설과 관련지어 논의
c. 연구결과가 검증하고자 한 이론에 어느 정도 부합되는지 설명
d. 모두 정답

8. 연구결과가 연구가설과 차이가 있다면, 그 이유를 설명해야 한다. 연구결과가 연구가설과 일치한다면 이를 입증할 수 있는 ___ 을(를) 기술해야 한다.

a. 시사점 b. 이론
c. 연구방법 d. 선행연구

9. 연구자는 '설정된 연구가설이 긍정 혹은 부정되었는지 아니면 어느 하나를 선택하는 것이 어려운지'를 판단해야 한다. 이때 유의할 점은 '확실한 결론을 내는 것이 불가능하다.'라는 결론을 쉽게 내려서는 안 된다는 것이다. 그 이유는?

a. 연구설계가 잘못되었기 때문임을 스스로 인정하는 것이기 때문에
b. 연구가설은 긍정 아니면 부정 중 하나를 선택해야 하기 때문에
c. 수행된 연구가 완성되지 않았다고 판단되면 게재가 불가능하기 때문에
d. 모두 정답

10. 논의에서 후속연구를 제안하고자 할 때는 ___ 으로 제시해야 한다.

a. 일반적 b. 구체적

11. 연구를 통해 기대할 수 있는 성과(시사점)는 논문의 어느 장에 제시할 수 있는가?

a. 서론 b. 계획서의 기대되는 성과
c. 논의 d. 모두 정답

12. 연구자는 논의 부분에서 자신이 수행한 연구주제가 '해당 분야의 지식발견에 기여한 정도'를 밝혀야 한다.

a. 그렇다 b. 아니다

13. 논의에서 피해야 할 사항은?

a. 주요 연구결과를 진술
b. 연구결과를 선행 연구결과와 관련시켜 해석
c. 연구결과가 현장 적용에 적절한지를 진술
d. 선행연구의 비판

14. 논의에 포함시켜야 할 사항이 아닌 것은?

a. 연구결과를 선행 연구결과와 관련시켜 해석
b. 연구결과에 대한 가능한 모든 해석을 고려해야
c. 새로운 참고문헌과 자료를 소개
d. 후속연구를 위한 제언

15. 학위논문의 논의 내용은?

a. 본 연구에서 증명할 수 없는 것까지도 추측하여 해석해야
b. 연구결과를 최대한 확대하여 해석해야
c. 핵심에서 벗어난 내용까지도 해석해야
d. 서론과 연구방법에서 인용한 문헌을 참고해서 해석해야

연구논문 어떻게 작성할 것인가?

제11장 요약

Summary

1. 일반적으로 요약(Summary)에 포함되지 않는 사항은?

a. 연구목적 b. 연구방법

c. 논의 d. 결과

2. 미국심리학회(APA)에서 출판하고 있는 학술지들이 요구하는 요약의 최대 길이는?

a. 100 - 250 단어 b. 100 - 350 단어

c. 120 단어 d. 200 단어

3. 짧은 요약이 요구될 때 포함하지 않아도 될 내용은?

a. 연구문제 혹은 가설, 목적(내용이 길 경우 축약)

b. 연구방법 중 가장 중요한 부분

c. 연구결과 중 가장 중요한 부분

d. 결론 중 가장 중요한 부분

4. 긴 요약이 요구될 때 포함해야 할 내용은?

a. 연구배경(문제제기/중요성)

b. 연구가설(연구목적 혹은 연구문제)

c. 연구방법, 결과(p 값), 결론, 시사점이 제시된 요약

d. 후속연구를 위한 제언

e. 모두 정답

5. **학술논문 게재 혹은 학술발표를 위해 요약을 작성할 때 불필요한 것은?**

a. 제출양식에 맞는 요약
b. 연구배경, 방법, 결과(p 값), 결론이 제시된 요약
c. 전문용어는 전문과 약어를 함께 제시한 이후 약어 사용
d. 표와 그림 삽입

6. **학술논문 게재 혹은 학술발표를 위해 요약을 작성할 때 고려대상이 아닌 것은?**

a. 이미 출판된 정보
b. 현재 관심을 끌고 있는 주제
c. 간과되고 있는 분야
d. 전하고자 하는 메시지의 독창성

7. **학술논문 게재 혹은 학술발표에서 불가 판정을 받을 수 있는 요약은?**

a. 새로운 정보를 제공해 주는 내용일 때
b. 전하고자 하는 메시지가 독창적일 때
c. 처음 제시된 주제라 독자의 흥미를 끌어낼 수 있는 내용일 때
d. 연구결과를 일반화시키는 데 어려움이 있을 때

8. **다음 중 요약을 작성할 때 유념해야 할 사항이 아닌 것은?**

a. 연구결과 중 가장 중요한 부분을 제시해야 한다
b. 연구가 이론을 검증하는 것이라면, 요약에 이론을 제시해야 한다.
c. 연구방법은 핵심적인 요소들만 간결하게 제시해야 한다.
d. 요약의 끝부분에는 주요어(Keywords)를 제시해야 한다.

9. **학술지 논문의 요약에 제시하는 연구방법에 포함해야 할 내용이 아닌 것은?**

a. 연구대상 혹은 피험자 선정/배정방법
b. 실험처치 변인 및 실험절차
c. 표와 그림
d. 측정변인 및 측정도구
e. 통계처리방법과 유의도 수준(α)

10. 주요어(Keywords)를 작성할 때 고려해야 할 사항은?

a. 연구주제를 전체적으로 이해하는 데 도움을 줄 수 있어야
b. 연구주제와 방법을 대표할 수 있는 용어를 제시
c. 하나의 단어 혹은 둘 이상의 단어로 구성된 구(phrase)로 제시
d. 주요어 수는 5개 정도로 제시해야
e. 모두 정답

11. 포스터 발표는 자신의 연구결과에 대해 관심이 있는 사람들과 효과적으로 토론할 수 있다는 장점이 있다. 이러한 포스터 자료를 작성할 때 고려해야 할 사항이 아닌 것은?

a. 포스터 사이즈
b. 연구결과를 나타내는 그림과 그래프 사용
c. 가능한 많은 결과를 삽입
d. 글자 크기와 포스터 색상

12. 학술논문 게재 혹은 학술발표 요약 작성의 형식이 아닌 것은?

a. 철자법, 문법에 맞는 문장
b. 전문용어는 전문과 약어를 함께 제시한 후 약어 사용
c. 연구배경, 방법, 결과, 결론이 제시된 요약
d. 가능한 수동형 문장 사용

13. 요약의 연구방법 부분에서 심사자가 고려하고 있는 사항은?

a. 연구설계
b. 증거제시
c. 연구자료의 질
d. 연구의 타당성
e. 모두 정답

14. 잘 정리된 요약은?

a. 연구방법을 반복연구가 가능할 정도로 구체적으로 제시
b. 짧은 요약의 경우 연구문제나 목적은 제시하지 않음
c. 가능한 모든 결과를 제시
d. 이론이나 모형은 절대 제시하지 않음

15. 요약을 작성하는데 고려해야 할 사항으로 틀린 것은?

a. 요약은 형식이 없이 자유롭게 써야 한다
b. 연구방법의 핵심적인 요소들을 구체적으로 제시해야 한다
c. 가장 중요한 연구결과를 요약에 제시해야 한다
d. 끝부분에 주요어(keywords)를 제시해야 한다

연구논문 어떻게 작성할 것인가?

제12장 질적 연구결과

Qualitative research

1. 질적 연구방법이 주로 이용되는 학문 분야는?

a. 자연과학
b. 사회과학
c. 생물학
d. 정답없음

2. 연구논문을 검색하는 연구자 대부분은 연구방법보다는 연구변인에 관심을 보이므로 질적 연구라는 용어는 ___ 에 밝힐 필요가 있다.

a. 연구목적
b. 연구제목 혹은 요약
c. 연구방법
d. 논의

3. 질적 연구와 양적 연구는 어떠한 관계가 있는가?

a. 목적(goals)과 질문(question) 모두 동일하다.
b. 목적은 동일하지 않지만, 질문은 동일하다.
c. 목적은 동일하지만, 질문은 동일하지 않다.
d. 목적과 질문 모두 동일하지 않다.
* 이 질문은 체육연구방법(강상조, 박재현, 강민수, 2010), 17장, 421-422 참조

4. 다음에 제시한 분석방법 중 다른 세 가지 방법과 관련성이 가장 적은 것은?

a. 문학작품 분석
b. 운동역학적 분석
c. 성 분석
d. 사회학적 분석

5. 질적 연구의 일차적 목적은?

a. 사실의 축적
b. 자료의 수집
c. 사건의 설명
d. 통계적 분석

6. 연구주제를 양적 연구가 아닌 질적 연구방법을 적용하여 수행하였다면, 질적 연구방법을 선택한 이유와 적용한 연구방법은 논문의 어느 부분에 제시해야 하는가?

a. 관련문헌 분석
b. 서론 혹은 연구방법
c. 연구결과
d. 논의

7. 다음 중 질적 연구방법의 연구목적에 사용하는 언어로서 부적합한 것은?

a. 기술하는 데 목적이 있다.
b. 발견하는 데 목적이 있다.
c. ~의 인과관계를 규명하는 데 목적이 있다.
d. 도출하는 데 목적이 있다.

8. 질적 연구에서 연구목적의 진술 내용으로서 부적합한 것은?

a. 연구에서 파악하고자 하는 핵심 개념이나 사실
b. 연구 참여자의 성격(예: 개인, 혹은 집단, 기관, 조직)
c. 사용된 질적 연구방법(예: 근거이론, 현상학적 연구)
d. '~의 관계를 파악한다.'와 같은 행동언어를 사용

9. 다음 연구목적에서 기술된 '질적 연구방법'은 무엇인가?

"이 연구는 한 체육교사의 직업정체성 형성과정을 생애사적 측면에서 이해하는 데 목적이 있다."

a. 한 체육교사
b. 직업정체성 형성과정
c. 생애사적 접근
d. 이해하는 데 목적

10. 다음 연구목적에서 '연구에서 파악하고자 하는 핵심 개념이나 사실'에 해당하는 사항은?

> "이 연구는 한 체육교사의 직업정체성 형성과정을 생애사적 측면에서 이해하는 데 목적이 있다."

a. 한 체육교사
b. 직업정체성 형성과정
c. 생애사적 접근
d. 이해하는 데 목적

11. 질적 연구에서 연구문제를 진술할 때 고려해야 할 사항은?

a. 연구문제의 수는 5개~7개 이하로 한다.
b. '왜'라는 용어보다는 '무엇'을 '어떻게'라는 용어를 사용하여 진술한다.
c. '~에 미치는 영향', '관계 규명' 등의 사용을 자제해야 한다.
d. 연구문제는 연구방법에 적합한 탐색적인 동사로 표현한다.

12. 다음 연구문제 중 질적 연구의 연구문제 중 연구방법에 적합하지 않은 동사의 표현은?

a. 기초이론 연구의 경우, '발견한다(discover).'
b. 이야기식 연구의 경우, '인과관계를 규명한다(investigate cause and effect).'
c. 현상학 연구의 경우, '경험을 기술한다(describe the experience).'
d. 사례연구인 경우, '과정을 탐색한다(explore a process).'

13. 특정 참여자들을 단순히 편리하다는 이유로 연구대상으로 선정하였다면, 이 표집방법은?

a. 무선표집(random sampling)
b. 목적표집(purposive sampling)
c. 임의표집(accidental sampling)
d. 유층표집(stratified sampling)

14. 연구 참여자와 관련하여 연구자가 밝혀야 할 사항은?

a. 참여자의 선정방법을 기술해야 한다.
b. 참여자 선정원칙을 기술해야 한다.
c. 참여자의 인구사회학적 정보를 제공해야 한다.
d. 모두(a, b, c) 밝혀야 한다.

15. 질적 연구에서 수집된 자료가 신뢰할 만하다는 것을 증명할 수 있는 방법은?

a. 신뢰도(reliability)
b. 삼각검증법(triangulation)
c. 동일비교방법(constant comparative approach)
d. 타당도(validity)

16. 두 명 이상의 연구자가 자료 분석에 참여하였다면 의견일치에 도달하기 위해 어떠한 방법을 취해야 하는가?

a. 각기 독립적으로 자료를 분석하였다면, 그 결과를 비교하고 연구자 간 분석결과의 합치도를 보고한다.
b. 자료를 함께 분석하였다면, 자료 해석에서 일부 불일치가 발견되었을 경우, 그러한 문제의 해결방법을 제시한다.
c. 각 연구자는 논문에 제시된 최종 해석의 일치도(즉, 확인 가능성: confirmability)가 어느 정도인가를 보고한다.
d. 모두(a, b, c) 취해야 한다.

17. 질적 연구에서는 양적으로 기술해야 할 정보가 있다고 하더라도 양적 분석결과를 결과 부분에 제시해서는 안 된다.

a. 그렇다　　　　b. 아니다

18. 질적 연구에서 보고된 아래의 자료 분석결과 중 바르게 기술된 것은?

a. "많은 학생들이 체육통계 수업 중 졸고 있는 것으로 관찰되었다."
b. "학생들의 약 25%가 체육통계 수업 중 졸고 있는 것으로 관찰되었다."

19. 질적 연구논문에서는 '면담자료, 참여관찰 자료' 등 적지 않은 인용문을 수집해서 제시하고 있다. 인용문이 전형적이거나 대표성을 갖고 있다는 점을 주장할 때에는 유사한 소감을 피력한 참여자 수를 제시할 필요가 있다. 예를 들어 8명의 참여자로 부터 얻은 면담자료가 8명 모두 일치한다면 일반적(general)인 것으로, 4~7명의 참여자가 일치한다면 ___인(한) 것으로 기술한다.

a. 대표적(representative)
b. 전형적(typical)
c. 특이(variant)
d. 예상에서 벗어난(unexpected)

20. 질적 연구논문의 논의(discussion) 부분에서 기술해야 할 사항은?

a. 연구결과를 축약한 요약을 기술한다.
b. 연구결과가 선행연구 결과와의 유사점과 차이점을 기술하고 그러한 결과가 나타난 원인을 분석하여 제시한다.
c. 관련 분야에 연구결과의 적용 가능성을 기술한다.
d. 새로운 연구문제를 도출하고 후속연구의 방향을 제시한다. 또한 연구방법상의 문제와 개선방안을 제시한다.
e. 모두(a, b, c, d) 기술한다.

21. 연구논문의 논의 장에서 제언 부분에 기술해야 할 내용은?

a. 연구결과를 축약한 요약 기술
b. 연구방법 상의 문제와 개선방안을 제시
c. 선행연구 결과와의 유사점과 차이점을 기술
d. 관련 분야에의 적용 가능성 기술

22. 선행연구를 검색한 후, 초기 논문을 정리할 때 효율적인 선행연구 검토 방법은?

a. 많은 논문의 표현방법과 상세한 기술에 유의하면서 읽어야
b. 관련 논문은 요약을 읽고 전체 논문내용을 읽을지를 결정
c. 관련 논문들을 비판적으로 읽어야
d. 관련 논문은 전체를 읽는 노력이 필요

23. 다음 용어 중 다른 세 가지와 관련성이 적은 용어는?

a. 실험실 b. 개방형 인터뷰
c. 통제된 상황 d. 통계적 수치

24. 분석적 역사연구(analytic historical research)가 규명하고자 하는 것은?

a. 미래에 일어날 사건을 예측
b. 사건이 발생한 이유를 기술
c. 통계적 분석을 통한 미래에 일어날 사건을 예측
d. 발생한 사건을 기술

25. 당시 장에 있었던 인물로부터 수집된 역사적 문헌자료가 진실한 것인가 (authenticity)를 검증하는 절차는?

a. 내적 증거 b. 내적 타당도
c. 외적 증거 d. 외적 타당도

26. 다른 사람으로부터의 증언 혹은 역사책에서 수집된 역사적 문헌자료가 정확한 것인가(accuracy)를 검증하는 절차는?

a. 내적 증거 b. 내적 타당도
c. 외적 증거 d. 외적 타당도

27. 질적 연구에서 특정 자료수집 방법이 주어진 연구문제를 해결하는 데 적합한지를 나타내는 연구의 질을 결정하는 준거는?

a. 내적 증거 b. 내적 타당도
c. 외적 증거 d. 외적 타당도

28. 양적 연구에서 연구결과의 적합성을 나타내는 '내적 타당도(internal validity)'를 질적 연구에서는 무엇이라고 부르는가?

a. 신빙성(trustworthiness) b. 전이 가능성(transferability)
c. 의존 가능성(dependability) d. 확인 가능성(confirmability)

29. 양적 연구에서 연구결과의 일반화 가능성 정도를 '외적 타당도(external validity)'를 질적 연구에서는 무엇이라고 부르는가?

a. 신빙성(trustworthiness)　　b. 전이 가능성(transferability)

c. 의존 가능성(dependability)　　d. 확인 가능성(confirmability)

30. 문화기술적 연구(ethnographic research)와 가장 밀접하게 관련된 체육학문 분야는?

a. 스포츠 사회학　　b. 문학작품 분석

c. 스포츠 역사　　d. 성 분석

31. 역사적 연구보고서는 다음 중 어떤 방법으로 보고하는데 주 관심을 두고 있는가?

a. 통계치　　b. 기술(description)

c. 표와 그림　　d. 정답 없음

※ 문제 25-30은 체육연구방법(강상조, 박재현, 강민수, 2010), 17장 질적 연구(pp. 419-438)를 참고할 것.

연구논문 어떻게 작성할 것인가?

제13장 참고문헌
References

1. 학술정보원(KISS)은 다음 중 어떤 유형의 정보자료원인가?

a. 색인 서비스
b. 개요지 서비스
c. 온라인 학술 논문검색 서비스
d. 문헌전달 서비스

2. APA(미국심리학회: American Psychological Association) 출판양식에 의하면 참고한 문헌을 본문에 제시할 때 기술하는 내용은?

a. 저자명과 출판연도
b. 참고문헌 번호(number)
c. 저자명
d. 참고문헌 번호와 이름

3. KCI 등재논문에서 KCI가 의미하는 것은?

a. Korea Contents Information
b. Korea Citation Index
c. Korea sCicentific Index
d. Korea Contents Index

4. 색인(index)에는 어떤 유형의 정보가 제시되는가?

a. 전체 논문내용과 참고정보
b. 검색에 필요한 참고정보 (reference information; 저자별, 주제별)
c. 요약
d. 참고정보와 요약

5. APA 출판양식에서 출판연도 앞에는 무엇이 있는가?

a. 저자명 b. 논문 제목
c. 페이지 번호 d. 학술지 제목

6. 다음 중 참고된 논문을 문장에서 정확하게 표기한 것은?

a. KR의 빈도는 학습속도와 관계가 있다Smith and Wing (1990).
b. KR의 빈도는 학습속도와 관계가 있다(Smith and Wing, 1990).
c. KR의 빈도는 학습속도와 관계가 있다Smith & Wing, 1990.
d. KR의 빈도는 학습속도와 관계가 있다(Smith & Wing, 1990).

7. 다음 중 참고된 관련 논문을 정확하게 표기한 것은?

a. Ross and Rogers, 12는 눈동작 반응시간은 직선적임을 보고하였다.
b. Ross & Rogers (12)는 눈동작 반응시간은 직선적임을 보고하였다.
c. Ross and Rogers (1988)는 눈동작 반응시간은 직선적임을 보고하였다.
d. Ross & Rogers 1988은 눈동작 반응시간은 직선적임을 보고하였다.

8. 다음 중 참고된 관련 논문을 정확하게 표기되지 않은 것은?

a. Doe (2004)는 X는 Z보다 크다고 보고하였다.
b. X는 Z보다 크다는 사실이 보고되어 왔다(Doe, 2004).
c. 김건강(2007)은 습관이 성격을 변화시킨다고 보고하였다.
d. 습관은 성격을 변화시킨다 (김건강, 2007)는 사실이 보고되고 있다.

9. 다른 저자의 연구물에서 인용한 자료는 보통 ___ 단어 이하의 짧은 인용은 본문 속에 포함시키고 직접 인용부호("......")를 붙인다.

a. 20 b. 30
c. 40 d. 50

10. 인용문이 40 단어 이상일 때 인용부호는 생략하되 본문과 별도의 문단을 구성하여 제시하고 왼쪽, 오른쪽을 각각 ___ 자씩 들여 쓴다.

a. 2　　b. 3
c. 4　　d. 5

11. 인용문이 40 단어 이상인 문헌자료를 인용할 때 본문에는 ___, ___, ___ 만 표기하고 완전한 출처는 참고문헌에 제시한다.

a. 저자, 출판연도　　b. 저자, 문헌자료명, 출판연도
c. 저자, 출판연도, 인용 페이지　　d. 저자, 문헌자료명, 인용 페이지

12. 다음 중 논문의 본문에서 저자가 2인 일 때 표기한 인용방법 중 잘못된 것은?

a. 이수일과 심순애(2007)는 .....　　b. 이수일과 심순애 (2007)는 .....
c. Safrit & Wood (1995)는 .....

13. 저자가 3인 이상 5인까지인 경우, 첫 인용일 때 표기한 인용방법 중 잘못된 것은?

a. 이수일, 심순애 및 김중배(2007)는 .....
b. Safrit, Wood, & Zhu (2002)는 .....
c. Safrit et al. (2002)은 .....

14. 한국체육학회 출판요강(2004)에 따르면 저자가 6인 이상인 경우, 첫 인용일 때 표기한 인용방법 중 잘못된 것은?

a. 본문인용인 경우
이수일 등(2007)은 금반지의 효과를 추정하기 위한 연구에서 .....
b. 본문인용인 경우
이혼가정의 어린이에 관심을 보여 온 Wolchik et al. (2002)는 .....
c. 참고문헌인 경우
이수일, 심순애, 김중배, 이악돌, 심난해, 배신감 등(2007). 금반지가 좋은 이유. **가극단학회지, 2**(2), 13-22.
d. 본문인용인 경우
Kosslyn, Koenig, Barrett, et al. (1996)은 .....

15. 여러 명의 저자를 본문에 인용할 경우, 한국인은 가, 나, 다 순으로 외국인은 ___ 순으로 [;]를 이용하여 인용한다.

a. 알파벳　　　　　　b. 출판연도.

c. 저자 수

16. 참고문헌의 목록은 게재하고자 하는 학술지 혹은 학위논문의 출판요강을 참고하여 작성해야 한다.

a. 그렇다　　　　　　b. 아니다

17. 아래에 제시된 참고문헌에서 잘못 작성된 사항은 무엇인가?

Cothran, D. J., Kulinna, P. H. (2007). Students' reports of misbehavior in physical education. *Research Quarterly for Exercise and Sport, 78,* 216-224.

a. Cothran, D. J., & Kulinna, P. H.

b. Students' reports of misbehavior in physical education.

c. *Research Quarterly for Exercise and Sport,*

d. *78,* 216-224.

18. 아래에 제시된 참고문헌에서 잘못 작성된 사항은 무엇인가?

Cothran, D. J., & Kulinna, P. H. (2007). *Students' reports of misbehavior in physical education. Research Quarterly for Exercise and Sport, 78,* 216-224.

a. Cothran, D. J., & Kulinna, P. H.

b. Students' reports of misbehavior in physical education.

c. *Research Quarterly for Exercise and Sport,*

d. *78,* 216-224.

19. **아래에 제시된 참고문헌에서 잘못 작성된 사항은 무엇인가?**

> Cothran, D. J., & Kulinna, P. H. (2007). Students' reports of misbehavior in physical education. *Research Quarterly for Exercise and Sport, 78,* pp. 216-224.

a. Cothran, D. J., & Kulinna, P. H.
b. Students' reports of misbehavior in physical education.
c. *Research Quarterly for Exercise and Sport,*
d. *78,* 216-224.

20. **아래에 제시된 참고문헌에서 잘못 작성된 사항은 무엇인가?**

> Cothran, D. J., & Kulinna, P. H. (2007). Students' reports of misbehavior in physical education. *Research Quarterly for Exercise and Sport,* 78, 216-224.

a. Cothran, D. J., & Kulinna, P. H.
b. Students' reports of misbehavior in physical education.
c. *Research Quarterly for Exercise and Sport,*
d. 78, 216-224.

21. **다음 참고문헌 기술방법 중 잘못 기술된 부분을 찾아 교정하라.**

> Owens RG, and Slade PD (1987) Running and anorexia nervosa: An empirical study. *Journal of eating disorders 27,* 771-775,
>
> Sawka, M. N. (1992). Physiological Consequences of Hypohydration: Exercise Performance and Thermoregulation. *Medicine and Science in Sport and Exercise, 24,* 657-660.

연구논문 어떻게 작성할 것인가?

제14장 연구윤리

Research ethics

1. 연구 참여자가 연구과정에서 겪게 될 잠재적 위험, 이점, 실험절차 등을 기술하고 참여자로부터 동의를 얻는 과정은?

a. 설명 (disclosure)　　b. 동의 (informed consent)

c. 자의적 참여　　d. 속임수 (deception)

2. 어떤 연구에서 실험이 끝날 때까지 실험의 목적 및 실험절차에 대해 피험자에게 충분히 알려주지 않았다면, 피험자의 보호와 관련하여 이러한 행위는?

a. 설명　　b. 동의

c. 자의적 참여　　d. 속임수

3. 실험과정에서 실험이 진행되는 도중이라도 언제든지 불이익이 없이 실험에 참여하지 않아도 되도록 허용하는 것은?

a. 설명　　b. 동의

c. 자의적 참여　　d. 속임수

4. 피험자로부터 동의서(informed consent process)를 받는 것이 연구자에게 연구결과를 해석하는 데 있어 우려를 낳게 하는 이유는?

a. 평소와 다른 피험자의 행동을 유발시킬 수도 있기 때문에

b. 동의서를 받는 사람의 시간을 빼앗을 수 있기 때문에

c. 적합한 동의서를 작성하는데 시간이 소요되기 때문에

d. 피험자는 항상 동의하기 때문에 실제로 필요하지 않다

5. **연구대상으로 가장 빈번하게 선정되고 있는 대상은?**

a. 30~50세 성인
b. 20세 이상의 대학생
c. 20세 이상의 지체장애인
d. 17세 남자 고등학생

6. **연구자가 선행연구와는 다른 전집과 상황 그리고 변인을 사용하여 연구를 반복할 때 반복(replication)은 무엇이라고 부르는가?**

a. 정확한(exact)
b. 일반적(general)
c. 이론적(theoretical)
d. 개념적(conceptual)

7. **반복연구를 수행하는 이유는 무엇인가?**

a. 연구결과를 일반화하는 데 도움이 되기 때문에
b. 사전에 시행한 실험을 정확하게 재현하기 위해
c. 기초연구(basic research)를 수행하기 위해
d. 정답 없음

8. **학술지에 기고된 연구논문이 출판되기 전에 거쳐야 할 과정은?**

a. 동료검토(peer review)
b. 연구검토(research review)
c. 필자검토(writer review)
d. 무선검토(random review)

9. **연구에서 본격적인 조사(full scale investigation)를 시작하기 전에 거쳐야 할 과정은?**

a. 예비연구(pilot study)
b. 피험자 동의(human subject review)
c. 계획서 검토(proposal review)
d. 모두 정답

10. 연구논문 출판을 위해 심사, 수정, 개정, 보완 등을 포함한 준비 기간은 보통 어느 정도인가?

a. 2주　　b. 6개월
c. 1년　　d. 5년
e. 학술지마다 다름

11. 단일맹검 실험설계(single blind experimental design)에서 피험자 배정 정보는 ___ 제공한다.

a. 실험자와 피험자에게　　b. 실험자에게만
c. 피험자에게만　　d. 연구에 따라 실험자 혹은 피험자에게

12. 연구자가 이중맹검(double blind) 방법을 사용하여 실험해야 할 이유는?

a. 실험결과에 대한 피험자의 기대치를 제한하기 위해
b. 실험결과에 대한 실험자의 기대치를 제한하기 위해
c. 내적 타당도를 높이기 위해
d. 모두 정답

13. 학술지에 투고된 논문의 동료심사 과정(peer review process)에서 사용하는 맹검 형식(blinding form)은?

a. 심사자에게 만 투고자가 누구인지를 비밀(single blind)로 함.
b. 투고자에게 만 심사자가 누구인지를 비밀(single blind)로 함.
c. 심사자와 투고자 모두에게 비밀을 유지하는 이중맹검(double blind)
d. 모두 정답

14. 기관연구윤리위원회(institutional research review committee)의 일차적 목적은?

a. 피험자의 건강과 안전 보호　　b. 연구의 양을 제한
c. 연구설계의 평가　　d. 연구예산의 평가

체육연구방법

제14장 조사연구

Survey research

1. 집단의 습관, 의견, 활동, 행동, 태도에 관한 정보를 수집할 목적으로 수행되는 연구는?

a. 실험연구
b. 조사연구
c. 상관연구
d. 역사연구

2. 조사연구(survey research)의 목적으로 적합하지 않은 것은?

a. 체육, 무용 상황에서의 당면문제를 해결하기 위해
b. 필요(needs)를 조사하고 목표(goals)를 설정하기 위해
c. 특정한 목표가 달성되었는지를 확인하기 위해
d. 특정한 개인에 대한 정보자료를 수집하여 그 대상의 특성이나 문제를 심층적으로 분석하기 위해

3. 조사연구(survey research)를 가장 잘 기술한 것은?

a. 실험적(experimental)
b. 역사적(historical)
c. 기술적(descriptive)
d. 상관적(correlational)

4. 조사연구에서 피할 수 없는 오류는?

a. 정확한 정보를 제공하기 위한 응답자의 의지 결여
b. 응답자의 반응을 기록할 때 오류
c. 질문을 잘못 이해함으로써 유발되는 부정확한 반응
d. 사용된 조사방법의 차이로부터 유발되는 오류
e. 모두 정답

5. 조사연구에서 개인의 의견이 객관성을 띤 의견 (즉, 진짜 전집특성)과 차이가 있는 것으로 나타났다면 ___ 가(이) 높다.

a. 편파성(bias)
b. 정밀성(precision)
c. 신뢰도(reliability)
d. 타당도

6. 응답 결과가 전집특성을 대표하는 중앙에 근접해 있다면?

a. 낮은 편파성
b. 낮은 정밀성
c. 높은 편파성
d. 높은 정밀성

7. 조사연구에서 응답 결과의 일치도(consistency)가 높게 나타났다면 ___가(이) 높다.

a. 편파성(bias)
b. 정밀성(precision)
c. 신뢰도
d. 타당도

8. 조사연구의 제한점(limitation)은?

a. 조사하기 쉽거나 협조적인 응답자의 반응을 조사할 가능성이 있음
b. 조사는 응답자의 거짓 반응을 얻을 가능성이 있음
c. 편파된 반응 (예: social desirability)을 얻을 수 있음
d. 면접방법의 경우, 응답자와 면접자의 편견이 작용할 가능성이 있음
e. 모두 정답

9. 청소년 1,000명을 대상으로 "체육활동은 국가적 지원이 필요한가?"라는 여론조사 결과 '그렇다'라고 응답한 비율이 80%로 나타났다. 이 조사의 '신뢰수준은 95%, 표본오차는 ±3.0%.'이다. 이 결과가 의미하는 것은? 전체 청소년 중 '그렇다'라고 응답할 비율이 ____.

a. 92%에서 98% 사이에 들어있을 확률이 95%이다
b. 77%에서 83% 사이에 들어있을 확률이 95%이다
c. 77%에서 80% 사이에 들어있을 확률이 95%이다
d. 80%에서 83% 사이에 들어있을 확률이 95%이다

10. 여기에서 표본오차(error limit)는 무엇과 동일한 의미로 사용되는가?

a. 편파성(bias)
b. 정밀성(precision)
c. 신뢰도
d. 타당도

11. 잘 설계된 조사연구 방법의 결과는 ____을 유지해야 한다.

a. 낮은 편파성(bias)과 낮은 정밀성(precision)
b. 낮은 편파성과 높은 정밀성
c. 높은 편파성과 낮은 정밀성
d. 높은 편파성과 높은 정밀성

12. 양궁에서 선수가 슈팅한 5개의 화살이 10점 과녁에서는 벗어났지만 7점 부위에 모두 모여 있다면 ___ 는(은) 낮지만, ___ 는(은) 높다.

a. 정확성(accuracy), 편파성(bias)
b. 정밀성, 정확성
c. 정확성, 정밀성
d. 정밀성, 편파성

13. 다음 중 어떤 유형의 조사방법이 일관성(consistent)은 높으나 부정확한 (inaccurate) 결과를 가져올 수 있는가?

a. 낮은 편파성(bias)과 낮은 정밀성(precision)
b. 낮은 편파성과 높은 정밀성
c. 높은 편파성과 낮은 정밀성
d. 높은 편파성과 높은 정밀성

14. 다음 중 질문지법과 대비가 되는 면접법(personal interview)의 특징을 가장 잘 기술한 것은?

a. 실시하는데 비용이 적게 든다.
b. 실시하는데 시간이 적게 소요된다.
c. 응답자의 완전한 익명을 보장하기 어렵다.
d. 표본수가 많은 연구에 효과적이다.

15. 자유기술형(open-ended scale survey) 설문조사를 잘 기술한 것은?

a. 예/아니오로 응답
b. 몇 가지 가능한 답지 중 하나를 선택
c. 느낌이나 생각을 표현할 기회부여
d. 점수척도에 반응

16. 평정척도형(Likert rating scale)를 이용한 설문조사를 잘 기술한 것은?

a. 응답자로 하여금 자신의 느낌이나 생각을 자유롭게 표현하도록 한다.
b. 예/아니오 혹은 진/위형의 답을 기술하도록 한다.
c. 미리 정해놓은 응답점수 척도에 반응하도록 한다.
d. 정답 없음.

17. 범주형(categorical survey) 설문조사를 잘 기술한 것은?

a. 응답자로 하여금 자신의 느낌이나 생각을 자유롭게 표현하도록 한다.
b. 예/아니오 혹은 진/위형의 답을 기술하도록 한다.
c. 미리 정해놓은 응답점수 척도에 반응하도록 한다.
d. 정답 없음.

※ **쉬어가는 코너** 〈질문지, 면접, 전화면접 조사방법의 비교〉

	질문지 (questionnaire)	면접 (interview)	전화면접 (telephone)
• 자료수집 비용	중(moderate)	상(high)	중(moderate)
• 명확한 질문을 할 필요성	하	상	상
• 반응률(response rates)	중	상	중
• 익명 필요성	상	하	중
• 명료한 응답을 얻어낼 가능성	하	상	상
• 면접이 편파 될 가능성	없음	중 / 상	중
• 조사의 길이	중 / 장	장	단 / 중
• 조사에 필요한 시간	장	단	단
• 많은 표본수	가능	불가능	가능

체육연구방법

제16장-1 실험연구

Experimental research

1. 다음 중 독립변인에 대한 진술 중 옳은 것은?

a. 하위수준은 하나
b. 하위수준은 둘 이상
c. 측정된 변인임
d. 정답 없음

2. 실험처치의 효과는 어떤 변인에 의해 확인할 수 있는가?

a. 통제변인
b. 독립변인
c. 종속변인
d. 중개변인

3. 다음 중 종속변인에 대한 진술 중 옳은 것은?

a. 하위수준은 하나
b. 하위수준은 둘 이상
c. 측정된 변인임
d. 조작된(manipulated) 변인임

4. 실험에서 최소한 갖추어야 할 변인은?

a. 독립변인
b. 둘 이상의 독립변인
c. 둘 이상의 종속변인
d. 독립변인과 종속변인

5. 상이한 운동방법에 따라 성인 남자의 심폐지구력에 차이가 있는지를 규명한 연구가 있다고 하자. 이 연구에서 '상이한 운동방법'은?

a. 독립변인
b. 종속변인
c. 통제변인(control variable)
d. 중개(혹은 매개)변인(moderator variable)

6. 위에서 '심폐지구력'은?

a. 독립변인　　b. 종속변인
c. 통제변인　　d. 중개변인

7. 위에서 '성인 남자'는?

a. 외적 변인(extraneous variable)　　b. 종속변인
c. 통제변인　　d. 중개변인

8. 위의 실험에서 피험자의 체력수준이 심폐지구력에 영향을 미칠 수 있다고 판단하고 피험자의 심박수가 분당 170회를 유지할 수 있는 부하 강도로 운동하게 하였다면 '피험자의 체력수준' 변인은?

a. 외적 변인　　b. 종속변인
c. 통제변인　　d. 중개변인

9. 실험처치 결과로서 상이한 값을 나타낼 것으로 예상하는 변인은?

a. 독립변인　　b. 종속변인
c. 통제변인　　d. 혼재(혹은 교란)변인(confounding variable)

10. 통제변인(control variable)이란?

a. 독립변인과 같음
b. 실험에서 조작되는 변인(manipulating variable)
c. 실험에서 측정되는 변인
d. 실제 연구에 포함되지 않으면서 연구결과에 영향을 미치는 변인

11. 실험에서 비교집단(control group)은 다음 중 어느 변인의 효과를 비교하는데 사용하는가?

a. 종속변인　　b. 독립변인
c. 통제변인　　d. 혼재(혹은 교란)변인

12. 다음 중 독립변인의 다른 이름은?

a. 결과(outcome)변인 b. 반응(response)변인
c. Y 변인 d. 처치(treatment)변인

13. 다음 중 종속변인의 다른 이름은?

a. 결과(outcome)변인 b. 조작된(manipulated) 변인
c. X 변인 d. 처치(treatment)변인

14. 연령(10세, 12세, 14세)과 성차가 체지방률에 미치는 영향을 검증한 연구에서 독립변인은?

a. 체지방률과 성차 b. 성차와 연령
c. 연령과 체지방률 d. 연령

15. 연령, 성(남녀), 인종 등과 같이 유목화된 변인으로서 실험적인 조작은 불가능하지만, 일종의 독립변인과 같이 취급할 수 있는 변인은?

a. 종속변인 b. 독립변인
c. 통제변인 d. 중개변인

16. 위의 예문에서 종속변인은?

a. 체지방률 b. 성차와 연령
c. 연령과 체지방률 d. 연령

17. 독립변인과 종속변인 간의 관계에 영향을 미칠 수 있는 변인이면서 연구에는 실제 포함되지 않거나 통제되지 않는 변인은?

a. 처치변인 b. 외적 연인(extraneous variable)
c. 통제변인 d. 중개변인

18. 실험에서 통제집단(비교집단)을 두는 목적은 다음 중 어떤 변인의 효과를 비교하기 위해서인가?

a. 종속변인
b. 독립변인
c. 통제변인
d. 중개변인

19. 음주 여하가 체중과 심폐지구력에 미치는 효과를 검증한 연구에서 독립변인은?

a. 체중
b. 체중과 심폐지구력
c. 음주 여하
d. 심폐지구력

20. 위의 예문에서 종속변인은?

a. 체중
b. 체중과 심폐지구력
c. 음주여하
d. 심폐지구력

21. 정신연습(비교집단, 5분, 25분)이 초급, 중급, 우수 양궁선수의 경기력에 미치는 효과를 검증한 연구에서 통제변인은?

a. 정신연습 (outcome)
b. 기술수준과 정신연습
c. 기술수준
d. 정답 없음

22. 위의 예문에서 종속변인은?

a. 경기력과 정신연습
b. 기술수준과 정신연습
c. 기술수준
d. 경기력

23. 비타민 C 투여량 (none, 500mg, 1000mg) 과 직업형태 (실내, 실외) 가 감기감염 빈도에 미치는 효과를 검증하였다. 독립변인은?

a. 감기감염 빈도
b. 감기감염 빈도와 직업형태
c. 비타민 C투여량
d. 비타민 C 투여량과 직업형태

24. 위의 예문에서 종속변인은?

a. 감기감염 빈도 b. 감기감염 빈도와 직업형태
c. 비타민 C투여량 d. 비타민 C 투여량과 직업형태

25. 내적 타당도를 낮추는 요인 중 극단적인 점수를 기초로 하여 연구대상을 선정할 때 나타나는 현상은?

a. 피험자 선정 b. 통계적 회귀(statistical regression)
c. 피험자 탈락 d. 역사

26. 체지방 감소를 위해 개발된 운동프로그램의 효과를 검증하는 실험에서 심폐지구력을 강화하는 순환운동이 체육수업의 일환으로 실시되었다면, 어떤 요인에 문제가 있는가?

a. 통계적 회귀 b. 피험자 선정
c. 피험자 탈락 d. 역사(history)

27. 동일한 검사를 두 번 실시할 때 사전검사의 경험이 사후검사 결과에 미치는 영향 때문에 내적 타당도를 저해하는 요인은?

a. 통계적 회귀 b. 피험자 탈락
c. 성숙 d. 검사(pretesting)

28. 실험과정에서 사전검사와 사후검사 때 사용하는 측정도구나 관찰자의 차이 때문에 내적 타당도를 저해하는 요인은?

a. 측정도구의 변동 b. 피험자 선정
c. 피험자 탈락 d. 검사

29. 실험집단과 비교(혹은 통제; control)집단의 피험자 특성이 처음부터 차이가 있기 때문에 내적 타당도를 저해하는 요인은?

a. 내적(internal) 타당도 b. 외적(external) 타당도
c. 피험자 탈락 d. 역사

30. 내적 타당도를 높이기 위해 사용해서는 안 될 방법은?

a. 비교집단을 사용
b. 피험자를 실험, 비교집단에 무선배정
c. 단일집단 설계를 이용
d. 혼재된 변인을 체계적으로 제거

31. 다음 중 외적 타당도를 저해하는 요인과 관련된 것은?

a. 통계적 회귀
b. 피험자 탈락
c. 역사
d. 사전검사의 민감도(sensitization)

32. 외적 타당도를 위협하는 요인 중 '연구결가 어떻게 될 것이라는 연구자의 사전 기대(expectancy)'가 연구결과에 미치는 영향을 통제하기 위해서는?

a. 실험자가 어느 집단이 실험집단인지 모르게 해야(single blind)
b. 실험자, 피험자 모두 어느 집단이 실험집단인지 모르게 해야(double blind)
c. 피험자가 실험집단에 속해 있는지 모르게 해야
d. 피험자가 비교집단에 속해 있는지 모르게 해야

33. 피험자가 자신이 연구대상이라는 것을 알고 있을 때 높은 성적을 내는 효과는?

a. 기대효과
b. 호손효과(Hawthorne effect)
c. 사전검사의 민감도
d. 자기충족예언(self-fulfilling prophecy)

34. 다음 중 연구결과를 다른 피험자, 집단, 상황에 일반화(generalization)시킬 수 있는 정도를 지칭한 것은?

a. 내적(internal) 타당도
b. 외적(external) 타당도
c. 피험자 탈락
d. 역사

35. 실험연구에서 주어진 실험처치가 정말로 실험효과를 가져왔느냐 하는 정도를 뜻하는 것은?

a. 내적 타당도
b. 실험적 타당도
c. 외적 타당도
d. 생태학적 타당도

36. 사전검사는 실험집단과 비교집단이 동질적이라는 것을 확인해 주기 때문에 ___ 를 높이는 데 필요하다. 그러나, 일반화하고자 하는 전집은 사전검사를 받지 않았기 때문에 ___ 는 낮을 수밖에 없다. 이러한 문제를 사전검사의 민감성(pretest sensitization) 또는 검사의 반응(reactive effects of testing)이라고 부른다.

a. 내적 타당도, 외적 타당도　　b. 생태학적(ecological) 타당도, 내적 타당도
c. 외적 타당도, 내적 타당도　　d. 실험적 타당도, 외적 타당도

37. 다음 중 위 문제를 해결하는 방법으로 적합한 것(들)은?

a. 피험자 집단을 사전검사를 시행하는 집단과 시행하지 않는 집단으로 나누어 실험을 실시한다(솔로몬 4집단 설계).
b. 사전검사를 시행하지 않고 해당 연구를 반복해 본다(사전검사 통제집단설계).
c. 사전검사를 통해 두 집단의 동등성을 확보하기보다는 무선표집 방법을 이용한 실험을 한다.
d. 모두 정답

38. 외적 타당도를 향상시키는 최상의 방법은?

a. 일반화하고자 하는 전집을 완벽하게 정의하고 그러한 전집에서 표본을 추출
b. 상이한 피험자에게 상이한 환경에서 수정된 실험조건 하에서 반복실험
c. 인구통계학적 특성이 다른 피험자 집단에게 반복실험
d. 모두 정답

39. 통계적 회귀란 실험처치의 효과가 없더라도 사전검사에서 극단적으로 높은 점수를 받은 사람은 동일한 검사를 다시 시행했을 때 얻은 이차검사 결과는?

a. 일차검사보다 높은 점수를 얻게 된다는 것을 의미
b. 일차검사와 같은 점수를 얻게 된다는 것을 의미
c. 일차검사보다 낮은 점수를 얻게 된다는 것을 의미
d. 정답없음

40. 근력훈련이 근지구력, 근력, 순발력에 미치는 효과를 검증한 연구가 있다. 이들 변인 중 근지구력은?

a. 독립변인　　b. 종속변인
c. 통제변인　　d. 중개변인

41. 다음 중 무선표집(random sampling)을 가장 잘 나타낸 것은?

a. 많은 피험자 수가 표집될 때
b. 피험자 수가 무한(infinite)할 때
c. 전집의 모든 사례가 표본으로 추출될 확률이 동일할 때
d. 전집의 모든 사례가 표집될 때

42. 전집조사보다는 표본 추출방법을 이용하는 이유는?

a. 전집은 계속 변하기 때문에
b. 전집을 조사하는 것이 거의 불가능하기 때문에
c. 통계적 방법이 표본을 이용하게 되어있기 때문에
d. 전집의 추정치가 편파 되어있기 때문에

43. 다음 중 어느 경우를 실험결과가 혼재 (confounding) 된 것으로 간주할 수 있는가?

a. 적은 수의 피험자로 연구되었을 때
b. 실험결과를 예측할 수 없을 때
c. 실험결과가 선행연구 결과와 상반될 때
d. 실험결과를 순수한 처치효과 때문인 것으로 평가할 수 없을 때

44. 실험에서 외적 변인(extraneous variable)을 얼마나 잘 통제하였느냐에 따라 영향을 받는 것은?

a. 독립변인　　b. 중개변인
c. 내적 타당도　　d. 외적 타당도

45. 피험자들의 상이한 성숙수준, 연령, 능력 등의 요인이 실험결과에 미치는 영향을 통제할 수 있는 효과적인 방법은?

a. 중요한 요인(연령, 성 등)에 따라 피험자들을 배쌍(matching)
b. 피험자들을 집단에 무선배정(random assignment)
c. 사전검사(pre-test) 사용
d. 준 실험설계(quasi-experimental design) 적용

46. 실험 중 탈락한 피험자와 관련하여 제시해야 할 정보는 무엇인가?

a. 실험집단과 비교집단의 탈락자 수 및 비율
b. 실험집단과 비교집단 피험자 탈락률에 차이가 있다면, 그 이유
c. 각 집단의 탈락자 중 일부를 무선표집하여 면담한 결과
d. 실험집단과 비교집단 탈락자의 사전검사 결과의 차이 여부
e. 모두 정답

47. 권투선수들이 사용하는 4가지 상이한 Mouthpieces에 관한 연구결과, 이들 4가지 종류는 보호 측면에서 볼 때 동일하다는 사실이 발견되었다. 또한, 전국 400개 권투 도장 중 12개 도장으로부터 조사된 권투선수 중 92%가 Mouthpiece를 착용하는 데 불편하지 않은 것으로 나타났다. 여기에서 92%란?

a. 표본(sample)자료에서 산출된 통계치(statistics)
b. 표본자료에서 산출된 모수치(parameters)
c. 전집(population)자료에서 산출된 통계치
d. 전집자료에서 산출된 모수치

체육연구방법

제16장-2 실험설계
Experimental design

1. 실험의 모든 조건에 동일한 피험자를 사용한 실험설계는?

a. 독립집단 (independent group) 설계
b. 반복측정 설계
c. 혼합(mixed) 설계
d. 종단적 설계

2. 각각의 실험조건에 상이한 피험자를 사용한 실험설계는?

a. 독립집단 설계
b. 반복측정 설계
c. 혼합설계
d. 종단적 설계

3. 가장 단순한 실험설계는 독립변인 수, 독립변인 하위수준 수, 종속변인 수가 각각 몇 개인가?

a. 1 2 1
b. 1 2 2
c. 2 1 2
d. 2 2 2

4. 반복측정 설계에서 평형설계 (counter-balancing) 를 사용하는 이유는?

a. 처치집단(treatment group)에 피험자를 배정하기 위해
b. 처치순서(treatment order)의 효과를 통제하기 위해
c. 순서효과(order effect)를 평가하기 위해
d. 모두 정답

5. 독립변인(실험처치 변인)의 조작을 통하여 종속변인에 대한 설명력을 높이는 것을?

a. 오차변량의 극소화
b. 오차변량(error variance)의 극대화
c. 외적 변인의 통제
d. 체계적 변량(systematic variance)의 극대화

6. 피험자를 처치집단에 무선적으로 배정하는 과정은?

a. 단순 무선표집
b. 배쌍(matching) 무선표집
c. 단순 무선배정
d. 배쌍 무선배정

7. 준 실험설계에서 일반적으로 사용하고 있는 집단은?

a. 무선배정 독립집단
b. 무선배정된 반복측정 집단
c. 배쌍된 독립집단
d. 자연집단 (intact group)

8. 피험자에게 연구목적(실험처치)을 전달하는 과정에서 발생되는 모든 단서를 요구특성(demand characteristics)이라고 한다. 이러한 요구특성이 발생될 때 실험에 미치는 영향은?

a. 외적 타당도를 위협
b. 내적, 외적 타당도 모두를 위협
c. 내적 타당도를 위협
d. 내적 타당도는 향상, 외적 타당도는 위협

9. 운동이 신체구성에 미치는 효과를 검증하기 위한 다음 설계 중 가장 약점이 많은 실험설계는?

a. 솔로몬 4집단 설계
b. 단일집단 전후검사 실시
c. 전후검사 통제집단 설계
d. 사후검사 통제집단 설계

10. 실험처치 조건이 3수준 (A방법, B방법, C방법) 인 반복측정 설계에서 가능한 처치시행 순서는 몇 가지인가?

a. 1 b. 2

c. 3 d. 6

11. 반복측정 설계의 약점은?

a. 피로효과 b. 호손효과(Hawthorne effect)

c. 연습효과 d. 모두 정답

12. 다음 중 Latin Square(라틴 방형)를 이용한 실험설계는?

a. 반복측정 설계

b. 집단간(between group) 설계

c. 사후검사 설계

d. 모두 정답

13. 반복측정 설계를 사용할 때 유념해야 할 사항은?

a. 실험처치에 반복적으로 노출되면 부자연스러운 행동이 유발될 수 있다.

b. 피험자는 반복되는 지시사항을 잘못 이해할 수 있다.

c. 연구자의 기대(expectation)가 결과의 해석에 영향을 미칠 수 있다.

d. 모두 정답

14. 피험자들의 수준이 두 집단 간에 동등하지 않을 때 실험결과에 영향을 미칠 수 있는 변인은?

a. 독립변인(independent variable)

b. 종속변인(dependent variable)

c. 외적 변인(잡음변인: nuisance variable)

d. 통제변인(control variable)

15. '흡연이 혈압에 미치는 영향'에 대한 연구에서 두 집단에 무선배정된 피험자의 연령(외적 변인) 평균과 표준편차(σ)가 동등한 것으로 나타났다. 그렇다면 연령이 혈압에 미치는 영향은?

a. 완전히 제거된 것이다.

b. 두 집단에 연령은 동등하게 영향을 미친다.

c. 두 집단에 연령은 다르게 영향을 미친다.

d. 정답 없음

16. 다음 중 평형설계(counterbalanced design)를 사용해서는 안 될 상황은?

a. 연습이 기술습득에 미치는 효과를 구명하고자 할 때

b. 피험자들이 어떤 변인(variable)에 배쌍(matching)되었을 때

c. 피험자 수가 많을 때

d. 피험자가 집단에 무선배정 되었을 때

17. 외적 변인을 통제하는 방법의 하나로써 피험자들을 외적 변인의 점수 크기 순으로 나열한 후 각각 2명씩 묶은 후(구획한 후) 실험집단과 비교집단에 짝지어 무선적으로 배치하는 방법은 무엇인가?

a. 무선배정(random assignment) 방법

b. 평형설계(counter-balanced design)

c. 배쌍방법(matching)

d. 무선표집(random sampling) 방법

18. 배쌍방법(matching method)이 적합한 실험상황은?

a. 배쌍시킬 변인이 성별과 같이 유목으로 구성된 변인일 때

b. 실험기간이 짧거나 규모가 적은 실험연구

c. 실험기간이 긴(예: 1년) 연구

d. 배쌍을 위한 구획(blocking) 수가 2개로 제한된 실험연구

19. 피험자 집단들이 동등한 집단(equivalent)이 되도록 하기 위해서는?

a. 피험자를 집단에 무선배정　　b. 피험자 배쌍
c. 반복측정 설계사용　　d. 모두 정답

> • "초등학교 학생들은 어떠한 스포츠 상황에서 반칙행동을 많이 하는가?"를 알아보기 위해 연구자는 세 가지 독립변인: 즉 학년 (2, 4, 6학년), 성별 (남, 녀), 운동종목 (농구, 축구)을 선정하였다.

20. 이들 변인 중 주 효과(main effect) 변인은?

a. 학년　　b. 성
c. 운동종목　　d. 모두 정답

21. 이 연구의 설계(research design)는?

a. 3 × 2　　b. 2 × 2
c. 3 × 2 × 2　　d. 2 × 3 × 2

22. 처치조건별로 10명씩의 피험자를 배정하려고 한다면 전체 몇 명의 피험자가 필요한가?

a. 60명　　b. 70명
c. 100명　　d. 120명

23. 범주변인(categorical variable)은 어느 것인가?

a. 학년　　b. 성
c. 운동종목　　d. 모두 정답

24. 세 개의 독립변인을 이용한 위 연구에서 몇 개의 상호작용 효과(interaction effect)를 검증할 수 있는가?

a. 학년　　b. 성
c. 운동종목　　d. 모두 정답

25. 이 연구의 처치조건은 모두 몇 개인가?

a. 3 b. 6
c. 7 d. 12

26. 2 × 5 집단 간(between groups)설계의 실험처치 조건 수는?

a. 1 b. 2
c. 7 d. 10

27. 흡연자를 대상으로 12주간 금연프로그램을 시행하였다. 금연의도 정도를 확인하기 위해 3주 간격으로 5차례 실시하였다. ___ 설계라고 부르는 이 실험의 처치조건 수는 ___?

a. 피험자내(within-subject), 1 b. 피험자내, 2
c. 피험자간(between-subject), 1 d. 피험자간, 2

28. 성인과 노인 흡연자(피험자간) 집단을 대상으로 12주간 금연프로그램을 시행하였다. 금연의도 정도를 확인하기 위해 3주 간격으로 5차례(피험자내) 실시하였다. 이와 같이 피험자간 설계와 피험자내 설계가 합해진 설계는"

a. 요인방안 b. 평형설계
c. 반복집단설계 d. 혼합집단설계

29. 각 실험처치 집단별로 20명의 피험자가 배정된 2×2 혼합집단 설계(mixed group design)에서는 전체 몇 명의 피험자가 필요한가?

a. 10 b. 20
c. 40 d. 80

30. 독립변인이 2개인 경우, 별개의 실험을 하는 것보다 2×2 요인방안 (factorial design)을 적용하는 이유는?

a. 주 효과를 검증하기 위해 b. 상호작용 효과를 검증하기 위해
c. 특별한 이유 없음 d. 자료를 효과적으로 이용하기 위해

31. 변인 간에 상호작용 효과(interaction effect)가 있는지를 확인하는 방법은?

a. 기존 독립변인의 하위수준의 하나 더 증가
b. 실험설계에 두 번째 독립변인을 추가
c. 실험에서는 피험자 수를 증가
d. 실험설계에 두 번째 통제변인을 추가

32. "지나친 흡연은 지능수준에 관계없이 학업성적을 감소시킨다."라는 결론이 내려졌다면 발견된 사실은?

a. 지능의 주효과
b. 흡연과 학업성적 간의 상호작용효과
c. 흡연의 주효과
d. 모두 정답

33. 3 × 3 피험자 간 설계에서 검증할 수 있는 상호작용 효과의 수는?

a. 1
b. 3
c. 6
d. 9

34. 근력훈련은 단지 고단백 식사와 병행했을 때만 근질량을 강화시킬 수 있다는 결론은 다음 중 어떤 효과 때문인가?

a. 훈련방법의 주효과
b. 식사방법의 주효과
c. 훈련방법과 식사방법의 상호작용 효과
d. 훈련방법의 주효과가 없기 때문

35. 독립변인에 비직선적 관계(curvilinear relationship)가 있는지를 확인하기 위해서는 최소한 몇 개 이상의 하위수준(level)이 있어야 하는가?

a. 1
b. 2
c. 3
d. 정답 없음

36. 요인방안(factorial design)이란?

a. 통제변인이 하나
b. 독립변인의 하위수준이 3이상
c. 종속변인이 두 개 이상
d. 독립변인이 두 개 이상

37. 상호작용(interaction) 효과가 존재하는지를 검증하기 위해 사용할 수 있는 설계는?

a. 종속변인이 두 개 이상인 설계
b. 혼재변인이 두 개 이상인 설계
c. 독립변인이 두 개 이상인 설계
d. 모두 정답

38. 2 × 2 × 2 실험설계에서 검증할 수 있는 상호작용 효과의 수는?

a. 3
b. 4
c. 6
d. 확인할 수 없음

39. 2 × 4 피험자간 설계에서 각 하위집단 (실험처치 조건)에 10명씩의 피험자를 배정하려고 한다면 전체 몇 명의 피험자가 필요한가?

a. 10
b. 40
c. 80
d. 120

40. 2 × 3 × 4 실험설계에서 독립변인 수는?

a. 1
b. 3
c. 9
d. 24

41. 2 × 2 반복측정 설계에서 각 실험처치 조건에 10명씩의 피험자를 배정하려고 한다면 전체 몇 명의 피험자가 필요한가?

a. 10
b. 20
c. 40
d. 80

42. 다음 중 혼합설계(mixed design)를 가장 나타낸 것은?

a. 두 개의 피험자간 변인
b. 하나의 피험자간 변인과 하나의 반복측정 변인
c. 하나의 독립변인은 조작변인이고 다른 하나의 독립변인은 범주변인
d. 하나의 독립변인은 조작변인이고 다른 하나의 독립변인은 중개변인

43. 세 가지 유형의 Weight training 방법이 남녀의 근력증강에 영향을 미치는지의 여부를 검증하였다. 여기에서 Weight training과 성(性)은 각각 어떤 변인인가?

a. 종속변인, 범주변인
b. 독립변인, 범주변인
c. 독립변인, 종속변인
d. 범주(categorical)변인, 독립변인

44. "높은 수준의 시합전 불안은 선수의 동기수준에 관계없이 경기력을 저하시킨다."는 연구결과가 있다. 이 연구에서 발견한 사실은?

a. 동기에 대한 주효과
b. 불안과 동기의 상호작용 효과
c. 불안에 대한 주효과
d. 정답 없음

45. 종속변인에 대한 독립변인들 간의 상호작용 효과는 다음 중 어느 경우에 나타나는가?

a. 하나의 독립변인이 종속변인에 차이를 나타나게 할 때
b. 두 독립변인이 종속변인에 차이를 나타나게 할 때
c. 하나의 독립변인이 종속변인에 미치는 효과가 다른 독립변인의 하위수준에 따라 다를 때
d. 혼재효과가 나타날 때

46. 독립변인이 두 개인 실험연구에서 분석 검증할 수 있는 결과는?

a. 하나의 상호작용 효과
b. 하나의 주효과와 하나의 상호작용 효과
c. 두 개의 주효과와 두 개의 상호작용 효과
d. 두 개의 주효과와 하나의 상호작용 효과

47. 자료의 분석결과를 도(figure)로 제시할 때는?

a. 사전, 사후검사가 다른 경우, 사전검사 결과만 제시한다.
b. 사전, 사후검사가 다른 경우, 사전, 사후검사 결과 모두를 제시한다.
c. 사전, 사후검사가 같은 경우, 사후검사 결과만 제시한다.
d. 사전, 사후검사가 같은 경우, 사전, 사후검사 결과 모두를 제시한다.

48. 변화점수(사후검사 점수-사전검사 점수)에 의해 집단 간의 평균치 차이를 검증하고자 한다면?

a. 타당한 결정이다. 집단 간 사전검사 점수의 차이를 조정해 줄 수 있기 때문
b. 타당한 결정이다. 집단 간 사전검사 점수의 차이는 항상 있기 마련이기 때문
c. 잘못된 결정이다. 사전검사 점수가 높은 집단에 불리하게 작용하기 때문
d. 잘못된 결정이다. 사후검사 점수가 높은 집단에 불리하게 작용하기 때문

49. 사전검사 점수가 높은 사람의 10점 향상과 낮은 사람의 10점 향상은 통계적 회귀(statistical regression) 현상 때문에 같지 않다. 이러한 문제를 해결하는 방법으로 적절하지 않은 것은?

a. 사전검사 자료를 이용하여 피험자를 실험, 비교집단에 재배정해야 한다.
b. 피험자를 실험, 비교집단에 같은 수로 배정해야 한다.
c. 피험자를 실험, 비교집단에 무선배정(random assignment)해야 한다.
d. 피험자 중 극단적인 점수를 받은 사람(outliers)이 있다면 결과분석에서 제외해야 한다.

50. 반복측정(repeated measure) 설계의 장점은?

a. 사용이 간편하다.
b. 피험자의 개인차에 의해 유발될 수 있는 오차를 제거할 수 있다.
c. 피험자에게 요구하는 사항이 가장 적다.
d. 주어진 과제를 반복 시행함으로써 학습효과 때문에 과제를 더 잘 수행할 수 있다.

51. 사전검사 점수를 X축에, 사후검사 점수를 Y축에 설정하고 상관도표(scatter gram)를 그린 후 X에 의해 Y를 예측하는 회귀식을 그려보면 기울기(즉, 회귀계수) 값은 1.0보다 낮은 값을 갖게 된다. 그 이유는 무엇 때문인가?

a. 피험자를 집단에 무선배정했기 때문에

b. 피로효과 때문에

c. 통계적 회귀(statistical regression) 때문에

d. 피험자를 무선표집했기 때문에

52. 아래에 예시된 '운동강도가 산소소모량에 미치는 효과'를 검증하기 위한 설계는?

운동강도가 산소소모량에 미치는 효과

집단 1 [1/3]	낮은 강도 **A**	중간 강도 **B**	높은 강도 **C**
집단 2 [1/3]	중간 강도 **B**	높은 강도 **C**	낮은 강도 **A**
집단 3 [1/3]	높은 강도 **C**	낮은 강도 **A**	중간 강도 **B**

a. 반복측정 설계

b. 라틴 방형(Latin square) 설계

c. 단순 무선배정(simple random assignment) 설계

d. 무선구획(randomized block) 설계

- 아래에 제시된 4개의 질문은 제시양식(시각, 청각), 난이도 수준 (하, 상) 정보량 (소, 중, 대) 등 3개의 독립변인을 이용하여 분석한 피험자 간 (between subject design) 설계를 적용한 실험연구이다.

53. 이 연구의 실험설계는?

a. 2 × 2

b. 2 × 3

c. 2 × 2 × 2

d. 2 × 2 × 3

54. 검증해야 할 주 효과(main effect)는?

a. 1 b. 2

c. 3 d. 12

55. 검증해야 할 상호작용 효과(interaction effect)는?

a. 1 b. 2

c. 3 d. 4

56. 각 실험처치 조건별로 10명씩의 피험자를 배정하려고 한다면 전체 몇 명의 피험자가 필요한가?

a. 10 b. 60

c. 70 d. 120

정답표

체육연구방법 제1장_과학의 본질(Nature of science)

1. a	2. c	3. c	4. b	5. d	6. d	7. b	8. e	9. b	10. a
11. b	12. b	13. c	14. d	15. c	16. d	17. c	18. c	19. b	20. d
21. b	22. a	23. a	24. d	25. a	26. c	27			

체육연구방법 제2장_연구의 유형(Type of research)

1. c	2. d	3. b	4. d	5. c	6. c	7. c	8. d	9. b	10. b
11. c	12. d	13. c	14. d	15. c	16. b	17. b			

연구논문 제1장_논문의 구조(Structure of thesis)

1. b	2. a	3. d	4. b	5. d	6. b	7. c	8. d	9. d	10. a
11. b	12. a	13. d	14. a	15. b	16. c	17. a	18. c	19. b	20. c
21. b									

연구논문 제2장_연구제목(Title)

1. a	2. b	3. b	4. a	5. d	6. d	7. a	8. a	9. b	10. b
11. b	12. b	13. b	14. b	15. a					

연구논문 제3장_서론(Introduction)

1. d	2. b	3. d	4. d	5. b	6. d	7. b	8. a	9. b	10. b
11. b	12. d	13. b	14. d	15. b	16. a	17. c	18. b	19. d	20. d

연구논문 제4장_가설(Hypothesis)

1. b	2. c	3. c	4. c	5. b	6. b	7. c	8. b	9. a	10. b
11. d	12. a	13. d	14. c	15. b					

연구논문 제5장_연구목적, 연구문제(Purpose, Problem)

1. a	2. c	3. a	4. c	5. a	6. a	7. a	8. c	9. d	10. b
11. c	12. a	13. d	14. c	15. b					

연구논문 제6장_정의(Definition)

1. b	2. c	3. a	4. d	5. a	6. b	7. a	8. b	9. d	10. c
11. d	12. a	13. b	14. b	15. d	16. a				

연구논문 제7장_가정, 범위, 제한점(Assumption, Delimitation, & Limitation)

1. b	2. b	3. a	4. c	5. b	6. c	7. d	8. c	9. b	10. a
11. d	12. d	13. c	14. c	15. b					

연구논문 제8장_연구방법(Method)

1. e	2. d	3. a	4. c	5. d	6. c	7. d	8. d	9. d	10. b
11. c	12. b	13. d	14. e	15. c	16. a	17. b	18. d	19. b	20. b
21. c	22. d	23. d	24. d	25. d	26. c	27. e	28. e	29. c	30. b

연구논문 제9장_연구결과(Result)

1. c	2. a	3. c	4. a	5. b	6. c	7. d	8. b	9. d	10. a
11. d	12. d	13. b	14. c	15. a	16. a	17. d	18. d	19. b	20. c
21. d	22. b	23. c	24. b	25. c					

연구논문 제10장_논의(Discussion)

1. c	2. e	3. c	4. d	5. a	6. b	7. d	8. b	9. c	10. b
11. d	12. a	13. d	14. c	15. d					

연구논문 제11장_요약(Summary)

1. c	2. c	3. d	4. e	5. d	6. a	7. d	8. c	9. c	10. e
11. c	12. d	13. e	14. a	15. a					

연구논문 제12장_질적 연구결과(Qualitative research)의 보고

1. b	2. b	3. c	4. b	5. c	6. b	7. c	8. d	9. c	10. b
11. c	12. b	13. c	14. d	15. b	16. d	17. b	18. b	19. b	20. e
21. b	22. b	23. b	24. b	25. b	26. d	27. b	28. a	29. b	30. a
31. b									

연구논문 제13장_참고문헌(References)

1. c	2. a	3. b	4. b	5. a	6. d	7. c	8. d	9. c	10. d
11. c	12. b	13. c	14. d	15. a	16. a	17. a	18. b	19. d	20. d
21.									

연구논문 제14장_연구윤리(Research ethics)

1. b	2. d	3. c	4. a	5. b	6. d	7. a	8. a	9. d	10. e
11. b	12. d	13. c	14. a						

체육연구방법 제14장_조사연구(Survey research)

1. b	2. d	3. c	4. e	5. a	6. d	7. b	8. e	9. b	10. b
11. b	12. c	13. d	14. c	15. c	16. c	17. b			

체육연구방법 제16장-1_실험연구(Experimental research)

1. b	2. c	3. c	4. d	5. a	6. b	7. c	8. c	9. b	10. d
11. b	12. d	13. d	14. b	15. d	16. a	17. b	18. b	19. c	20. b
21. d	22. d	23. d	24. a	25. b	26. d	27. c	28. d	29. b	30. c
31. d	32. b	33. b	34. b	35. a	36. a	37. d	38. d	39. c	40. b
41. c	42. b	43. d	44. c	45. b	46. e	47. a			

◎ 체육연구방법 제16장-2_실험설계(Experimental design)

1. b	2. a	3. a	4. b	5. d	6. c	7. d	8. b	9. b	10. d
11. d	12. a	13. a	14. c	15. b	16. a	17. c	18. b	19. d	20. d
21. c	22. d	23. d	24. d	25. d	26. d	27. a	28. d	29. c	30. b
31. b	32. c	33. a	34. c	35. c	36. d	37. c	38. b	39. c	40. b
41. a	42. b	43. b	44. c	45. c	46. d	47. d	48. c	49. b	50. b
51. c	52. b	53. d	54. c	55. d	56. d				

개정판

연구논문

어떻게 작성할 것인가?

1판1쇄 2024년 2월 14일

저자 강상조 박재현 황규자 김혜진 이준우 최창환
발행인 이경화

발행처 디자인21
주소 04560 서울특별시 중구 퇴계로 293-1 3층
전화 02-2269-6561(대)
팩스 02-2269-6568
이메일 21publish@naver.com
블로그 https://blog.naver.com/publish21
홈페이지 https://21publish.co.kr

등록번호 제1-1128호
등록일자 1991.2.12

ISBN 978-89-6131-140-3 93690

정가 22,000원